KB112536

인간 메커니즘

인간 메커니즘

저자 **Paul Park**

휴먼 디자인 한국 본사 레이브 코리아 대표

추천사

    휴먼 디자인을 한국에 올바르게 알리는 데에 요구되는 어떤 원칙도 거스르지 않고 한 길만 걸어오신 대표님의 첫 번째 휴먼 디자인 도서를 손꼽아 기다렸습니다. 영어로 접할 때의 일반적인 한국인들이 느꼈을 뉘앙스의 이해나 디테일 면에서의 부족함을 속시원히 해결해 줄 도서일 거라 믿어 의심치 않습니다.

    아직 한국 사회에서는 주변에 말을 꺼내기도 조심스러울 정도로 생소하고도 쇼킹한 지식이지만, 지난 몇 년간 내용을 습득하고 실제 내 삶에 적용해 보면서, '수백 번 고민한 문제들이 단번에 이해되는' 놀라움을 휴먼 디자인을 통해 경험할 수 있었습니다. 한국 사회에 스며들어 직장, 결혼, 자녀 두기까지 팬듈럼에만 휩쓸려 여기까지 왔던 제가 남은 인생을 어떤 각오로 얼마나 '나답게' 살아나갈지는 모르겠으나, 최소한 내 아이를 잘못되지 않은 길로 안내하려는 부모라면 꼭 검증해봐야 할 지식이며 더 나아가 내 삶을 '진짜 내 삶'으로 깨워줄 마지막 알람시계와도 같은 지식이라고 생각합니다.

    마지막으로 휴먼 디자인에 대해 표현하고픈 한 마디.

    "믿을지 말지 선택은 당신의 몫입니다. 어찌 되었든 진실은 항상 거기에 그대로 있습니다."

    서로의 유전적 디자인을 자유롭게 표현하고 공유하는 사회를 꿈꾸며….

김건웅 / 엔지니어 / 현시 제네레이터 / 우측각 크로스 '예기치 못함the unexpected'(31/41 | 27/28)

G센터 오픈을 이해함으로써 그동안의 G센터 색칠공부의 고통을 끝내고 나에게 올바른 삶을 시작할 수 있게 해 준 고마운 휴먼 디자인!

거대한 펜듈럼으로 가득한 대한민국이라는 나라에서 자신으로 살아갈 수 있도록 자신을 이해하고 수용하며 존중할 수 있게 하는 지침서!

인간이란 존재를 이해할 수 있게 하는 멋지고 방대한 휴먼 디자인의 세계를 올바른 삶의 태도로 안내해 줄 레이브 코리아의 첫 번째 도서 출간을 진심으로 축하드립니다.

이은하 / 교사 / 메니페스터 / 우측각 크로스 '긴장tension'(38/39 | 48/21)

거부하거나! 수용하거나!

휴먼 디자인을 처음 접했을 때가 생각납니다. 자신과 타인에 대한 오해에서 이해로 바뀔 수 있도록 도움을 주고, 개개인의 개성대로 살아가도록 존중해주는 학문. 즉 모든 이들을 살리는 학문이라는 것. 이것을 알게 되었을 때의 해방감!

하지만 너무도 깊이 있는 인간의 본질적인 작동원리를 알려주는지라 자칫 잘못하면 왜곡된 정보로 자신과 타인을 더욱 오해할 수 있는 것 또한 사실이라고 생각합니다. 그렇기에 첫 발을 어떻게 내딛느냐, 어떻게 올바른 정보를 접하고 공부해 나가느냐가 기본적이면서도 제일 중요한 핵심이라고 생각합니다.

거부할 것인지 수용할 것인지는 개인의 선택이겠지만, 이 책이 휴먼 디자인에 첫 발을 내딛을 수 있는 입문서가 되어 모든 이들에게 온바른 가이드 역할을 할 수 있는 시초가 되면 좋겠습니다. 레이브 코리아 공식 첫 출간 축하드리고 응원합니다. Love Yourself. No choice!

신승미 / 취업 준비중 / 제너레이터 / 우측각 크로스 '전염contagion'(30/29 | 14/8)

짧다면 짧은, 길다면 긴, 이제까지 나의 인생에 있어서 나 자신에 대한 오해와 편견을 마주할 수 있게 도와준 학문.

나는 왜 그랬을까, 나는 그때 왜 그랬을까, 고통스러웠던, 지나온 시간들에서 비롯된 수많은 나에 대한 오해마저도 나의 모습 중 한 부분으로 인정할 수 있게 되었고 그러자 비로소, 진정으로 나 자신을 사랑할 수 있게 되었습니다.

김유희 / 대학원생 / 프로젝터 / 병치 크로스 '습관habits'(5/35 | 47/22)

"강일아 틀린 게 아니고 다른 거야." 초등학교때 삼촌에게 들은 이 한 마디가 내 삶의 화두가 되었습니다.

어린 시절 내 자신으로 향하던 알 수 없던 분노, 그리고 가족과 여러 인연들과의 기억들을 군더더기 없이 하나 하나씩 떠나보냅니다.

다름의 과학 휴먼 디자인은 힐링입니다.

항상 그 자리에 있을 레이브 코리아와 스텝분들 그리고 기다리던 첫 번째 도서에 힘써주신 대표님께 감사한 마음 전합니다.

김강일 / 유통업 / 현시 제너레이터 / 좌측각 크로스 '치유healing'(25/46 | 58/52)

휴먼 디자인의 첫 번째 책은 지금 이 시점에서 과연 어떤 인생 목적을 띠고 세상으로 나오는 걸까요? 세상을 사는 데 있어서 어느 정도의 거짓은 필수라고 믿는 대부분의 낫셀프들에게 진짜 제대로 된 휘청거림의 한 방을! 이제 막 호기롭게 기지개를 켜기 시작한 아직은 소수인 트루셀프들에게는 막강한 진실과 논리의 힘이 어떤 것인지를 보여주는 궁극의 한 방이 되기를 두 손 모아 기원합니다! 출간 정말 축하드려요!

이은정 / 초등교사 / 제너레이터 / 우측각 크로스 '설명explanation'(49/4 | 43/23)

저자의 차트 리딩을 받고 눈물 흘렸던 1인입니다. 저 자신보다도 저를 잘 알고 있는 누군가와 마주한 경험은 참 묘했습니다. 진정으로 존중받은 느낌은 참으로 감사했습니다. 그 어떤 도구보다 명쾌한 분석으로 타고난 본성에서 멀어진 나와 조우하게 해준 휴먼 디자인, 삶을 살아내야 하는 이유를 내게 각인시켜 주었죠. 제가 성장할 수 있는 최적의 여건에서 고맙게도 내게 흘러와 준 휴먼 디자인과 레이브 코리아의 존재가 경이롭습니다. 온전한 우주와 자연, 인간 세계를 사랑합니다.

조현예 / 대학원생 / 메니페스터 / 좌측각 크로스 '이주migration'(37/40 | 5/35)

휴먼 디자인을 접하고 3가지 측면에서 큰 유익을 얻었습니다. 어떤 태도로 삶을 살아야 하는가, 어떻게 의사결정을 내려야 하는가, 어떻게 비교를 내려놓는가. 내부권위대로 의사결정을 내리고, 휴먼 디자인에서 말하는 '승객의식'대로 삶을 살려고 노력하니 인생의 고질적인 문제들이 자연스럽게 풀려감을 느낄 수 있었습니다. 제가 느낀 유익들을 더 많은 분들이 누리셨으면 합니다.

임지선 / 프리랜서 / 프로젝터 / 우측각 크로스 '관통penetration'(57/51 | 53/54)

'아는 만큼 보인다'라는 명언이 수세기 동안 살아남은 걸 보면 무언가를 제대로 아는 것은 참 중요합니다. 그러나 우리는 늘 자신에 대한 오해 속에서 잘못된 정보에 호도된 탓에 이제껏 삶은 늘 안개속을 걸어오지 않았나 싶습니다. 휴먼 디자인은 수많은 도구 중 자신의, 자신을 위한, 자신만의 매뉴얼을 제시하는 감동적인 열쇠임이 틀림없습니다.

이성민 / 명리학 컨설턴트, LYD 공인 가이드 / 제너레이터 / 우측각 크로스 '설명explanation'(4/49 | 23/43)

'한계의 수용이 초월의 첫 단계다.'

휴먼 디자인은 자기됨이 한계를 수용하는 것에서부터 시작됨을 이야기해 주고 있습니다. 휴먼 디자인은 여러분이 오랫동안 찾아 헤매던, 진짜 나로 산다는 것, 그리고 인간으로 존재한다는 의미에 대해 구체적으로 설명해 주고, 그렇게 살 수 있도록 도와주는 실용적인 지식입니다. 나로 산다는 것은 더 이상 추상적인 이야기가 아닙니다. 우리에게 허락된 이 삶을 더 잘 살고 싶은 분들께 이 책을 권하고 싶습니다. 아울러 이 책을 통해 휴먼 디자인이 한국에 건강하게 뿌리내리길 기원합니다!

박상미 / 공인 차트 분석가 / 제너레이터 / 좌측각 크로스 '나팔수clarion'(57/51 | 62/61)

'나는 나를 사랑합니다.'

자신의 모습 그대로를 수용하고 사랑하는 사람이 과연 얼마나 있을까! 더 나은 사람이 되어야만 한다고 강요받고, 다른 이들처럼 살지 못한다고 비교당하며 사는 한, 자신을 있는 그대로 사랑하기는 쉽지 않을 것입니다.

휴먼 디자인은 우리 모두가 독특한 존재이며 다른 존재가 되기 위해 애쓸 필요가 없다는 점을 분명히 말해 줍니다. 이 진실은 나를 자유롭게 해 주었고 오랜 고통에서 벗어날 수 있게 해 주었습니다. 사람을 살리는 지식이라고 해도 틀린 말은 아닐 것입니다.

그 어떤 믿음도 강요하지 않는 최초의 인간 사용 설명서, 휴먼 디자인을 통해 더 많은 사람들이 자유를 누리고 자신을 사랑할 수 있는 기회를 얻기 바랍니다. 수많은 어려움 속에서 드디어 빛을 보게 된, 레이브 코리아의 첫 번째 공식 휴먼 디자인 도서 출간을 진심으로 축하합니다.

이해나 / 레이브 코리아 디렉터, LYD 공인 가이드 / 메니페스터 / 좌측각 크로스 '측면the plane'(6/36 | 15/10)

그동안 많은 사람들이 휴먼 디자인을 통해 자기 수용과 자기 사랑을 경험해 가는 것을 지켜보며 깊은 감동과 기쁨이 있었습니다. 이제 휴먼 디자인이 좀 더 널리, 좀 더 많은 사람들에게 알려져 그들의 고통과 아픔을 달래 주어야 한다고 생각합니다. 기존의 휴먼 디자인 도서들이 지식 자체만을 설명하고 있는 데 반해, 이 책은 많은 사람들이 고민하고 힘들어하는 부분들에 답하는 형식으로 전개되고 있기 때문에 휴먼 디자인을 처음 접하는 사람들도 보다 편하고 재미있게 읽을 수 있으리라 기대됩니다. 특히 자기계발 전반의 주요 화두들에 대해 명쾌히 답함으로써 독자들의 목마름을 깊이 해갈해 줄 수 있으리라 생각합니다.

휴먼 디자인은 여러분을 실망시키지 않을 것입니다. 여러분에게도 자신의 삶을 되찾을 수 있는 기회가 있습니다!

권세리 / 레이브 코리아 사장, 공인 차트 분석가 / 프로젝터 / 좌측각 크로스 '혁명revolution'(49/4 | 14/8)

서문

인간이 된다는 건 어쩌면 그리 달가운 일이 아닐지 모른다. 유사 이래 우리는 인간이 왜 존재하는지조차 알지 못한 채 수없이 많은 세월을 견뎌야만 했다.

"Who am I?"라는 질문은 인간의 이러한 처지를 잘 대변해 준다. 문명이 발전을 거듭하고, 수천 년의 세월이 흘렀건만 이 질문은 여전히 인간의 마음을 괴롭히고 있다. 나는 누구이며, 또 남은 삶은 어떻게 살아야 하는 걸까?

휴먼 디자인Human Design은 이런 물음에 답해 줄 수 있는 최초의 지식이다. 휴먼 디자인을 알게 된 많은 사람들이 고백하듯, 이 지식은 그간 어디서도, 누구로부터도 얻을 수 없었던 진정한 해답을 제시해 준다.

휴먼 디자인은 '인류 최초의 인간 사용 설명서'라 불러도 손색이 없을 만큼 인간에 관한 그 어떤 설명보다 정확하고 실용적인 이야기를 들려 준다. 인간이 왜 존재하며, 인류 역사는 어떻게 발전해 왔는지, 우주의 존재 목적은 무엇이고, 빅뱅의 의미는 무엇인지, 그리고 출생의 메커니즘과 죽음의 메커니즘에 이르기까지 사실상 인간과 우주의 거의 전 영역을 다룬다 해도 과언이 아니다.

휴먼 디자인이 우리에게 주어진 이유는 바로 여기에 있다. 인간이 인간다운 삶을 살 수 있도록, 인간으로서 존엄하게 살다 존엄하게 죽을 수 있도록 해답을 주려는 것이다. 그러기 위해서는 먼저 우리 자신에 대해 제대로 알아야 한다.

모든 사람에게는 날 때부터 고유한 삶의 목적이 존재한다. 휴먼 디자인은 이를 '인생 목적incarnation crosses'이라 부른다. 여기에는 무려 768가지나 되는 인생 목적이 존재하며, 이 목적은 69,120가지나 되는 디자인 조합 중 26가지의 특성과 더불어 발현된다.

각 사람의 디자인에는 고유한 다름이 있다. 그러므로 우리는 자신의 독특함과 개성, 그리고 재능을 따라 살아야 한다. 그래야만 자신이 태어난 삶의 목적을 성취할 수 있기 때문이다.

삶에는 두 가지 모습이 존재한다. '본 모습True-Self' 그리고, '비자아Not-Self'. 이 두 가지 상태는 서로 다른 귀결을 낳는다. 본 모습대로 살면 진정한 자기 사랑을 경험할 수 있고, 삶의 펼쳐짐을 만끽할 수 있다. 그러나 비자아의 삶을 살면 자신됨에서 멀어질 뿐 아니라 삶을 잃어버리게 된다.

안타깝게도 대부분의 사람들은 자신의 본 모습대로 살지 않는다. 자신으로 사는 대신 다른 존재가 되려 애쓰며, 보다 나은 존재가 되어야 한다는 압박에 떠밀려 항상 자신과 투쟁한다.

그러나 휴먼 디자인은 자신을 뛰어넘기 위해 애쓰는 대신 한계를 수용하고 자신만의 길을 걸어 가라고 말한다. 당신은 결코 당신이 원하는 모든 것을 이룰 수는 없을 것이다. 당신이 얻고자 애쓰는 것들이 대부분 '비자아' 목표들이기 때문이다. '비자아' 목표는 당신을 행복하게 해주지 못할뿐더러, 본래의 삶으로부터 당신을 벗어나게 만든다.

그러므로 당신의 목표는 더 나은 존재가 되는 것이 아닌 자신에게로 돌아가는 것이 되어야 한다. 다른 존재가 되기를 멈추고 자신으로 살기를 연습할 때만 진짜 삶을 살 수 있기 때문이다.

다행스럽게도 휴먼 디자인은 당신으로부터 어떤 믿음도, 맹목적 수용도 요구하지 않는다. 오직 제대로 된 배움과 건전한 실험만이 요청될 뿐이다. 휴먼 디자인은 당신만의 고유한 '전략strategy'과 '내부 권위inner authority'를 따라 자신의 삶을 사는 것 외에 어떠한 얘기도 하지 않는다. 그래서 누구든 이 실험에 쉽게 참여할 수 있고 지식의 진위 여부 또한 직접 확인해 볼 수 있다.

바야흐로 인간의 시대가 끝나가고 있다. 대기업과 정부가 해체되고, 일자리가 사라지고, 사회 안전망이 붕괴되는 시대에는 자신으로 사는 것 외에 어떠한 대안도 존재하지 않을 것이다. 휴먼 디자인은 바로 이때를 위해 우리에게 주어진 지식이다. 나는 이 책이 암울한 시대를 사는 현대인들에게 한 줄기 빛이 되어줄 수 있을 것이라 확신한다.

이 책을 펴냄에 있어 어떤 방식으로 내용을 전개해 가야 하는지에 대한 많은 고민이 있었다. 인간 본성을 메커니즘으로 이해하는 데 대한 반감이나 불편함이 있을 수 있는데다, 소개되는 용어들 또한 매우 생소하고 낯설기 때문이다. 그래서 나는 지난 15년간의 경험을 되살려 자기계발 서적에 익숙한 사람들이 보다 편하게 읽을 수 있는 책을 구상하기로 마음먹었다.

이 책은 개론서라기보다는 해설서에 가깝다. 그래서 자기계발의 주요 화두들 및 일상의 고민들을 나열하고, 이 같은 질문에 답하는 방식으로 책을 집필했다. 또한 지식의 생소함을 극복하기 위해 주요 내용을 2~3회 반복하는 식으로 써내려갔다. 아마도 이런 방식이 휴먼 디자인을 처음 접하는 이들에게 좀 더 쉽고, 편하게 느껴지리라 생각한다.

끝으로 이 책을 내는 데 도움을 주신 많은 분들께 진심어린 감사의 인사를 전한다. 우선 부모님께, 그동안의 믿음과 기다림에 감사하다는 말씀을 드린다. 다음으로는 본사가 설립된 후에 뒤따른 수많은 어려움과 고통을 함께 감내해 준 경영팀 멤버들께 감사의 마음을 전하고 싶다. 권세리 사장님, 그리고 이해나 디렉터님, 이 두 분이 계셨기에 오늘의 레이브 코리아가 있을 수 있었다. 두 분의 존재에 깊은 감사의 말씀을 전한다. 박상미님과 나용준님께는 특별한 감사의 말씀을 전하고 싶다. 두 분의 헌신과 노력 덕분에 책을 집필하는 동안 많은 유익을 얻을 수 있었다. 그 밖에 레이브 코리아 홈페이지 제작과 공식 카페, 그리고 공식 팟캐스트 운영에 많은 도움을 준 임지선님에게도 감사의 말씀을 전한다. 필요할 때마다 좋은 조언을 아끼지 않은 점에도 감사를 표한다. 아울러 이인혜님과 하승희님, 그리고 이원재님, 박진희님, 이성민님께도 감사의 말씀을 전하고 싶다.

페이퍼쉽 미디어 김경년 실장님께도 감사의 말씀을 전한다. 고된 작업 일정과 쉽지 않은 요청에도 항상 흔쾌히 작업해 주셔서 프로젝트 내내 정말 큰 도움을 얻을 수 있었다. 북랩 관계자분들께도 감사의 말씀을 전하고 싶다. 미팅 때마다 필요한 조언을 아끼지 않으셨던 김회란 부장님과 바쁜 일정 가운데서도 교정, 교열 작업에 최선을 다해주신 김향인 팀장님, 그리고 이현수 디자인 팀장님께도 진심어린 감사의 말씀을 전한다.

이와 더불어 이 책의 기획을 위한 첫 출간 미팅에 참석해 주신 많은 분들, 김상원님, 김지아님, 김정아님, 박혜련님, 이유미님, 양지원님, 윤현주님께도 깊은 감사의 말씀을 전한다. 이분들을 통해 휴먼 디자인이 더 진정성 있게 세상 속으로 퍼져 나갈 것이라 믿어 의심치 않는다.

자유로운 세상을 꿈꾸며

Paul

CONTENTS

"돌아가 보라. 당신이 더 어렸을 때 당신을 행복하게 만들었던 것들을 찾아보라.

우리 모두는 다 큰 아이들이다. 그러므로 우리는 돌아가서 자신이 사랑했던 것과

진실이라고 믿었던 것을 찾아봐야 한다."

_오드리 햅번

1부

당신 잘못이
아닙니다

더 이상
이렇게 살 수는 없습니다

▧ 아무도 대안을 제시해 주지 못했다

"이쪽으로 오세요. 여기에 길이 있습니다. 이렇게 하면 됩니다. 제가
말하는 대로 하면 당신도 행복해질 수 있을 거예요."

오늘도 누군간 이런 글을 읽으며 하루를 시작하고 있을지 모른
다. 그러나 문제는 해결되지 않았다. 아니, 해결된 적이 없다. 사람
들은 여전히 고통으로 신음하고 있으며, 삶의 질은 바닥을 맴돌고
있다. 매년 새로운 자기계발 전문가들이 등장하고 새로운 이론들이
발표되지만, 우리에게 필요한 진짜 지식은 어디서도 찾아보기 어렵
다.

자기계발 전문가들은 말한다. "더 많은 의지를 쓰세요", "자신의

의도를 더 많은 사람들에게 알리십시오", "전략적으로 사고하고, 전략적으로 행동하셔야 합니다", "생존은 치열한 경쟁입니다. 기회가 있을 때 어떻게든 쟁취하세요", "인맥을 구축하십시오. 성공의 비결은 인맥입니다. 먼저 사람들에게 다가가세요."

하지만 우리는 이미 알고 있다. 그들이 말하는 최선의 방법들이 어떤 경우엔 전혀 통하지 않는다는 사실을 말이다. 정말이지 특정 사람에게는 특정 전략이 전혀 먹히지 않는다.

인간이 서로 다르다는 건 누구나 아는 사실이다. 당연히 자신의 본성에 따라 살 수 있는 실천적 지식이 제공되어야 한다. 하지만 이제껏 그 차이를 알려줄 방법이나 지식이 없었다. 인간을 몇 가지 틀로 나눌 수 있는 도구들이 있기는 했지만 대부분 인위적이고 통계적인 수준을 벗어나지 못했고, 예외적인 정보라 해도 보통 사람들이 다가가기에는 어려움이 많았다. 그래서 기존 전문가들은 "나는 이렇게 성공했다. 당신도 나처럼 하면 성공할 수 있다."라는 말 외에는 달리 해줄 말이 없었다.

이미 해답이 제시되었다면 "Who am I?" 열풍은 불지 않았을 것이다. 이런 추상적인 질문에 답하려는 사람들이 많다는 건 삶이 그만큼 힘들다는 뜻이고, 또 제대로 살고 싶어하는 사람들이 그만큼 많아졌다는 의미다. 이젠 답을 찾아야 하지 않겠는가?

우리는 지금 최초의 철학자들로부터 시작된 '인간이란 무엇이며, 이 모든 것은 무엇을 위한 것인가?'라는 질문에 답하려 한다.

갈 곳 없는 사람들을 위하여

결국 우리에게 필요한 것은 정말로 도움이 되는 진짜 지식이다. 이런 저런 유명한 사람들의 말, 말, 말이 아닌, 매일의 삶에 구체적인 도움을 줄 수 있는 진정한 지식 말이다. 다시 말해, 당신이 누구이며 당신의 삶을 산다는 게 어떤 의미인지 정확하게 알려줄 수 있어야 한다.

사람들은 이미 지칠 대로 지쳐 있다. 3포, 5포, 7포, 9포는 더 이상 갈 곳이 없고, 포기할 것도 없다. 마포대교에서 뛰어내리지 않은 사람이 과연 생존했다고 말할 수 있을까? 오히려 살아남은 현실을 저주하며 살아가고 있지는 않을까?

제2차 세계대전의 포로이자 로고테라피의 창시자 빅터 프랭클 박사는 〈죽음의 수용소에서Men's Search for Meaning〉라는 책에서 삶의 이유를 알지 못하는 사람들은 나치 수용소의 고통을 견뎌내지 못했다고 보고한 바 있다. 삶의 의미를 모르면 되돌아갈 곳이 없다. 삶의 의미를 찾지 못한다면 시간이 지날수록 허무함만 남을 것이다. 그런데 그 누가 그런 무의미한 삶을 살고 싶어하겠는가?

그러므로 우리는 각 사람에게 삶의 의미를 되찾아 주어야 한다. 그럴 듯한 주장이 아닌, 정말로 말이 되고, 언제든 적용 가능하며, 사람을 살리는 지식과 정보로 말이다.

진실과 마주할 준비가 되었는가?

삶에 지치고 고달픈 당신을 위해 해결책을 제시하고자 한다. 단지 또 다른 이론이나 또 하나의 방법을 말하려 했다면 굳이 이 책이 필요치 않았을 것이다. 그건 시간낭비일 뿐이다. 제대로 살고 싶은 당신에게 또 다시 희망고문을 해서는 안 되지 않겠는가?

인간은 너무도 오랫동안 자신과 남을 괴롭혀 왔다. 모두가 나와 같아야 한다는 믿음 때문이다. 부부든, 친구든, 연인이든 결국엔 나처럼 바라보고, 나처럼 살아야 한다. 다름은 더 이상 매력이 아니다. 다름이 서로를 불편하게 만들고, 다름이 서로를 지치게 만든다. 누구든 자신의 뜻대로 살게 만들어야만 직성이 풀린다. 부모든 직장 동료든 선생님이든 당신의 본성을 지지해 주는 사람은 찾아보기 어렵다. 부모는 자식을, 남편은 아내를, 친구는 친구를 자신과 비슷한 사람으로 만들고 싶어하며 자신의 고정된 틀에 가두고 싶어한다. 그래야만 행복을 느낄 수 있다. 그렇지 않으면 저 사람은 나를 사랑하지 않는 것이고, 그렇지 않으면 나는 가치 없는 존재가 된다.

누구도 자신으로 살 수 없는 분위기가 사회를 뒤덮고 있다. 끊임없이 눈치보고, 자신과 남을 비교하며, 다른 사람들의 등을 밟고 성공의 사다리를 올라야만 한다. 자신을 돌보거나, 진실을 추구할 여유는 없다. 특히나 이 사회는 여전히 상명하복식의 소통문화에 갇혀 표현의 자유마저 제한하고 있다. 남성적이고, 권위적이며, 체면과 자존심이 더 중요한 시스템이 인간다운 삶을 가로막고 있다.

이런 시스템 속에서는 누구도 쉽게 용기를 낼 수 없을 것이다. 자신으로 살겠다고 말하는 사람은 흔치 않고, 자신을 존중하고 사랑하는 사람도 거의 만날 수 없다. 이 세상은 자신을 죽이고, 부정하는 사람들만 살아남는 곳처럼 보인다. 대부분의 사람들은 이것이 어쩔 수 없는 현실이니 받아들여야 한다고 생각할 것이다. 그래서 군말 없이 시스템에 순응한다.

하지만 아무리 외면하고 부정하고 싶어도 바뀌지 않는 사실이 하나 있다. 당신이 고유한 존재라는 것, 당신에게는 자신만의 독특한 개성과 잠재력, 그리고 자신만의 삶이 있다는 사실 말이다.

때가 되면 누구든 자신을 마주해야 한다. 나이가 들어서든, 큰 사고를 당해서든, 아니면 모든 것을 잃었기 때문이든 누구든 때가 되면 자신이 존재하는 이유는 무엇이며, 무엇을 위해 살아야 하는지, 남은 삶을 어떻게 살아야 하는지에 대해 생각해야 한다. 그것이 인간의 본성이기 때문이다.

답을 찾지 못하면 삶도 없다. 그래서 우리는 답을 찾아야 한다. 당신은 진실과 마주할 준비가 되었는가?

▒ 휴먼 디자인은 최초의 인간 사용 설명서입니다

내가 지금부터 들려주는 이야기는 휴먼 디자인Human Design에 대한 이야기다. 물론 독자들에게는 전적으로 낯선 이야기가 될 것이다. 휴먼 디자인은 당신이 기존에 알던, '인간은 누구이며, 무엇을 위해 존재하는가?'에 관한 상식을 뒤흔들어 버린다.

휴먼 디자인은 말한다. 인간이 어떻게 진화해 왔는지, 인간의 현 위치는 어디인지, 자신으로 산다는 말의 의미는 무엇이며, 어떻게 해야 이런 삶이 가능한지, 나와 타인이 어떻게, 얼마나 다른지를 말이다. 그리고 그 디테일함과 정확성에 있어 비교 대상이 존재하지 않는다.

또한 이 지식은 너무도 깊고 오묘해서 그 어떤 부분도 한 번에 쉽게 소화되지 않는다. 이를테면 '메니페스터manifestor' 타입(휴먼 디자인의 네 가지 타입 중 하나)의 사람들은 '닫혀있고', '쫓아내는' 아우라를 가지고 있다. 이들의 아우라는 주변 사람들을 불편하게 만드는 에너지를 방사한다. 그러나 처음엔 어떤 '메니페스터'도 이 같은 사실을 잘 받아들이지 못한다. 이들 중 일부는 휴먼 디자인이 틀렸고 자신은 '메니페스터'와 같은 사람이 아니라고 말하기까지 한다.(이 경향은 여성들에게서 더욱 두드러지게 나타난다.) 그러나 첫 워크숍 과정인 'Living Your Design' 코스에 참석한 후로부터 수개월 뒤에 만난 이들의 모습은 놀랍도록 달라져 있는 경우가 많다. 그리고 정말 어떤 어휘로도 표현하기 어려운 '범접할 수 없는' 아우라가 뿜어져 나오는 것을 느낄 수 있다. 누구든 자신의 본성과 만나면 자신도 감당키 어려운 근본적이고 큰 변화를 겪게 된다.

이 같은 변화는 주변에 엄청난 영향을 미친다. 아니, 파급력이라 표현하는 것이 더 좋을 것이다. 자신도 놀라고, 주변 사람들도 놀란다. '메니페스터'가 한번 자신의 본성을 인식하면 주변 사람들과의 관계가 완전히 달라진다. 이후로는 누구도 함부로 '메니페스터'에게 먼저 다가가거나 말을 걸 수 없다.

휴먼 디자인이 제공하는 정보들은 단순히 충격이라고 하기엔 너무도 깊은 수준까지 영향을 미친다. 더 이상 과거와 같은 방식으로 사람들을 대할 수 없을 뿐 아니라, 인간을 이해하는 방식도 뒤바뀌어 버린다. 삶이 더 이상 이전처럼 보이지 않게 되는 것이다.

휴먼 디자인의 가치는 제시되는 정보들이 일상에서 확인되고 검증될 수 있다는 데 있다. '휴먼 디자인 차트*'는 다양한 정보를 시각적으로 표현해 줄 뿐 아니라, 임의적 해석이 불가한 표준화된 정보를 제공한다. 때문에 이 지식을 처음 접한 사람들도 안심하고 실험에 참여할 수 있다.

아마 당신도 바라고 있었을 것이다. 예상치 못한 흐름을 만나 삶을 되찾게 되는 그런 기회를 말이다. 삶의 근본적인 의문들이 해소되고, 또 남은 삶을 자신으로 살 수 있다면 얼마나 좋을까? 게다가 더 이상 이런 종류의 지식을 찾아 헤매지 않아도 된다면 말이다. 막연한 기대가 진짜 현실이 된다면 얼마나 기쁘겠는가?

그러나 마냥 즐겁지만은 않을 것이다. 휴먼 디자인은 당신의 '비자아非自我' 고통도 여과없이 보여주기 때문이다. 그래서 때로 불편함을 감수해야 한다. 휴먼 디자인은 많은 면에서 당신이 삶에 대해 생각하고 있던 상식을 흔들어 버릴 것이다. 그러나 당신이 진짜 삶을 원하고, 또 삶의 목적을 성취하기 바란다면 내가 지금부터 들려주는 이야기에 귀를 기울여 보라. 왜냐하면 휴먼 디자인은 인류 최초의 '인간 사용 설명서'이자 다가오는 위험을 견디게 해 줄 당신에 관한, 당신이 의지할 수 있는 유일한 지식이기 때문이다.

이 모든 이야기는 당신을 위한, 오직 당신만을 위한 것이다.

휴먼 디자인의 세계로 온 것을 환영한다.

* '한국어 차트 출력 서비스'는
레이브 코리아 공식 홈페이지(http://www.ravekorea.kr) 첫 화면에서 가능합니다.

정체성의
혼란

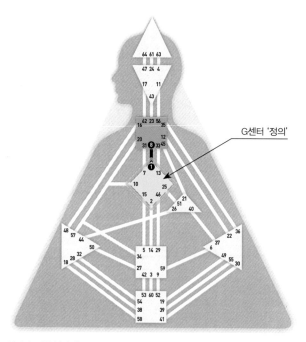

이미지. G센터 '정의'

여기 G센터가 있다.

그림과 같이 차트에 G센터가 '정의定義(색칠되어 있음)'되어 있다면 당신은 평생 신뢰할 만한 '방향감각'과 '정체성'을 가질 수 있고, 이런 사실을 알지 못한 상태에서라도 자신만의 길을 갈 수 있다.

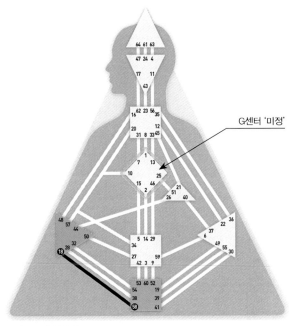

G센터 '미정'

이미지. G센터 '미정'

그러나 만약 G센터가 정의되어 있지 않다면(미정未定), 당신이 알던 그 어떤 지식을 동원하더라도 자신이 누구인지 알 수 없을 것이며, 그 어떤 노력으로도 자신을 알고자 하는 목적을 성취할 수 없을 것이다. 당신은 자신을 알기 위해 태어난 사람이 아니기 때문이다.

'나는 누구인가?'에 대한
최초의 충격

방금 얘기한 바와 같이, 'G센터' '미정未定(색칠되지 않음)'은 그 어떤 방법
으로도 자신이 누구인지 알 수 없다. 'G센터'라 불리는 이 곳이 '방향
성' 및 '정체성'과 관계된 곳이기 때문이다. 'G센터'가 하얗게 남겨져 있
는 사람은 평생 자신을 알거나 찾을 수 없다. 그리고 이런 사람들이
우리나라에만 자그마치 2,200만 명(약 43%)이나 된다.

어쩌면 당신은 자신의 눈을 의심하고 있을지 모른다.

이게 대체 무슨 말인가? 자신이 누구인지 알 필요가 없는 사람
들이 있다고? 그럼 우리가 지금까지 인생을 헛살아 왔다는 뜻인가?

한 사람, 두 사람도 아니고, 자그마치 인류의 43%나 되는 사람들
이 자신이 누구인지 알 수 없도록 디자인되었다는 말이 무슨 뜻일
까? 만약 이 말이 사실이라면, 남은 삶은 대체 어떻게 살아야 한단
말인가?

'나는 종교인인데…', '나는 오랫동안 명상을 해 왔는데…', '지난 수십 년간 나를 찾기 위해 자기계발에 매달려 왔는데…', '이게 다 쓸 모없는 짓이란 말인가?'

받아들이기 어렵다면 잠시 쉬어가도록 하자. 이야기는 지금부터 시작이니까.

저는 이제
어떻게 살아야 하나요?

당신이 G센터 '미정'이라면, 자신이 누구인지 알지 못하는 데서 오는 많은 고통이 있었을 것이다. 그리고 이 누적된 고통은 자신을 찾고, 방향을 찾기 위한 온갖 고민과 방황으로 이어졌을 것이다. '나는 누구지?', '어디로 가야 하는 걸까?', '내 사랑은 어디에 있지?' 다른 이들처럼 안정감 있고 흔들림 없는 방향감각을 가지고 싶어 무엇이든 붙들고 싶고, 손에 쥐고 싶었을 것이다.

그런 당신을 위해 먼저 격려의 박수를 보내고 싶다. '방향 없이', '정체성 없이' 산다는 건 정말 끔찍한 일이니까 말이다. 당신 또한 자신의 행복을 위해 할 수 있는 모든 노력을 기울여 왔을 것이고, 그런 점에서 당신의 모든 노력은 그 자체로 격려 받아 마땅하다.

그러나 G센터 '미정'은 더 이상 이 같은 고통을 감내할 필요가 없다. 당신의 목적은 전혀 다른 곳에 있기 때문이다.

G센터 '정의'는 자신만의 '방향성direction'과 '정체성identity', 그리고 '사랑love'의 감각을 가진다. 이런 감각은 평생 바뀌지 않으며, 이들은 자신만의 고정된 길, 고정된 방향, 고정된 사랑을 향해 나아간다. 이를 인식하지 못한다 해도 상관없다. G센터 '정의'는 자신의 고정된 감각을 신뢰할 수 있다.

그러나 G센터 '미정'은 그런 삶을 살도록 디자인되지 않았다. G센터 '미정'은 고정된 속성을 갖지 않는다. 이들의 역할은 분별하고 배우는 데 있다.

달리 말해 G센터 '미정'인 사람들은 자신의 고유한 정체성을 찾는 대신, 다른 이들의 정체성을 맛보고 '경험experience'하도록 되어 있다. 이들은 자신의 정체성, 자신의 방향성, 자신의 사랑을 찾지 않는다. 오히려 다른 이들의 '정체성'과 '방향', 그리고 당신을 찾아오는 '사랑'의 향기를 맡는다.

이는 마치 고정된 노선을 따라 달리는 열차를 타는 것과 같다.

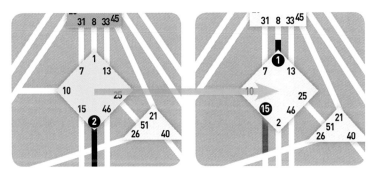

이미지. G센터 '정의'와 '미정'

한 번은 A라는 노선을 따라 펼쳐지는 경관을 감상하고, 다음엔 B라는 노선을 따라 펼쳐지는 삶을 살아간다는 의미다. G센터 '미정'은 고정된 노선을 갖지 않는다. 단지 다양한 경로를 맛보고 이를 즐길 뿐이다. 그리고 이러한 경험들을 통해 '사랑', '방향', '정체성'에 대한 지혜를 쌓는다.

모든 '미정' 센터의 기본적 메커니즘은 이렇다. '미정' 센터는 열려 있다. 열린 창문과도 같아서 항상 외부의 에너지를 받아들인다. 이들은 G센터가 '정의'된 사람과 만날 때마다 그들의 방향을 받아들이고, 정체성을 받아들이게 되어 있다.

이런 경험은 때로 G센터 '미정'인 사람들에게 방향을 찾은 듯한 느낌을 줄 수도 있다. 그러나 자신이 다른 이들의 '방향'과 '정체성'을 받아들이는 사람이라는 사실을 알지 못하면 오히려 이 경험에 중독될 수도 있다. G센터 '미정'은 오랫동안 자신만의 '방향', '사랑', '정체성'을 찾으려 애써 왔기 때문에 다른 사람들의 정체성을 모방하거나 흉내내려 한다. 자신도 그들처럼 살아야 한다는 비교의식 때문이다. 그리고 처음엔 그런 삶이 가능한 것처럼 보인다.

하지만 G센터 '미정'이 홀로 있을 땐 더 이상 이런 느낌이 존재하지 않는다. 마치 어미 잃은 아기새처럼 갑자기 길을 잃어버린 느낌이 들 수도 있다. 뭔가 잘못된 것처럼 느껴지고, 자신에게 문제가 있어 이런 일이 생기는 거라 생각되기도 한다. '있다가 없어지고', '왔다가 가는' 이런 느낌은 평생 G센터 '미정'의 삶을 괴롭힌다. 그래서 G센터 '미정'은 어떻게든 자신의 힘으로 사랑을 찾으려 애쓰고 방황

한다. 아마도 이들은 다음과 같은 노래를 들으며 공감하고, 아파할 것이다.

'내가 가는 이 길이 어디로 가는지, 어디로 날 데려가는지, 그 곳은 어딘지 알 수 없지만, 알 수 없지만, 알 수 없지만, 오늘도 난 걸어가고 있네… (중략) 나는 왜 이 길에 서 있나. 이게 정말 나의 길인가. 이 길의 끝에서 내 꿈은 이뤄질까.'

- god 〈길〉 중에서

많은 G센터 '미정'이 '정의'된 사람들과 함께 있을 때만 안정감을 느낀다. 자신이 어디로 가는지 알 것 같고, 자신이 누구인지 알 듯한 느낌이 들기 때문이다.

당신이 G센터 '미정'이라면 "넌 왜 나이를 먹고서도 앞가림 하나 못하냐. 왜 항상 이리저리 헤매는 거야."라는 말을 들으며 아파한 적이 있을 것이다. 만약 당신이 한 조직의 리더나 혹은 가장이라면 "우리는 어디로 가고 있나요?"라는 질문을 받을 때마다 당황스럽고 괴로웠을 것이다. 어디로 가야 할지 모른다는 느낌은 자신의 본성을 알지 못할 때 정말 큰 고통이 될 수 있다. 일관되지 못한 것은 대부분의 상황에서 문제로 여겨지기 때문이다.

차트의 어느 곳을 보든 '정의되지 않은 곳'은 무언가를 일관되게 다룰 수 있도록 디자인되지 않은 곳이다. 당신은 외부환경을 받아들이고 반영시키도록 디자인되었을 뿐, 내적 감각을 일정하게 유지할 수 있는 사람이 아니다.

G센터 '미정'인 사람들의 역할은 다른 이들의 정체성을 받아들이고, 맛보고, 감별하는 법을 배우는 데 있다. 이것이 전부다. 더 이상 '정의'인 사람들과 자신을 비교하며 스스로를 비난하거나 미워할 필요가 없다. 당신은 그들과 다른 존재이기 때문이다. 자기계발에서 말하는 그런 비교, 그런 노력은 더 이상 필요치 않다. 당신은 그저 자신으로 존재하기만 하면 된다.

인간 본성과 그 메커니즘에 관해서라면 휴먼 디자인은 인류 역사상 가장 정확한 설명을 제공해 줄 것이다. 그러니 마음을 열고 새로운 지식의 세계를 탐구해 보기 바란다. 휴먼 디자인은 당신을 실망시키지 않을 것이다.

'정의defined', '미정undefined', 그리고 '오픈open'

여기서 잠시 휴먼 디자인의 기본 개념 중 하나인 '센터centers'를 살펴 보도록 하자.

'센터'란 '바디 그래프bodygraph' 상에 나타난 9개의 도형을 말하는데, 삼각형 모양을 띠기도 하고, 사각형이나 다이아몬드 모양을 가지기도 한다. 이들 9개 '센터'는 각각 정보와 에너지가 작용하는 메커니즘을 보여준다. 이를테면 머리 쪽에 위치한 센터를 '머리 센터'라 부르는데, '머리 센터'는 질문, 영감, 의문과 관계되며 아래로 내리누르는 압박을 가져온다.(다음 페이지 이미지 참조)

'센터'는 각기 다른 두 가지 방식으로 존재하는데, 하나는 '정의'고, 다른 하나는 '미정'이다. '정의'는 해당 센터에 색이 칠해져 있는 반면, '미정'은 센터 내부가 하얗게 남아 있다. 차트의 어느 곳을 보든 '정의'는 색이 칠해져 있고, '미정'은 하얗게 남겨져 있다.('오픈'인 경우도 있는

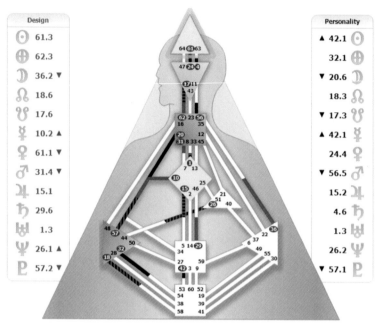

이미지. 머리 센터 '정의'

데, 이는 '미정'의 특별한 경우에 속한다. 잠시 뒤에 함께 다룰 것이다.)

'정의'는 닫혀 있고, 고정된 속성을 가진다. 다시 말해, 죽는 날까지 변치 않는 감각을 제공한다. '정의' 센터는 다음과 같은 특징을 갖는다.

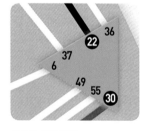

이미지. 킴싱 '정의'

1) 불변하는, 고정된 속성을 가짐.

2) 주위 영향에 좌우되지 않음.

3) '미정'인 이들에게 영향을 미침.

반면 '미정'은 열려 있고, 외부 에너지를 받아들인다. 주변 영향에 열려 있으며, 동시에 취약하다. 그리고 받아들인 에너지를 몇 배 이상 증폭시킨다.

증폭된 에너지는 단순한 경험으로 끝나지 않는다. 대체로 휘둘리거나 압도되는 느낌으로 나타난다. 때로 몇 배나 강한 에너지로 주변 사람들에게 되돌아가기도 한다. 만약 당신이 감정 '미정'인 사람이라면 언제나 주변 사람들의 감정을 받아들일 것이며, 감정 에너지를 다룸에 있어 많은 어려움을 겪을 것이다.

옆의 이미지는 감정 '미정'을 나타내고 있다. 이 경우엔 36번 '관문gate'이 포함되어 있는데(각각의 숫자를 '관문'이라 부른다), 이 관문은 '위기crisis'의 관문으로써 경험에 뛰어들고자 하는 감정적 충동과 관계된다. 그리고 여기엔 엄청난 압박이

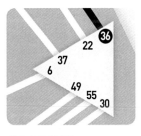

이미지. 감정 '미정'

존재한다. 36번에게 '무경험inexperience'은 부적절한 느낌과 긴장을 주며, 따라서 어떠한 경험이든 그 경험 속으로 뛰어들게 만든다.

그러나 이 관문은 '미정' 센터에 있기 때문에 홀로 있을 때는 감정적 충동이 나타나지 않는다. 그러다 주변 사람들에 의해 감정 에너지가 유입될 경우 36번의 '위기' 에너지가 활성화될 뿐 아니라, 감정적 긴장도 나타난다. 그리고 바로 이때, 경험에 뛰어들고 싶은 충동도 함께 나타난다.

만약 36번 관문이 '정의' 센터에 있다면, 이 긴장감은 고정된 방식으로 다뤄질 수 있다. 다시 말해, 경험에 뛰어들고자 하는 충동이 계속 존재하지만, '정의'만의 고정된 방식으로 이 경험을 다룰 수 있다는 의미다. 그러나 '미정'은 다르다. 감정 에너지를 만나면 '충동'과 '위기'에 취약해진다. 자신만의 고유한 감정이 없어 긴장감도 커진다.

감정 '미정'은 본디 직면을 위한 디자인이 아니다. 그래서 어떤 위기가 나타나면 이를 다루는 데 있어 감정적으로 큰 취약함을 보일 수 있다. 감정 '정의'가 겪는 위기와 감정 '미정'이 겪는 위기는 본질적으로 다르다.

이번엔 '오픈' 센터의 차례다. '오픈'은 '미정'과 같은 부류이기는 하지만 색칠된 '관문'이 전혀 존재하지 않는다는 점에서 '미정'과 차별화된다. 그러나 시각적인 차이가 전부는 아니다. '미정'과 '오픈'의 차이는 매우 크다.

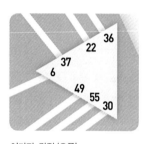

이미지. 감정 '오픈'

앞에서 살펴 본 바와 같이, '미정'이 '정의'를 만나 에너지를 받아들이면 '미정' 센터에 있는 '관문'들이 활성화된다. 그러나 고정된 감각이 없어 이를 다루는 데 취약함이 있다. 그러나 '오픈' 센터에는 에너지를 걸러낼 어떤 '관문'도 없다. 단지 주변의 모든 에너지를 받아들이고, 이를 증폭시킬 뿐이다. '오픈'은 주변 사람들의 모든 에너지를 있는 그대로 증폭시키기 때문에 이 모든 에너지에 휩쓸린다.

그렇기 때문에 인생 초반에 굉장한 어려움을 겪을 수 있다.

모든 '오픈' 센터는 양극단의 반응을 보일 수 있다. 감정 센터를 예로 들자면, 감정 '오픈'은 감정적으로 미친 사람처럼 보이거나, 또는 감정을 전혀 느끼지 못하는 사람처럼 보일 수 있다. 감정 '오픈'은 위기crisis(36번), 열려 있음openness(22번), 우정friendship(37번), 마찰friction(6번), 원칙principles(49번), 영혼spirit(55번), 느낌 인식recognition of feelings(30번)의 에너지를 모두 증폭하고, 이 경험에 완전히 압도될 수 있다.

감정 '오픈'인 사람은 감정적 상황을 어떻게 다뤄야 할지에 대해 전혀 감을 잡지 못한다. 자신이 감정 '오픈'이라는 사실을 알지 못한 채 유년기를 보냈다면 더욱 그럴 것이다. 나이가 들어서도 이런 고통이 지속되는 경우는 드물지 않다.

그러나 감정 '오픈'은 감정에 관해 가장 큰 지혜를 쌓도록 디자인되어 있다. 모든 감정을 있는 그대로 경험하는 디자인이므로 이 감정들이 자신의 감정이 아니라는 사실을 알면 필요할 때 직면할 수 있고, 감정적 상황에 압도되는 대신 큰 지혜를 쌓을 수도 있다.

차트
출력하기

자신의 디자인을 알고자 한다면 먼저 휴먼 디자인 차트를 출력해야한다. 홈페이지를 방문하면 기본적인 차트 출력이 가능하며, 소프트웨어(MMI 프로그램)를 활용할 경우 더 많은 서비스를 이용할 수도 있다.

휴먼 디자인 차트는 '양력' 정보를 활용한다. 때문에 '음력' 정보를 가진 사람은 인터넷 '음양력 변환기' 등을 활용해 생시정보를 변환해야 한다. 그리고 출생시간은 아이가 산모의 몸으로부터 분리된 시간을 기준으로 한다.(탯줄을 자른 시간이 아님에 유의하기 바란다.) 제왕절개든 자연분만이든 어떤 경우라도 산모의 몸으로부터 분리된 시간을 아는 것이 중요하다. 특히, PHS(Primary Health System®, 휴먼 디자인 식사법)와 같은 고급 정보를 제대로 알기 위해서는 분 단위까지 정확한 시간이 필요하다.

혹 생시정보를 정확히 알지 못하는 경우, 이미 알고 있는 시간을 기준으로(예를 들어, 대략 오후 3~4시경이라 할 경우) 10분 단위로 차트를 여러 개 출력해서 비교해 보는 방법이 있다. 이중 상당수는 '타입 type'과 '내부권위inner authority', '프로파일profile' 등과 같은 기본 정보들이 바뀌지 않거나, 거의 바뀌지 않는다. 이런 경우라면, 간단한 수준의 리딩을 받거나 기본 과정을 배우는 데는 큰 어려움이 없을 것이다.

그러나 태어난 시간이나 일자를 제대로 알지 못한다면 별도의 도움이 필요할 수 있다. 이런 경우엔 '차트 수정 전문가'를 찾아 가거나 '생시 보정 서비스'를 활용하는 방법이 있을 수 있다.

아래의 정보를 활용해 차트를 출력하되, 필요한 경우 '공인 차트 분석가professional analyst'를 통해 차트 리딩 서비스를 받아보길 권한다.(공식 홈페이지 '차트 리딩' 탭에 있는 '공인 전문가'란을 참조하기 바란다.)

1) 본사 홈페이지

레이브 코리아 공식 홈페이지를 방문하면 첫 화면에서 차트 출력이 가능하다.

레이브 코리아 공식 홈페이지

http://www.ravekorea.kr

2) 소프트웨어

소프트웨어를 활용하면 평소에도 인터넷 접속 없이 차트 출력이 가능할 뿐 아니라, 버전에 따라 다양한 방식의 차트 출력이 가능하다. 국제 본부 Jovian Archive에서 유료 다운로드가 가능하다.(홈페이지내 'software' 탭에서 선택, 1주일 무료 사용 가능)

차트
이해하기

휴먼 디자인 차트에는 수많은 정보가 담겨 있다. '인생 목적'을 포함, '타입'과 '전략'에 대한 정보가 제공되며, '내부권위'나 '분할' 등 중요한 정보가 많다. 그러나 생소한 어휘들이 제법 있기 때문에 아래의 내용을 미리 숙지해 둘 필요가 있다.

1) 타입Type

'타입'이란 태어날 때 각 사람에게 부여되는 4가지 삶의 방식을 가리킨다. 4가지 타입이라 부르기도 한다. '메니페스터manifestor'는 '독립적인 실행자'의 역할을 가지며, '프로젝터projector'는 '다른 이를 가이드'하는 역할을, '제너레이터generator'는 '삶을 생성'하는 역할을, '리플렉터reflector'는 '감독자'의 역할을 갖는다.

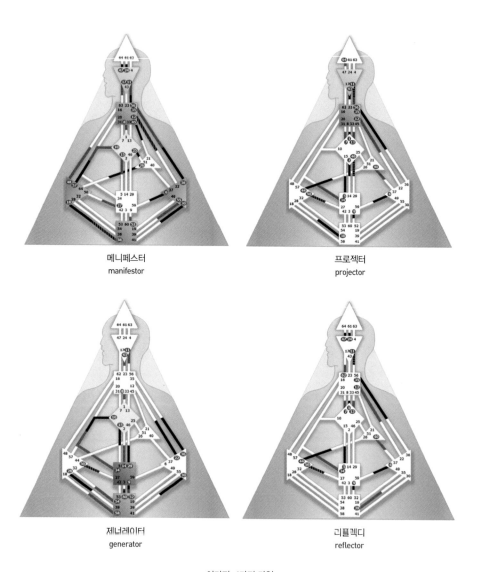

메니페스터
manifestor

프로젝터
projector

제너레이터
generator

리플렉디
reflector

이미지. 4가지 타입

2) 인생 목적Incarnation Cross

사람은 태어날 때부터 자신만의 독특한 '인생 목적'을 갖는다. 이는 4개의 숫자 조합으로 이뤄지는데, 제일 앞에 나오는 숫자가 그 사람의 핵심 본성을 규정짓는다. 가령 '관통penetration(51/57 54/53)'의 디자인을 가진 사람이 있다면 핵심 본성은 51번의 '충격shock'이다. 이 사람은 다른 이들에게 충격을 줌으로써 사람들을 관통한다.(또는 다른 이들을 관통함으로써 충격을 준다.)

인생 목적은 다양한 모습을 띤다. 어떤 사람은 '저항defiance(2/1 49/4)'의 테마를 삶의 목적으로 갖고, 또 어떤 사람은 '통치rulership(45/26 22/47)'의 삶을 목적으로 갖는다. 누군가는 '사랑the vessel of love(25/46 10/15)'을, 다른 누군가는 '예방prevention(15/10 17/18)'을 삶의 목적으로 갖는다.(괄호 안의 4가지 숫자 조합은 다양한 방식으로 배열될 수 있다. 그에 따라 의미도 조금씩 달라진다.)

3) 프로파일Profile

'프로파일'에는 총 12가지가 있다. 1/3로 시작해, 1/4, 2/4, 2/5, 3/5, 3/6, 4/6, 4/1, 5/1, 5/2, 6/2를 거쳐 6/3으로 끝나며, 시간의 흐름에 따라 이 순환이 계속된다. 프로파일은 한 사람이 평생 입고 사는 '옷costume'과 같으며 거시적인 범주에서 인간 본성을 가장 손쉽게 파악할 수 있는 도구가 되어 준다. 앞에 있는 숫자는 '의식'적 특성을, 뒤에 나오는 숫자는 '무의식'적 특성을 각각 대변한다.

4) 의식Conscious과 무의식Unconscious

차트의 우측과 좌측은 각기 다른 두 가지 성질을 대변한다. 우측의 '검은색personality' 영역은 의식적으로 접근 가능한 영역(의식)을 뜻하며, 좌측 '빨간색design' 영역은 타인은 인식할 수 있으나 스스로는 인식할 수 없는 영역(무의식)을 의미한다. 휴먼 디자인은 인류 최초로 '무의식'의 작동 메커니즘을 설명해 준다.

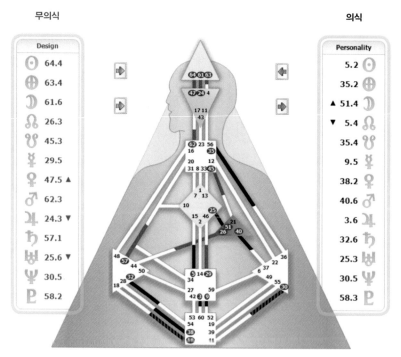

이미지. '의식'과 '무의식'

5) 9센터Centers

인간은 1781년 이후, 7개 센터에서 9센터 존재로 진화했다. 엄밀히 말해, 현 인류는 호모 사피엔스가 아니다. 현재의 9센터 인간은 '과도기적 호모 사피엔스Homo Sapiens in Transitus'라 불리는 새로운 종이며, 7센터 인간의 수직 상승하는 체계보다 훨씬 진보되고 복잡한 시스템을 가지고 있다.

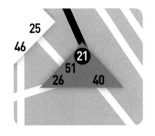

이미지. 심장센터

각각의 센터는 특정 장기들과 생물학적 연관성을 갖는데 가령 심장 센터는 '심장heart', '위장stomach', '쓸개gall bladder', '흉선thymus glands'과 연결성을 가지며 심장 센터가 제대로 기능하지 못할 때 관련 장기들에 문제가 나타날 수 있다.

6) 채널Channel

센터 양쪽의 관문과 관문이 만나 '채널'을 이룬다. 가령, 맨 위 머리 센터에 있는 61번(삶의 신비mystery)과, 아즈나 센터에 있는 24번(합리화rationalization) 관문이 만나 '인식awareness' 채널을 이룬다. 채널은 '생명력life force'을 뜻하며, 세상에 존재하는 모든 유기

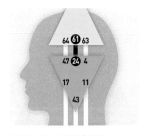

이미지. 61-24 '인식' 채널

체들 즉, 세포, 식물, 동물 등은 모두 하나 이상의 채널을 가지고 있다.

7) 관문Gate

차트에 나타난 64개의 숫자 각각을 '관문'이라 부른다.

8) 라인Line

전통 주역에는 64괘가 있고, 각 괘는 6개의 효를 가진다. 휴먼 디자인 주역에서 '괘卦'는 '관문gates'으로, '효爻'는 '라인lines'으로 불린다. 전체 라인의 수는 64×6, 총 384개다.

　모든 인간은 384개의 디자인 중 26개의 속성을 가지며 좌우 양쪽에 각각 13개의 정보를 갖는다. 그리고 몇몇 라인들은 삼각형 모양의 세부적인 속성을 부여받기도 한다. 이를 '고정fixation'이라 부르는데, 어느 곳이든 '고정'이 나타나면 한 사람의 삶에 불변하는 영향을 미친다.

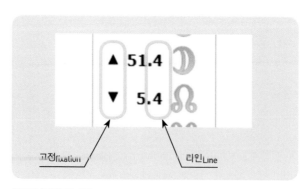

이미지. '라인'과 '고정'

9) 행성Planet

각각의 행성은 고유 정보를 가진다. 우주에서 가장 풍부한 입자들 중하나인 '뉴트리노neutrino'가 이들 행성을 통과할 때(또는 이들 행성으로부터 생성될 때) 특정 정보가 뉴트리노에 전달되며, 이 뉴트리노가 인간의 몸을 통과해 지나가며 자신의 정보를 전달한다. 이는 한 개인뿐 아니라 인류의 존재 방식을 좌우하며, 사고방식, 의사결정, 가치판단에 근본적인 영향을 미친다. 차트 양쪽을 보면 좌우 대칭으로 여러개의 행성 기호를 볼 수 있다.

10) 비자아Not-Self

'비자아'란, 자신의 타고난 본성대로 살지 못하는 상태를 뜻한다. 그리고 이로 인한 고통을 '비자아 고통'이라 부른다.

같은 타입의 사람들은 같은 비자아 테마를 갖는다. '메니페스터manifestor'는 '분노anger'를, '프로젝터projector'는 '쓴맛bitterness'을 비자아 테마로 가지며, '제너레이터generator'는 '좌절frustration,' '리플렉터reflector'는 '실망disappointment'을 테마로 갖는다. 어떤 타입의 사람이든 자신으로 살지 못할 때의 고통이 이와 같으며, 고통을 피할 유일한 방법은 오직 '전략'과 '내부권위'뿐이다.

11) 전략 Strategy

'전략'은 삶을 살아가는 방식과 태도를 말해 준다. 이들 전략은 타입별 비자아 고통인 '분노', '좌절', '쓴맛'과 '실망'을 피하기 위한 삶의 방식으로, 고통을 줄이고 삶의 목적을 성취할 기회를 제공한다. '메니페스터'는 자신의 의도를 '알려야to inform' 하며, '제너레이터'는 기다리고, '반응하는to respond' 삶을 살아야 한다. '프로젝터'는 '초대를 기다리고 wait for the invitation' 리플렉터는 '약 28일을 기다려야wait for 28 days' 한다.

12) 내부권위 Inner authority

'내부권위'란 표현은 대조쌍을 암시한다. '외부권위Outer authority'는 날 때부터 영향을 미치는 온갖 종류의 외부 조건화들 '부모', '학교', '사회', '또래집단', '주변환경'을 통칭하며, 또는 배우고 소통하고 가르치는 마음의 역할을 의미하기도 한다.

반면 '내부권위Inner authority'는 자신으로 사는 데 필요한 내적 의사결정체계를 뜻한다. 각 사람은 자신의 구체적인 디자인에 의해 '감정적 명료함emotional clarity'을 따라 살거나, '천골 반응sacral response', '직관 intuition', '의지력willpower', 그리고 '만족satisfaction'에 따른 삶을 살게 되어 있다.

각 사람은 '외부권위'가 아닌 '내부권위'로 살 때만 자신됨을 실현하고 성취할 수 있다.('내부권위'가 존재하지 않는 디자인도 있으나 그들에게도 자기 나름의 의사결정 방식이 존재한다.)

비자아
고통

'차트 이해하기'를 통해 살펴본 바와 같이 각 사람은 자신만의 개성과
특질을 가진다. 이는 '센터centers', '채널channels', '관문gates'과 '인생 목적
incarnation crosses', 그리고 기타 여러 정보들에 자세히 나타나 있다.

　　그러므로 누구든 자신의 디자인대로 살면, 자신됨을 맛볼 수 있
고 자신이 세상에 존재하는 이유를 알게 된다. 그러나 자신답게 살
지 못하면 '비자아 고통'이라 부르는 고통과 만나게 된다. '문제', '고
통', '집착'과 '불화'는 서로의 다름을 존중하지 않고 타인과 자신을
비교하며 판단할 때 생겨난다.

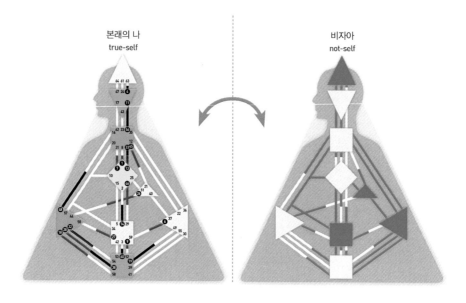

이미지. '본래의 나true-self' & '비자아not-self'

위 이미지에 나타난 바와 같이, 좌측은 '본래의 나True-Self'를 뜻하며, 색칠된 부분들은 타고난 본성, 재능, 개성, 그리고 매력을 보여 준다. 죽는 날까지 변하지 않는 기본 요소로써 자기됨이 무엇인지, 어떻게 살아야 하는지를 명확하게 알려 준다.

그러나 사람들은 자신을 존중하기보다는 자신에게 없다고 여기는 무언가를 채우려 한다. 즉, 좌측의 하얀색 영역을 문제라 여기고, 이를 채우려 삶을 낭비한다는 뜻이다. 좌측의 디자인을 가진 사람은 언제나 우측 파란색 부분을 가진 사람들에게 끌리며 이들처럼 되기 위해 애쓴다.

고통은 여기서 끝나지 않는다. 각 센터들이 특정 장기들과 연관되어 있기 때문에 여기서 많은 신체적 고통이 유발될 수 있다. 가령 '목 센터'는 '갑상선'과 연계되어 있으므로, 목 센터 '미정'인 사람이 '정의'처럼 살려 할 때 갑상선 문제를 겪을 수 있다. 각각의 디자인은 우울감이나 두려움, 편두통, 불면증이 나타나는 메커니즘과도 연결되어 있기 때문에 자신으로 살지 못하는 고통은 큰 비용부담을 초래할 수 있다. 그 외에도 온갖 종류의 정신적, 관계적 고통이 자신과 남을 비교하고 다른 사람처럼 살고자 하는데서 나타난다. 자신에 대한 오해는 타인에 대한 오해로 이어지며, 자신을 남처럼, 남을 자신처럼 살게 하려는 스트레스로 나타난다.

위와 같이 한 사람을 다른 사람들과 같게 만드는 현상을 '균질화homogenization'라 부른다. 이 사회가 이토록 고통으로 얼룩져 있는 것도 모두 이 균질화 때문이다.

'균질화'는 최종적으로 '비자아 고통'을 낳는다. 그래서 누구도 자신을 있는 그대로 사랑하지 않게 된다.

왜 모든 사람들이
실행자가 될 수 없는가?

실행력이라는 주제는 언제나 자기계발의 주요 화두 중 하나였다. 기업 또한 실행력을 강조해 왔다. 개인이든, 조직이든 실행력이 충분해야 원하는 바를 이룰 수 있고, 치열한 생존 환경에서 살아남을 수 있기 때문이다. 그러나 세상에는 실행력이 부족한 사람들이 그렇지 않은 사람들보다 훨씬 많은 것처럼 보인다. 누군가는 쉴새 없이 일하고, 또 많은 일을 성취하는데, 왜 어떤 사람은 그렇지 못한 걸까?

　자기계발 전문가들의 답변은 언제나 한결같았다. 이 모두가 '의지력'이 부족하기 때문이라는 것이다. '의지력'이 부족해서 삶이 바뀌지 않으며, '의지력'이 부족해서 중도에 포기해 버린다. 희한하게도 많은 사람들이 이런 주장에 쉽게 동의해 버린다. 사내아이가 무전여행 한 번 떠나보지 못한 것은 정신력이 부족한 것이며, 행군에서 낙오하는 사람은 남자가 아니었다. 자기계발 전문가들은 지금도 '의지'와 '실행'을 빼면 거의 아무것도 얘기하지 못한다. 자기계발의 고전부터 현대적 의미의 처세술까지 어느 하나 예외없이 "주도적이 돼라", "적극적으로 살라."고 역설하고 있다. 성취자라 불리는 사람들은 "불가능은 없다. 그러니 지금, 지금 당장 시작하라."고 외친다.

이들의 주장에 따르면 지속적으로 끈기있게 실행하지 못하는 사람들은 '의지력'이 부족한 사람이며, '정신력'이 나약한 사람이다. 노력하면 다 되는데, 노력하지 않아서 이런 일이 생긴다. 다 게으르고, 일하기 싫어서 변명하고 꾀병을 부리는 사람들에 불과한 것이다. 일반적인 시각에서 본다면 이들은 패배자나 낙오자처럼 보일 것이다.

그러나 아무리 노력해도 중도에 탈진해 버리는 사람은 늘 있으며, 아무리 자신을 채찍질해도 주변 사람처럼 에너지를 지속할 수 없는 사람도 있다. 또 어떤 사람은 무기력감에 빠져 오랜 시간 활력을 되찾지 못하기도 한다. 과연 이들이 의지력이 없어서 이런 일을 겪는 것일까? 최선을 다해 일해도 이렇게밖에 할 수 없는 사람들이 있다면, 이들이 정말 자기변명과 합리화를 하고 있다고 말할 수 있을까?

휴먼 디자인은 이 같은 의문에 명쾌한 해답을 제시해 준다.

1) 카리스마 채널 channel of charisma

34-20은 '카리스마 채널 channel of charisma'이라 불린다. '생각이 반드시 행동이 되어야 하는 디자인 a design of thought must become deed'이기도 하다. 이 채널은 '천골 센터'와 '목 센터'의 연결로 만들어지는데, '천골 센터'는 막대

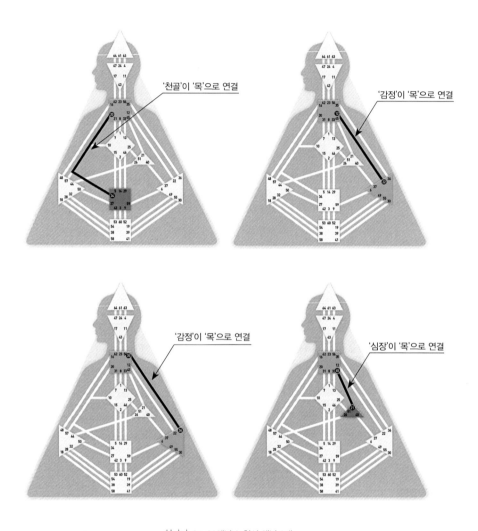

'천골'이 '목'으로 연결

'감정'이 '목'으로 연결

'감정'이 '목'으로 연결

'심장'이 '목'으로 연결

이미지. 34-20채널 & 현시 채널 3개

한 양의 에너지를 대변하며 '목 센터'는 이를 표현할 기반을 제공한다. 이는 마치 기어와 엔진이 연결된 것처럼 앞으로 강하게 밀고 나가는 힘을 만들어 낸다. 이 힘은 매우 강력하고, 매우 빠르다! 누구도 이들처럼 짧은 시간 내에 많은 일을 해내지 못할뿐더러, 이들처럼 카리스마적이지도 않다.

'천골 센터'는 4개의 에너지 센터들 중 가장 강력한 에너지원일 뿐 아니라 지속하는 힘을 갖고 있다. 그 중에서도 34번 관문은 '힘power'의 관문으로, 천골 센터 내에서도 가장 막대한 양의 에너지를 방출한다. 이 34번 관문이 '현재the now'를 뜻하는 20번 관문과 연결되어 있기 때문에 뭔가를 인식하는 순간 바로 실행하는 에너지가 나타나는 것이다. 그것이 생각이든, 느낌이든, 직관이든 중요치 않다. 그 무엇이든, 뭔가를 인식하면 이를 바로 행동으로 전환시켜 버린다. 그래서 많은 사람들이 이들의 실행력을 부러워하며 이들처럼 되지 못하는 데 큰 자괴감을 느낀다. 이들은 휴가지에 가서도 쉴수 없는 사람들이며, 쉼보다 일을 더 원하는 사람들이다. 이들은 자신이 사랑하는 일을 하며 쉼없이 바쁘게 일할 때 만족과 행복을 느끼는 사람들이다.

그러나 이 채널은 '제너레이터 채널generated channel'이기 때문에, 자신이 원한다고 해서 아무 때나 마음대로 쓸 수 있는 에너지는 아니다. 이 채널은 외부의 요청과 질문에 '반응해야' 하며, '반응을 통해' 시작해야 한다. 반응은 대체로 목소리 또는 즉각적인 행동으로 나타난다. "제가 할 수 있어요", "잘 모르겠는데요"와 같은 반응을 보이거나 자리에서 벌떡 일어나는 경우도 있다. 34번의 강력한 '힘power' 이 20번의 '현재the now'를 통해 쉼없이 방출된다. 기분이 좋을 땐 자리에서 콩콩 뛰는 모습도 볼 수 있을 것이다.(우스갯소리로 '스카이 콩콩' 채널이라 부르기도 한다.)

2) 메니페스터 채널manifested channels

21-45, 36-35, 12-22는 모두 '메니페스터 채널manifested channels'로 불린다.(앞 페이지 이미지 참조) 이들은 모두 메니페스터 타입을 만드는 채널들로 '에너지 센터energy center'인 '심장 센터', 또는 '감정 센터'가 직접 '목 센터'로 연결되어 있어 언제든 즉각적으로 실행할 수 있는 힘을 갖게 된다. 21-45 '돈줄money line' 채널은 "이건 내 거야", "나는 이걸 가질 거야" 라고 말하는 소유의 목소리를 가진다. 이들은 자신이 원할 때 즉각적인 행동을 통해 바라는 바를 성취한다. 일반적으로 자기계발 전문가들이 말하는 소유와 성취의 삶이 바로 이 채널의 개성이자 재능이다. 한편 35-36 '덧없음transitoriness' 채널이나, 12-22 '열려 있음openess' 채널은 감정 에너지를 통해 작동하며 감정적 욕구, 분위기, 필요에 따라 감정 에너지를 밖으로 표출한다. 이들은 언제나 자신의 감정을 말로 표현할 뿐 아니라, 감정 에너지에 기반해 행동을 취하는 사람들이다

이렇듯 실행력은 모두 천골, 감정, 심장과 같은 '에너지 센터'들과 '목 센터' 간의 연결에서 나온다. 한편, 48-16 '파장wavelength' 채널(p.91 바디 그래프 참조)과 같이 '비장 센터'와 '목 센터'가 연결된 경우엔, '비

장 센터'로부터 오는 직관이나 느낌을 언어로 표현할 순 있지만 자신이 말한 바대로 실행을 지속하지는 못한다. '비장 센터'는 에너지 센터가 아니기 때문이다.

간혹 에너지 센터(감정, 심장, 천골, 뿌리 센터)가 모두 미정인 '비에너지non-energy' 타입의 사람들이 있다. 이들은 무언가를 야심차게 실행하는 것과는 근본적으로 거리가 먼 사람들이다. 이들은 틈만 나면 누워있기 일쑤고, 쉬고 싶어하며, 동시에 활력있는 사람이 되어야 한다는 스트레스를 안고 살아간다.

이들 중엔 자신을 '슈퍼맨, 슈퍼우먼'처럼 생각하는 사람들도 있다. 이는 물론 사실과 다르다. 이들은 자기 재량의 에너지를 가지지 않으며, 주위의 에너지를 받아들이고 증폭시켜 이를 마치 외장 배터리처럼 사용하는 사람들이다. 4개의 에너지 센터가 '모두 미정'이기 때문에, 사람들과 함께 있을 때는 주위의 에너지를 받아들여 그 어떤 사람들보다 에너지가 많아 보이는 특징을 띤다. 그래서 자신이 에너지가 많은 사람이고, 정력적으로 일하는 사람이라고 착각하는 것이다.

그러나 이들의 실제 모습은 겉보기와는 많이 다르다. 매일 탈진을 경험하며, 심한 경우 협심증이 생기거나, 신장이 망가질 수도 있다. 이들은 자신이 사용하는 에너지가 자신의 것이 아니라는 사실을 알지 못하기에 자신을 혹사시키거나, 그런 자신을 부정하고 싶어한다. 이들은 '에너지 타입'의 사람들 사이에서 자신의 삶을 잃어버린다.

언행일치라는
환상에 대하여

흔히들 '언행일치'를 이야기한다. 사람이라면 누구든 자신이 말한 바를 행동으로 옮길 수 있어야 한다는 뜻이다. 예로부터 우리는 언행일치가 되는 사람을 존중했고, 그렇지 않은 사람을 좋아하지 않았다.

그러나 휴먼 디자인은 '언행일치'를 그리 자주 말하지 않는다. 본성상 '말'과 '행동'을 일치시킬 수 있는 사람이 드물기 때문이다. 대부분의 사람들은 설령 자신이 원한다 해도 '언행일치'의 삶을 살 수 없다. '언행일치'는 인간 본성에 대한 무지로부터 나온 표현일 뿐 아니라 인류를 오랫동안 괴롭혀 왔던 '비자아' 고통 중의 하나다.

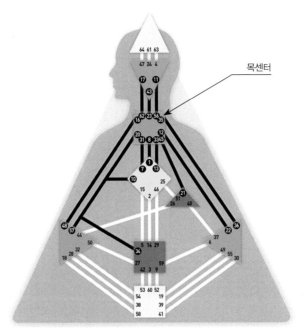

목센터

이미지. '목 센터'와 나머지 센터들간의 연결

1) 목소리는 생각에서만 나오지 않는다.

우리는 언제나 자신의 생각을 말로 표현하고 있다고 생각한다. 맞는 말이다. 그러나 이것이 전부는 아니다. 목소리는 '목 센터'에 정의된 어떤 관문에서든 올 수 있기 때문이다. '아즈나 센터'와 '목 센터'가 연결되면(17-62 채널, 43-23 채널, 11-56 채널) 자신의 생각을 항상 말할 것이고, '감정 센터'가 목으로 연결되면(12-22 채널, 35-36 채널) 자신의 감정을 항상 표현할 것이다. '심장 센터'가 목으로 연결되면(45-21 채널) 자신이 소유하고 싶은 것, 가지지 못한 것이 무엇인지를 항상 얘기할 것이며, 'G 센터'가 목으로 연결되면(7-31 채널, 1-8 채널, 13-33 채널) 자신이 누구이며 어디로 가고 있는지를 항상 말할 것이다. '비장 센터'가 목으로 연결되면(48-16 채널, 57-20 채널) 자신의 직관과 취향을 항상 표현할 것이며, '천골 센터'가 목으로 연결되면(34-20 채널) 에너지 가용 수준을 항상 표현할 것이다. 그러므로 목소리가 생각을 통해 온다기보다는 '목 센터'와 연결된 어느 곳에서든 올 수 있다고 말하는 편이 더 정확할 것이다. 우리의 상식과 달리, 목소리는 단지 인식된 것만을 표현하지 않는다. 목소리는 때로 기계적이고, 자동적인 방식으로 나타난다.

2) 대부분의 생각은 실행으로 옮겨지지 않는다.

목소리는 각기 다른 센터들과의 연결을 통해 11가지 방식으로 나타난다.(목 센터에는 11가지 목소리 관문이 존재한다.) 그리고 이 중에는 표현만 가능할 뿐, 실행으로 옮길 수 없는 조합들도 존재한다. 다시 말해, '아즈나 센터', '비장 센터', 'G센터'는 에너지 센터가 아니기 때문에 자신이 말한 바를 행동으로 옮길 수 없다.(p.91 바디그래프 참조)

3) '비자아' 노력은 몸을 상하게 만든다.

혹자는 의지를 통해 이를 극복할 수 있다고 믿을지 모르겠다. 사람이 의지만 있다면 하지 못할 일은 없지 않겠는가? 그러나 이런 '비자아' 노력은 자신의 몸을 상하게 만들 뿐 아니라, 심리적, 감정적으로 큰 고통을 남길 수 있다. 예를 들어, 57-20 '뇌파brainwave' 채널을 가진 사람이 자신의 직관을 항상 행동으로 옮기려 들면 비장 센터의 기능이 왜곡되어 면역체계에 문제가 생기거나, 기분 좋은 느낌을 잃어버릴 수 있다.(앞에서 언급한 바와 같이, '비장 센터'는 에너지 센터가 아니다.) 오히려 생존에 대한 두려움이 증폭되어 불필요한 말이나 행동을 많이 하게 될 수 있고, 왜곡된 두려움으로 인해 또 다른 '비자아' 선택을 하게 될 수도 있다.

4) 각자에겐 서로 다른 생존방식이 존재한다.

모든 사람이 같은 길을 걷지는 않는다. 하지만 이제까지 자기계발과 종교, 그리고 현대 문명이 강조해 온 방식은 '우리 모두 다같이'의 방식이었고, 그래서 각자의 다름이 존중될 기회가 드물었다.

타입으로만 본다면, '비에너지' 유형에 속하는 '프로젝터projector'와 '리플렉터reflector' 타입의 사람들은 실행을 위해 디자인된 존재가 아니다. 이들은 일하기 위해 태어난 사람들이 아니다.

'비에너지' 유형은 인구의 20%를 차지하며, 우리나라에만 적어도 1,000만 명 이상의 사람들이 매일 실행과 성취의 문제로 고통을 겪고 있다.

사명선언서, 그리고
버킷리스트를 버려야 하는 이유

현대사회는 성취를 중요하게 여긴다. 그래서 더 많은 일을 해내는 사람들이 그렇지 않은 사람보다 언제나 더 많은 주목을 받고, 더 많은 목표를 이루는 사람들이 그렇지 않은 사람들보다 더 나은 사람이라 여겨진다.

　대부분의 사람들은 이런 삶을 당연시할 것이다. 달리 다른 방법도 없지 않은가. 지금처럼 경쟁이 치열하고 일자리가 부족한 세상에서는 더 열심히 살고 더 많은 일을 성취하도록 자신을 채찍질해야 한다. 다른 곳으로 눈을 돌릴 여유가 없다. 소수만 성공자가 되는 세상에서 뒤처지지 않으려면 대부분의 사람들이 하고 있는 것을 나 홀로 하지 않을 수는 없기 때문이다. 누군가 아침형 인간이 대세라 하면 나도 한 번쯤은 그렇게 해 봐야 한다고 생각하며, 새로운 베스트셀러가 등장하면 궁금해서라도 한 번은 살펴봐야만 한다. 더 나은 존재가 되기 위해 뭔가를 끊임없이 하지 않으면 안 되는 게 우리가 사는 세상의 모습이다.

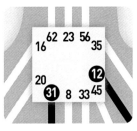

이미지. 목 센터 '미정'

목 센터는 이 같은 사실을 확인할 수 있는 장소다. 목 센터는 '말expression'과 '행동action'이 존재하는 곳이어서, 이 센터가 '정의'되었느냐, '미정'이냐의 여부에 따라 많은 것이 달라진다. 결론부터 말해, 목 센터 '미정'인 사람들은 '정의'된 사람들로부터 영향을 받아 '말'과 '행동'에 많은 문제를 겪게 된다.

목 센터 '미정'인 사람은 언제나 목 센터 '정의'인 사람들로부터 많은 에너지를 받는다. 이는 홀로 있을 때는 경험하지 못했던 어떤 외부적 힘을 느끼게 되는 것과 같다. 때문에 '미정'은 '정의'와 함께 있을 때 목 주위에서 편하지 않은 느낌을 느낀다. 그러나 이 느낌을 어떻게 다뤄야 할지 알지 못하기 때문에 여기서 여러 '비자아' 행동이 나타나게 된다.

이들은 평소 조용하고 차분한 상태지만 사람들이 많은 곳에서 대화를 시작하면 주변 사람들의 '정의' 에너지를 받아들여 증폭시키고, 이 느낌을 해소하기 위해 먼저 말을 시작하고, 말을 많이 하며, 사람들의 대화를 가로챈다. 이들은 '정의'로부터 받은 에너지에 조건화되어 쉼 없이 말하며, 얼마 지나지 않아 목이 붓기도 한다.

'정의'인 사람들은 그렇지 않다. 예를 들어, 17-62 '수용acceptance' 채널이 정의된 사람은 언제나 자신의 의견을 논리적으로 말하려(17번

'의견opinion' 관문) 할 것이며, 이에 관한 세부근거를 대려(62번 '세부사항 detail' 관문) 할 것이다.

'정의'의 속성은 변하지 않는다. 다시 말해, 17-62 채널이 정의된 사람은 언제나 논리적 세부사항들과 과학적 사실들을 찾으려 하며, 이를 토대로 자신의 의견을 구축하려 한다. 언제나 논리적으로 사고할 뿐 아니라, 자신의 논리를 잘 굽히지도 않는다. 이들은 주위에 어떤 사람이 있든 관계없이 논리를 다루고, 세부사항을 다루도록 디자인되어 있다. 즉, '정의'는 언제나 신뢰할 수 있는 자신의 '고정된' 속성이자 재능이다.

앞서 말했던 바와 같이 목 센터는 '말'과 '행동'이 존재하는 곳이므로, 목 센터가 '정의'된 사람은 언제나 고정된 방식으로 말하고, 고정된 방식으로 행동한다. 하지만, 목 센터 '미정'은 자신만의 고정된 말과 행동이 없다. '미정'은 사람들의 주목을 끌기 위해 말할 뿐 아니라, 자신이 시작한 말을 좀처럼 끝내지 못한다. 말해야 하는 타이밍을 잘 알지 못할 뿐 아니라 종종 자신의 입을 통해 '불쑥' 튀어 나오는 말에 놀라기도 한다. 그래서 자신의 차례가 올까 두려워 어떤 말을 해야 할지 미리 준비하려 들기도 한다.

결과는 대체로 좋지 못하다. 목 센터 '미정'에게 있어 말하는 타이밍을 모른다는 것만큼 고통이 되는 일은 없다. 또한 무엇을 어떻게 말해야 할지 알지 못해 큰 고통을 겪는다. 기본적으로 '말'과 '행동'이 돌발적이고, 충동적이다.

이 같은 고통은 자신과 타인의 차이를 이해하지 못하고 수용하지 못하는 데서 온다. '미정'은 '미정'의 역할이 있고 '정의'는 '정의' 나름의 역할이 있지만, 그 누구도 인간이 어떻게 디자인되었는지 알지 못하므로 자신으로 살지 못하는 것이다. '미정'은 '정의'로부터 끊임없이 영향 받고, 비교 당하기 때문에 자신의 가치를 알지 못할 뿐 아니라 '정의'처럼 되려 하고, 뭔가를 더 해야 한다는 생각으로 고통받는다.

현시자라 불리는 '메니페스터manifestor'는 언제나 '목 센터'가 정의되어 있다. '에너지 센터'와 '목 센터'가 연결되고 정의되어 있으므로, 언제나 고정된 방식으로 말하고, 행동한다. 그래서 목 센터 '미정'은 '메니페스터'를 보며 자신도 그렇게 살아야 한다고 생각한다. 다시말해, 뭔가를 실행하고 성취하는 존재가 되어야만 자신이 의미있는 존재가 될 수 있을 거라 생각한다는 뜻이다. 그래서 때를 기다리고, 분별하고, 배우는 대신 '메니페스터'처럼 앞에 나서서 뭔가를 하려 들며, 그 결과 목에 많은 에너지 부담을 안게 된다.

이로 인해 목 센터와 연계된 '갑상선'에 문제가 생기기도 한다. 갑상선 수술을 받거나, 갑상선을 절개하는 목 센터 '미정'은 생각보다 많다.(34-20 '카리스마charisma' 채널을 가진 사람들도 갑상선 문제로 고통을 겪을 수 있다.) 이들은 자신이 일관되고 고정된 방식으로 말할 수 없고 행동할 수 없다는 사실로 인해 큰 슬픔을 느낀다.

목 센터 '미정'은 버킷리스트에 강한 끌림을 느낄 뿐 아니라, 사명 선언서를 작성하고, 비전 보드를 작성함으로써 더 나은 존재가 될 수 있다는 생각에 붙들린다. 그런 삶이 진짜 삶이라 믿으며, 그렇게 살 수만 있다면 목소리를 잃는 위험까지도 기꺼이 감수하려 드는 것이다. 이런 사람들이 자그마치 20억 명이나 된다. 만약 'G센터'가 함께 '미정'이라면, 자신의 '정체성'과 '방향성', 그리고 '사랑'을 찾기 위해 충동적으로 말하고, 충동적으로 행동할 것이다.

만약 당신이 목 센터 '미정'이고 더 이상 이런 고통을 원치 않는다면 지금부터라도 삶의 방식을 바꿔야 한다. 목 센터 '미정'은 어디서든 말을 먼저 시작하는 사람이 아니다. 말을 먼저 시작할 수 있는 사람들은 목 센터 '정의'지 '미정'이 아니다. 또한, 무슨 말을 해야 할지 미리 생각하거나 준비할 필요가 없다. 당신의 목소리는 고정적이지 않으므로 그때 그때 목을 통해 표현되는 것을 허용하고 지켜봐야 한다.

다른 이들의 말이 끝나고 자신의 차례가 왔을 때 말을 시작하라. 아니면 다른 이들의 질문과 요청을 통해 말하는 연습을 해야 한다. 자신의 입을 통해 나오는 말을 조종하려 들지 말라. 침묵을 편히 여기는 법을 배우고, 누가 진실을 말하는지 알아차리며, 이에 관한 지혜를 쌓는 것이 목 센터 '미정'의 역할이자 진정한 삶의 모습이다.

더 나은 존재가 되려 애쓰지 말라. 누구도 더 나은 존재가 될 수 없다. 당신은 오직 본래의 자신이 될 수 있을 뿐이다.

당신은 약속을 하고
지킬 수 있는 사람이 아닙니다

무한도전은 어쩌면 정말 무모한 도전일지 모른다. 심장 센터 '미정'이
그렇다. 심장 센터는 '의지력', '자존감', '물질세계'와 관계된 곳으로, 이
곳이 '정의'된 사람은 고정된 의지력, 고정된 자존감, 고정된 협상력 등
을 갖는다. 그러나 심장 '미정'은 고정된 자존감을 가지지 않으며, 의지
력이 둘쑥 날쑥하고, 물질세계를 다루는 일관된 방식도 없다.

  '미정'은 '정의'의 고정된 에너지를 경험할 때마다 자신도 그래야
한다며 스스로를 압박하거나, 더 의지력이 있어 보이려 하거나, 자
존감을 높이기 위해 무언가를 증명하려는 게임에 빠진다. 하지만
본디 경쟁적인 디자인이 아니기 때문에, 이 같은 상황에 빠질수록
더 많은 고통을 겪는다. '심장 센터'는 9개 센터 중 생존 역량과 가
장 밀접한 곳이기 때문에, 가장 쉽게 조건화될 뿐 아니라 '비자아'
고통에서 벗어나는데도 가장 많은 어려움이 따른다.

심장 '미정'은 자신이 원하는 바를 잘 말하지 못한다. 자신의 가치가 어디서 오는지 모르기 때문이다. 그래서 요구하지 못하고, 남들의 요구에 쉽게 굴복하며, 자신의 가치보다 못한 처우에도 '이게 내 가치니까, 감수해야지.'라고 생각

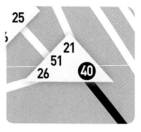

이미지. 심장 센터 '미정'

하며 산다. 얼마 전 취직과 관련된 여론 조사에서는 약 70%의 사람들이 "취직만 할 수 있다면 열정 페이도 기꺼이 감수하겠다."고 답한 바 있는데, 이는 심장 '미정'이 전체 인구의 65%인 점과 무관하지 않을 것이다.

심장 '미정'은 다른 이들의 요구를 잘 거절하지 못한다. 빌려준 돈을 잘 받지 못하며, 반대로 자신이 실수를 하면 실수보다 더 크게 보상하려 애쓴다. 약속 시간에 조금 늦었을 뿐인데도 밥을 사려 하고, 차까지 대접하려 하는 식으로 말이다. 어떤 경우에서건 자신의 가치가 낮아지는 듯한 느낌으로부터 쉽게 자유로워지지 못한다.

이들은 누군가에게 빌려주고 받지 못한 돈이 많다. 자신이 좋은 사람임을 보여주기 위해 돌려 달라는 말을 단호하게 표현하지 못하기 때문이다. 착한 이미지를 남기기 위해서 싫은 것도 억지로 참거나, 필요한 경우에도 요청하지 않는 경우가 많다.

심장 '미정'은 심장 '정의'와 함께 있을 때 과도한 자신감, 증폭된 에고를 경험한다. 물론 이 느낌은 자신의 것이 아니다. 그럼에도 불구하고 심장 '미정'은 심장 '정의'의 의지력을 마치 자신의 것인 양 느

끼고 표현한다.

이들은 자신에게 의지력이 부족하다 느낄 때 동기 부여 세미나에 참석한다. 의지력이 일관되지 않은 데는 무엇인가 이유가 있을 것이라고 여기기 때문이다. 그래서 의지력 없음을 수용하는 대신, '나도 뭔가 해낼 수 있는 사람'이라는 느낌을 얻기 위해 더 큰 의지를 가지려 애쓴다. 그런데 만약 동기부여 전문가가 심장 '정의'라면 어떨까? 당신은 맨 앞 자리에 앉아 있고 그의 일관된 의지력을 느낀다. 그리고 이 경험을 증폭시킨다. 아마도 자신도 모르게 지키지 못할 약속을 하는 것으로 세미나가 끝날 것이다.

심장 '미정'은 세미나 현장을 떠난 지 얼마 되지도 않았는데 벌써부터 어떤 문제를 감지하기 시작한다. '미정' 센터에 전달된 '의지력'이라는 감각이 점차 사라져 가고 있기 때문이다. '미정' 센터에 유입되었던 동기부여 강사의 고정된 의지력은 불과 1~2시간도 채 되지 않아 증발되기 시작한다. 결국 약속을 지킬 수 없을지도 모른다는 두려움이 그를 사로잡게 된다.

심장 '미정'이 뭔가를 약속하면, 기일이 다가올수록 심장이 조여오는 듯한 느낌을 받을 수 있다. 약속대로 실행할 수 있는 고정된 의지력이 없기 때문이다. 심한 경우 심장이 올바로 기능하지 않을 수도 있다. 심장 '미정' 중에는 협심증을 앓는 사람이 많고, 부정맥과 심정지로 극단적인 고통을 호소하는 사람들도 적지 않다. 가장 기억에 남는 사례 중 하나는 사람들에게 단 한 번도 자신의 바람을 얘기해 본 적이 없는 사람의 사례였는데, 처음 만날 당시 이미 심장과 위장, 면역체계의 기능이 붕괴되어 정상적인 생활이 불가능한 상태였다. 그의 말에 따르면, 배달원이 고생할까 봐 주문전화를 하지도 못하고, 정류장 벨을 누르지 못해 종점까지 가는 경우도 허다하다고 했다. 게다가 20대 초반의 젊은 나이임에도 불구하고 불치병에 가까운 질병을 여럿 앓고 있었다. 자신은 정작 죽음과 사투를 벌이고 있는데도, 가치를 증명하는 게임으로부터 벗어나지 못하고 있는 것이다. 안타깝게도 많은 심장 '미정'이 죽는 날까지 자신의 가치를 모른 채 살아간다.

심장 '미정'은 '정의'와 다른 방식으로 작동한다. 당연히 역할도 다르다. 이들의 역할은 자신의 가치를 입증하는 데 있지 않다. 입증하고 보여주는 일은 심장 '정의'의 전유물이다. 심장 '미정'은 그 무엇도 입증할 필요가 없다. 그 어떤 사람에게도 말이다. 심지어 자신에게도 증명할 것은 없다. 심장 '미정'의 진정한 역할은 '누가 약속을 하고, 이를 지키는가?'를 지켜보는 데 있다.

이것이 무슨 말일까? 나의 가치를 증명할 필요가 없고, 누가 약속을 잘 지키는지 지켜본다는 말이 대체 무슨 뜻이냔 말이다. 심장 '미정'은 평생 자신의 가치를 입증하는 게임에 빠져 살아왔기 때문에 이 말이 의미하는 바를 쉽게 이해할 수 없을 것이다.

누군가를 지켜본다는 것은 심장 '정의'의 의지력을 지켜본다는 의미를 담고 있다. '미정'은 본디 '정의'로부터 배우고, 식별하고, 지혜를 얻게 디자인되었다. 그러므로, '정의'로부터 받아들이는 에너지를 자신의 본성과 혼동하지 않아야 한다. 병아리 감별사가 병아리가 될 필요가 없는 것처럼, '미정' 또한 '정의'처럼 살 필요가 없다.

'미정'은 감별사가 되어야 하는 디자인이다. 자신 아닌 다른 이들, 다시 말해 심장 '정의'의 본성을 인식하고, 감별하는 삶을 사는 것이 심장 '미정'의 진정한 목적이다. 물론 처음엔 어렵게 느껴질 수도 있을 것이다. 일반적으로 '미정'이 '정의'를 만나 에너지가 증폭되면, 그 느낌과 본래의 자신을 혼동하기 시작한다. 그렇기 때문에 많은 연습과 배움이 필요하며, 자신의 본성대로 살고자 하는 태도가 요구된다.

심장 '미정'은 건강한 심장 '정의'를 식별할 수 있다. '정의'로부터 오는 에너지에 압도당하지만 않는다면 말이다. 만일 건강한 심장 '정의'를 식별할 수 있다면, 오히려 이들로부터 물질세계를 다루는 감각에 대해 많은 것을 배울 수 있다. '정의'의 역할과 '미정'인 자신의 역할을 혼동하지 않으면서 말이다. '미정'은 '정의'로부터 배울 수 있다. 하지만 상당한 시간이 필요할 것이다.

심장 '미정'은 자신이 있는 그대로 가치있는 사람이라는 사실을 늘 상기해야 한다. 그렇지 않으면 항상 증명하는 게임에 빠질 것이고, 비교와 경쟁에 휘말려 자신됨을 잃어버릴 수 밖에 없다. 그러니 함부로 경쟁에 뛰어들지 말라. 당신의 심장은 매일의 경쟁을 다룰 만큼 강하지 않다.

심장 '미정'이 '비자아'로 살 때 겪는 고통은 심장 센터의 관문들을 살펴봄으로써 더 잘 이해할 수 있다. 심장 센터는 9개의 센터들 중 가장 작은 센터지만 그 힘은 생각보다 훨씬 강력하다. 총 4개의 관문이 있고, 이들 각각은 '의지력willpower' 또는 '에고ego'와 1:1 대응

관계를 형성한다.

|21번 '사냥꾼the hunter / huntress'|

부족, 공동체, 가족을 위해 상황을 통제하고 관리하는 에너지다. 21번이 정의되면, 현대적 의미에서의 경영자와 같은 역할을 한다. 먹고, 마시고, 입는 것과 같은 일상의 삶을 통제할 수 있어야 할 뿐 아니라 스스로 모든 것을 해결할 수 있어야 한다. 외부의 공격으로부터 부족을 지켜낼 수 있는 강한 힘을 가지고 있지만, '비자아'로 살 땐 누군가를 '물어뜯고biting through', 다시는 기억하고 싶지 않을 만큼 크나큰 고통을 안기기도 한다big ego.

|51번 '충격shock'|

51번 관문은 아무도 시도하지 않은 일에 뛰어든다. 최초가 되기를 원하며, 매우 경쟁적이다. 의지가 강한 사람이며big willpower, 이 같은 의지력으로 미지의 영역을 개척하고, 신대륙을 발견하며, 인류사에 위대한 족적을 남긴다. 이들의 말은 사람들을 종종 충격에 빠뜨리며, 반대로 여러 충격 속에서도 살아남도록 디자인되어 있다.

|26번 '에고이스트egoist'|

세일즈맨의 관문이자 마케터의 관문이다. 어느 분야에서든 최고가 되려 하며, 자신의 에고를 만족시키려 한다small ego. 선물 포장을 하듯 과장하는 디자인이며, 이는 인지적 왜곡이 아닌 기계적 속성이다. 이들은 무엇인가를 늘 과장하게 되어 있다. '비자아'의 삶을 살면, 속임수를 써서 사람들을 꾈 수도 있다.

| 40번 '홀로 있음aloneness' |

'구제deliverance'의 관문이자 '홀로 있음 aloneness'의 관문이다. 에고는 조건이 충족되지 않는 한 다른 사람을 먹이려 하지 않는다. 그래서 공급하는 대신 자신의 배를 불리고, 자신만을 위하고자 한다. 이들은 사람 가득한 집에서도 혼자 있으려 한다small willpower. 그러나 37번 '우정 Friendship'의 관문을 통해 친구, 부부, 파트너 등의 관계가 성립되면 그들을 위해 일하고, 자원을 공급한다.

살펴본 바와 같이, 심장의 관문들은 어느 하나 예외랄 것 없이 강한 힘을 가지고 있다. 그리고 때때로 정말 에고ego적이다. 심장 센터는 '부족tribe'을 위한 센터로써, 혈맹에 기초한 관계를 이루며, 호혜성에 기반한다. 심장 센터가 '정의'된 부모라면 자식이 성인이 될 때, "네게 투자한 비용을 이자까지 포함해서 갚아야 한다."라고 말하거나, "부모가 너에게 이만큼 해 줬으니 이젠 네가 우리 말을 들어야 한다."라고 요구할 것이다. '부족'의 세계에서 공짜는 없기 때문이다.

심장 '미정'은 이런 힘을 분별할 수 있는 지혜를 갖춰야 한다. 분별력이 없는 심장 '미정'에게 삶이 고달프고 힘든 것은 어찌 보면 당연한 일이다. 물질세계는 심장 '미정'이 생각하는 것보다 훨씬 더 터프한 힘들에 의해 좌우되고 있다.

미정 센터의
비자아 스토리

9개 센터는 각각의 장기들과 생물학적 연관을 가질 뿐 아니라, '비자아' 고통과 직접 연계된다. 다시 말해, 자신으로 존재하지 못할 때 해당 장기들에 문제가 나타날 수 있다는 얘기다. 특히 '미정' 센터는 영향 받기 쉽고, 또 취약하기 때문에 비자아 고통에 더 쉽게 노출된다.

'정의' 또한 문제를 겪는다. '고정된' 성질을 가지므로, 바르게 작동하지 않을 때 오히려 더 큰 고통이 생길 수 있다. 일례로 비장 '정의'는 비장 '미정'보다 더 튼튼한 면역 체계를 갖고 태어난다. 그래서 비장 '미정'은 어려서부터 자신의 건강에 많은 주의를 기울이지만, 비장 '정의'는 건강을 과신하며, 몸의 신호를 쉽게 무시하는 경향이 있다. 면역 체계가 튼튼하므로 뭐든지 괜찮을 것 같지만 한번 문제가 생기면 돌이킬 수 없는 결과를 낳는 경우가 많다. 비장 '미정'은 골골대면서도 오래 살지만, 비장 '정의'는 한번 쓰러지면 다시 일어나지 못할 수도 있다.

▌머리 센터

생물학적 연관성:송과선

기능/특징:질문과 영감

비자아 질문:'다른 사람들의 질문에 다 답해 주려 애쓰는가?', '모든 질문이 다 중요하다 여기는가?'

이미지. 머리 센터 '미정'

비자아 모습 Not-Self:머리 '미정'인 사람은 어떤 질문이 중요한지 알지 못한다. 질문에 압도되는 경향이 있으며, 모든 질문을 중요하게 느끼는 경향이 있다. 중요치 않은 질문에 답하느라 평생을 낭비할 수도 있다.

본 모습 True-Self:머리 '미정'의 본래 역할은 질문을 감별하고, 어떤 사람이 영감을 주는 사람인지 식별하는 데 있다. 질문에 답하려 애쓰는 건 비자아 마음이 작동하는 방식으로 '탈조건화deconditioning'가 이뤄지면 더 이상 질문에 답하느라 에너지를 빼앗기지 않고, 다른 사람으로부터 오는 질문과 영감을 즐기게 된다.

▌아즈나 센터

생물학적 연관성:뇌하수체

기능/특징:개념화

비자아 질문:'나는 확고한 사람이라는 생각을 주위에 알리고 싶어하는가?', '똑

똑해 보이려 애쓰는가?', '신념을 붙들려 하는

가?'

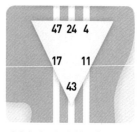

이미지. 아즈나 센터 '미정'

비자아 모습 Not-Self : 아즈나 '정의'는 항상 일관된

방식으로 정보를 처리하고 개념화한다. 아즈나

'미정'은 자신이 이들처럼 될 수 없다는 사실에

고통을 느끼며, 똑똑해 보이려 하고, 신념을 가

진 사람이 되고자 한다. 그러나 자신이 그럴 수 없는 사람이라는 사실을 알기에

더욱 좌절을 느낀다. 주변 사람들의 확신에 좌우되고, 이리저리 흔들리며, 맹목적

인 믿음을 갖는 경우가 많다.

본 모습 True-Self : 고정된 생각을 가지려 애쓰지 않는다. 유익한 생각들을 감별하

고, 다양한 사고방식에 대해 지혜를 얻는다. 건강하지 않은 생각들을 흘려 보낼

수 있다.

▋ 목 센터

생물학적 연관성 : 갑상선, 부갑상선

기능/특징 : 표현과 행동

비자아 질문 : '주목을 끌려 하는가?', '더 나은

존재가 되려 애쓰는가?'

이미지. 목 센터 '미정'

비자아 모습 Not-Self : 목 센터 '미정'은 항상 주변

의 에너지를 받아들인다. '정의'된 사람들처럼 안정되고 신뢰할 만한 기능이 존재

하지 않으므로, 사람들의 이목을 일관되게 집중시키는 역량도 없다. 그래서 이들

은 주변 사람들의 주목을 끌기 위해 과도하게 말하고, 말을 잘 멈추지 못한다. 말도 많고, 행동도 많다. '표현'과 '행동'의 센터이기 때문에 자꾸 '하려' 하고, '되려' 한다. 그러나 그런 삶을 지속적으로 살 수 있는 디자인이 아니다. 목 센터 '미정'인 사람들이 목표를 세우고 이를 성취하려 들면 갑상선에 부담을 주고, 결과적으로 목소리 변성과 호르몬 이상이 나타날 수 있다.

본 모습 True-Self: 이들의 본래 역할은 '진실을 말하는 사람이 누구인지' 식별하는 데 있다. 또한 고정된 방식으로 말하려 애쓰거나 할 말을 미리 준비하는 대신, 그때 그때 자신의 입을 통해 흘러 나오는 표현을 즐긴다. 또는 침묵을 통해 다른 사람들로부터 말할 맥락을 제공받게 된다. 목에 압박이 와도 자신의 차례가 아니라면 굳이 말하려 애쓰지 않는다. 충동적으로 말하거나 충동적으로 행동을 취하지 않는다.

▌G 센터

생물학적 연관성 : 간, 혈액

기능/특징 : 정체성, 사랑, 방향성

비자아 질문 : '내가 누구인지 알려 하는가?', '자신이 어디로 가는지 알고자 애쓰는가?', '사랑을 찾아 방황하는가?'

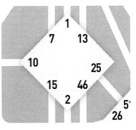

이미지. G센터 '미정'

비자아 모습 Not-Self: 자신이 누구인지 알고 싶어하며, 어디로 가고 있는지 확인하고 싶어한다. 또한, 사랑이 어디에 있는지 알고 싶어한다. 자기계발이나 종교활동 등을 통해 정체성과 방향성을 찾으려 하지만 그럴 수 없기 때문에 더 큰 좌절과 고통을 느낀다. 만약 종교를 가진 사람이라면 자신이 누구인지 몰라 신으로부터 버림받았다는 느낌을 받을 수도 있을 것이다.

본 모습 True-Self : 이들의 역할은 자신이 누구인지 아는 것에 있지 않고, 어떤 사람의 정체성이 나에게 맞는지 아닌지를 분별하는 데 있다. 자신에게 올바른 사람을 만나면 그들의 정체성, 방향성을 따라 산다. 또한 사랑이 오고 가는 것에 집착하지 않으며, 삶이 자신에게 허락하는 것에 열려 있다. 스스로 장소나 방향을 정하려 애쓰지 않는다. 다른 사람들의 가이드를 통해 살아가는 데 익숙하다. 지혜를 축적함으로써 궁극적으로 지혜로운 인생 가이드가 될 수 있다.

▧ 심장 센터

생물학적 연관성 : 심장, 위장, 쓸개, 흉선

기능/특징 : 자존감, 의지력, 비즈니스, 협상

비자아 질문 : '자신의 가치를 입증하려 애쓰는가?', '주변의 요구를 잘 거절하지 못하는가?'

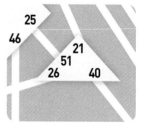

이미지. 심장 센터 '미정'

비자아 모습 Not-Self : 자신의 가치를 입증하는 힘은

일관된 의지력에서 온다. 심장 '미정'은 일관된 의지력을 가진 사람이 아니다. 그럼에도 불구하고, 대부분의 심장 '미정'은 심장 '정의'에게 조건화되어 항상 자신의 가치를 입증하려 애쓰고, 자존감을 높이려 발버둥친다. 심장 '미정'은 자존감이 일관되지 않고, 의지력이 일관되지 않기 때문에 약속을 지키지 못할 때 자존감이 극도로 낮아지는 경향이 있다. 심장 '정의'와 함께 있을 때 의지력이 증폭되어 자신도 이들처럼 살 수 있다고 착각한다.

본 모습 True-Self : 함부로 약속을 하지 않는다. 자신이 느끼는 의지력이 자신의 것이 아닌 주변 사람들의 것임을 식별하고, 증명하라는 압박에 압도당하지 않는다. 부당한 압박을 받을 때도 거절할 수 있는 힘이 있다. 어떤 사람이 약속을 잘 지키는 사람인지 분별한다. 또한 자신이 그 자체로 가치있는 존재임을 알고, 그 어떤 사람에게도 증명하는 삶을 살지 않는다. 자신에게도, 타인에게도, 신에게도!

▍천골 센터

생물학적 연관성 : 난소, 고환

기능/특징 : 일과 생식

비자아 질문 : '언제가 충분한 때인지, 언제 멈춰야 하는지를 알고 있는가?', '쉬어야 할 때 쉼을 허락하는가?'

이미지. 천골 센터 '미정'

비자아 모습 Not-Self : 천골 '미정'은 언제가 충분한지 알지 못한다. 식사를 할 때나, TV를 시청할 때든, 그때가 언제든, 언제 멈춰야 하는지 알지 못한다. 천골 '미정'인 사람들은 '정의'의 에너지를 흡수하고 증폭하므로 이들보다 더 많은 에너지를 쓰려 하며 그 결과 에너지 노예가 되어 버린다. 이들은 TV에 중독되고, 인터넷 게임에 중독되며, 섹스에 중독되고, 음식 섭취에 중독된다. 한편으론, 육체적 에너지를 일관된 방식으로 사용할 수 없기 때문에 날마다 정해진 시간에 일하는 데 큰 어려움을 겪는다. 자신이 에너지가 부족한 사람이라 여겨 더 열심히 운동하고, 더 열심히 살려 애쓰며 그렇게 하지 못할 때 죄책감을 느낀다.

본 모습 True-Self : 삶 자체를 즐긴다. 열심히 살아야 한다는 스트레스에 굴복하지 않는다. 자신이 일하기 위해 태어난 사람이 아니라는 사실을 받아들일 뿐 아니라, 쉼에 대해 죄책감을 가지지 않는다. 천골 센터의 생성하는 힘에 대한 지혜가 있고, 제너레이터(천골 '정의')가 바르게 에너지를 쓸 수 있도록 적절한 질문과 가이드를 제공할 수 있다.

▌ 비장 센터

생물학적 연관성: 비장, 림프 시스템

기능/특징: 생존, 웰빙, 건강과 면역

비자아 질문: '자신에게 좋지 않은 것을 붙들고 있는가?', '이것이 없으면 죽을 수도 있다고 여기는 것이 있는가?'

이미지. 비장 센터 '미정'

비자아 모습 Not-Self: 비장 '미정'은 건강 상태에 민감하며, 기분을 일관되게 유지할 수 있는 디자인이 아니다. 홀로 식사를 잘하지 못하며 혼자 있는 것을 두려워한다. 이들은 대체로 비정 '정의'와의 관계에 집착하는 경향이 있다. 비장 센터는 생존, 웰빙, 건강, 면역과 관련된 센터이며, 이 때문에 생존과 죽음에 대한 공포가 증폭된다. 이들은 자신에게 안정감을 주는 사물, 사람, 장소 등에 의존하는 경향이 있고, 비장 '정의'처럼 즉흥적인 방식으로 살려 한다. 좋지 않은 관계인 줄 알면서도 헤어지지 못하며, 자신을 괴롭히는 사람과도 함께 산다. 비장 '미정'은 다른 사람의 병을 흡수하며 이에 적절히 대응할 수 있는 일관된 방어기제가 없으므로, 보다 섬세한 관리가 필요하며, 자연의학적인 방식으로 접근해야 한다.

본 모습 True-Self: 사람, 사물, 장소에 집착하지 않는다. 옳지 않은 사람이라면 놓아줄

줄 안다. 현존을 위해 애쓰지 않으며, 즉흥적으로 살지 않는다. 생존과 웰빙에 대한 지혜를 쌓는다. 다른 사람들의 건강 상태에 민감하며, 이에 대한 지혜가 있으므로 치유사의 삶을 살 수도 있다.

▌감정 센터

생물학적 연관성:신장, 폐, 신경계, 전립선, 췌장

기능/특징:느낌, 욕망, 민감함

비자아 질문:'진실을 회피하는가?', '자신이 감정적 존재라 여기는가?'

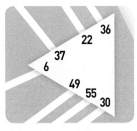

이미지. 감정 센터 '미정'

비자아 모습 Not-Self:자신이 감정적인 사람이라 여기며 산다. 감정적 상황 자체를 회피할 뿐 아니라 진실과 대면하기를 두려워한다. 필요한 경우에도 직면하지 않는다. 공감 또는 감정이입이 지나쳐 결단을 내리지 못하고 일을 그르칠 수 있다. 다른 사람들의 시선이 두려워 자신의 진짜 감정을 밖으로 표출하지 않는다. 신경질이 많다.

본 모습 True-Self:자신이 느끼는 감정, 긴장, 욕망들이 자신의 것이 아님을 안다. 다른 사람들의 건전한 감정 계측기가 되어 준다. 감정에 압도될까 두려워 도망치지 않으며, 필요할 땐 기꺼이 직면한다.

뿌리 센터

이미지. 뿌리 센터 '미정'

생물학적 연관성: 부신

기능/특징: 압박, 충동, 스트레스

비자아 질문: '압박에서 벗어나기 위해 서두르는가?', '흥분을 조절하지 못해 자신을 탓하는가?'

비자아 모습 Not-Self: 이들은 고속도로를 질주하는 사람들이며, 적정선을 알지 못해 항상 서두르는 사람들이다. 쉼을 얻고자 하나 쉬지 못하며, 뿌리 '정의' 환경에서 아드레날린이 증폭되므로 종종 자신도 이해할 수 없는 말과 행동을 한다. 흥분을 주체하지 못해 원치 않는 실수를 할 수도 있다.

본 모습 True-Self: 스트레스에 압도되지 않는다. 강한 흥분과 압박이 느껴져도 꼭 필요한 때가 아니면 조급하게 움직이지 않는다. 빨라야 할 때와 놓아 주어야 할 때를 알며, 주변 사람들을 불필요하게 압박하지 않는다.

깨어남의 열쇠는 두 가지 서로 다른 삶의 방식이 존재함을 아는 데 있다. '정의'는 자신의 '고정된' 속성대로 산다. 안정감, 일관성이 존재하는 대신 배움도 없다. '정의'의 역할은 자신의 고유함을 세상에 표현하는 것이다.

그러나 '미정'은 자신을 주장하지 않는다 일관성이 없으므로 그 기능을 신뢰할 수도 없다. 모든 '미정' 영역은 삶을 배우기 위해 존재한다. 자신을 표현하고 주장하는 대신 세상이 어떤 곳인지 배우게 되어 있다는 뜻이다. 그러나 본디 영향받도록 디자인되어 있으므로 부정적 조건화에 압도되기도 쉽다.

'미정'은 '정의'에게 끌린다. 그러나 이러한 끌림을 그들처럼 되어야 한다는 의미로 생각해서는 안된다. '미정'의 역할은 '정의'의 가치를 식별하는 데 있고, 올바른 조건화만을 받아들이는 데 있다. 부정적 조건화를 방치하면 자신의 고유함대로 살지 못할 뿐 아니라, 자신으로 존재하지 못함에서 오는 온갖 신체적, 정신적 고통을 감당해야 한다.

"Just Do It."을 멈추라

"Just Do It."은 '메니페스터 병'을 앓게 만드는 마약과도 같다. 이 같은 슬로건은 마음만 먹으면 누구든 마이클 조던Michael Jordan처럼 살 수 있다는 환상을 심어 준다. 그러나 이 같은 삶을 살 수 있는 사람은 오직 '메니페스터'뿐이다.

이들은 전체의 10% 정도밖에 되지 않는다. 나머지 90%의 사람들은 이 같은 삶을 살 수 있는 디자인을 가지고 있지 않다. 독립적으로 실행하려 들면 삶이 망가지고 황폐해진다.

'메니페스터manifestor'는 불의 기운을 가진 사람으로, 이들의 아우라는 '닫혀 있고closed', '쫓아낸다repelling', 그렇기에 주변의 방해 없이 자신만의 일을 할 수 있는 것이다. 다른 세 타입은 이 같은 아우라를 가지지 않는다. 흉내를 낼 수 있을지는 몰라도 동일한 결과를 얻을 수는 없다. 이건 마치 뱁새가 황새를 쫓다 가랑이가 찢어지는 것과 같다.

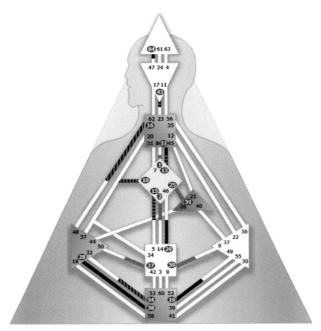

이미지. 메니페스터 차트

나머지 사람들, 다시 말해 '제너레이터generator', '프로젝터projector', '리플렉터reflector' 타입의 사람들은 이런 삶을 살 수 있는 디자인이 아니다. 그래서 '메니페스터'를 흉내내면 낼수록 자신의 본성으로부터 멀어질 뿐 아니라 삶을 잃어버린다.

메커니즘이 다르면 삶의 방식도 달라야 한다. '제너레이터'는 에너지를 만족스럽게 쓸 수 있기 위해 '반응하는' 삶을 살아야 하며, '프로젝터'는 초대를 '기다려야' 한다. '리플렉터'는 올바른 결정을 내리기 위해 충분히 오랜 시간을 '기다려야' 한다.

주도적이 되고, 먼저 시작하며, 다른 이들에게 영향을 미치는 삶은 '메니페스터' 고유의 삶이다. 다른 누군가가 이를 따라하면 '제너레이터'는 '좌절'하고, '프로젝터'는 '쓴맛'을 느끼며, '리플렉터'는 '실망'한다. '난 이걸 할 거야.'라고 주장하며, 스스로 계획을 세우고, 이를 실행에 옮기려 애쓰는 것만큼 이 삶을 비참하게 만드는 것도 없다.

자기계발 이론은 대부분 '메니페스터'를 위한 이론이며, 그 점에서 다른 90%의 사람들을 소외시키는 이론이다. 자기계발을 하면 할수록 자신으로부터 멀어지고, 전보다 더 큰 고통을 겪게 되는 이유가 여기에 있다.

당신이 '메니페스터'가 아니라면 이런 식의 삶을 그만 두어야 한다. 당신은 독립적인 실행자가 아니다. "Just Do It."을 멈추라.

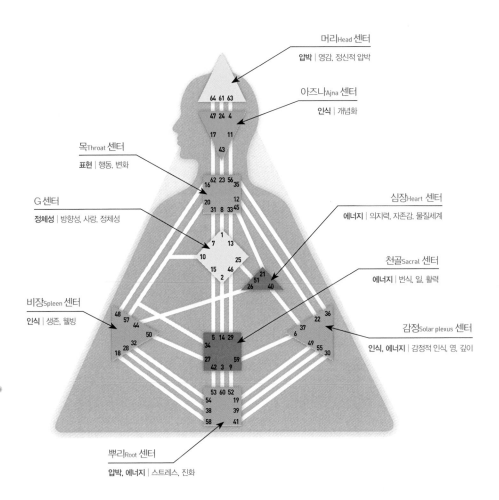

머리Head 센터
압박 | 영감, 정신적 압박

아즈나Ajna 센터
인식 | 개념화

목Throat 센터
표현 | 행동, 변화

G 센터
정체성 | 방향성, 사랑, 정체성

심장Heart 센터
에너지 | 의지력, 자존감, 물질세계

천골Sacral 센터
에너지 | 번식, 일, 활력

비장Spleen 센터
인식 | 생존, 웰빙

감정Solar plexus 센터
인식, 에너지 | 감정적 인식, 영, 깊이

뿌리Root 센터
압박, 에너지 | 스트레스, 진화

"오직 한 가지 성공이 있을 뿐이다.

바로 자신만의 방식으로 삶을 살아갈 수 있느냐이다."

_크리스토퍼 몰리

타입, 프로파일,
그리고 인생 목적

메니페스터,
이 땅의 유일한 독립 실행자

▨ 메니페스터의 본성

이들에 대해 굳이 많은 설명을 하지 않는다 하더라도 이미 많은 사람들이 '메니페스터manifestor'의 존재를 실감하고 있을 것이다. '메니페스터'는 자신의 주위로 불편한 기운을 내뿜기 때문에 사람들이 쉽게 다가갈 수 없다. 이들의 아우라는 '닫혀 있고closed', '쫓아낸다repelling'.

'메니페스터'를 만드는 원리는 이렇다. 어떤 경우든 '천골 센터'를 제외한 나머지 3개의 에너지 센터들 중 하나 이상이 '목 센터'로 연결되면 '메니페스터' 타입이 된다. '감정 센터'나, '심장 센터', 또는 '뿌리 센터'가 표현과 행동의 센터인 '목 센터'를 만나 '현시하는 manifesting' 기능을 갖는다.

'메니페스터'는 본디 왕이자 군주였던 사람들이다. 타고난 아우

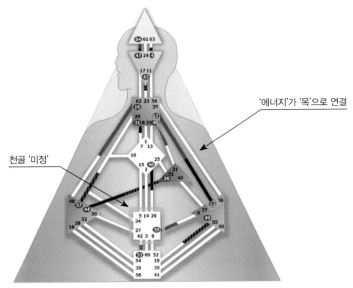

'에너지'가 '목'으로 연결

천골 '미정'

이미지. 메니페스터가 되는 원리

라로 사람들을 압도하며, 지시하고 통치하는 삶을 살았던 사람들이 바로 이들이다. '메니페스터'는 먼저 시작하고, 먼저 다가가도록 디자인되었으므로 다른 이가 먼저 자신에게 연락하거나 다가올 때 '분노anger'를 방출함으로써 자신의 본성을 표현한다.

그러나 이 '분노'는 '의식적인 분노'가 아니다. 메니페스터의 '분노'는 아우라 자체의 화학적 특성에서 비롯되는 것이지, 성격이나 성품과는 관계가 없다. '분노'는 언제나 자신의 의지와 관계없이 자동적으로 표출된다.

'메니페스터' 타입의 사람들이 처음에 이 말을 들으면 자신은 그런 사람이 아니라고 말하곤 한다. 자신은 그렇게 화를 잘 내는 사람이 아니며, 사람들을 불편하게 하는 사람도 아니라는 것이다. 맞는 말이다. 이들 중 누구라도 사람들을 불편하게 하고 싶어 그렇게 하는 경우는 없다. 이들은 다만 고유의 인생 목표를 성취하기 위해 이런 아우라를 타고나는 것뿐이다. '메니페스터'는 자신이 하고자 하는 일을 주변의 방해 없이 시작할 수 있어야 하기 때문에 '닫혀있고', '쫓아내는' 아우라를 갖는다. 그 밖에 다른 이유는 없다.

그러므로 주변 사람들은 이 같은 '메니페스터'의 본성을 존중하고 수용해야 한다. 특히 '메니페스터' 자녀를 둔 부모라면 이들이 자신의 본성대로 살 수 있도록 허용해 주어야 한다. '메니페스터'는 자신이 하고자 하는 일을 자유롭게 실행할 수 있을 때만 '평화peace'를 누릴 수 있기 때문이다. 만약 자신의 본성을 존중받지 못한다면, '분노'를 가득 품은 채 평생 외로운 늑대처럼 살게 될 것이다.

'메니페스터'는 '독립적인 실행자'다. 이들이 가진 아우라가 이를 반증한다. '메니페스터'의 아우라는 그 어떤 사람의 방해도 없이 홀로 실행할 수 있도록, 다른 이들을 '내어 쫓도록' 디자인되어 있다.

물론 '비자아 메니페스터not-self manifestor'의 모습도 생각해 볼 수 있을 것이다. 이들은 '메니페스터'로 살기보다는, '제너레이터'처럼 보이는 경우가 많다. 살아오면서 겪었던 여러 비난과 처벌 그리고 통제가 이들을 자신으로 존재하지 못하게 만드는 것이다 '메니페스터'는 자신이 가진 불편한 아우라를 보상하려 때로 과도한 친절을 베풀기도 한다. 표면적으로만 보면 다가가기 어렵지 않은 사람들처럼 보이기도 할 것이다. 심지어 먼저 연락하고, 먼저 말을 건네도 아무렇지 않다는 표정을 지을 수 있다. 많은 '메니페스터'들이 자신의 본성을 이해하지 못한 채 "괜찮아. 편하게 대해."라고 말한다.

하지만 메커니즘은 그렇게 작동하지 않는다. 실제로는 전혀 괜찮지 않다. 아우라적 측면에서는 이미 분노가 방출되고 있기 때문이다. 그러나 '비자아 메니페스터'는 사람들을 불편하게 만들면 안된다는 생각 때문에 언제나 친절하려 애쓴다.

많은 '메니페스터'들이 자신의 분노에 대한 죄책감을 가지고 있다. 그래서 누구에게도 화를 내지 않으려 하고, 자신의 본성을 억누르려 한다. 그러나 이런 방식의 삶은 '메니페스터'의 내면을 심각하게 붕괴시킬 수 있다.

'메니페스터'의 자기통제는 어린 시절에 겪은 과도한 처벌과 비난에 기인하는 경우가 많다. 또는 자신의 분노로 누군가 다치거나 눈앞에서 쓰러지는 것을 본 적이 있기 때문일 수도 있다. '메니페스터'는 자라면서 겪은 수많은 부정적 피드백으로 인해 자신을 존중하지 못하는 경우가 많고, 이 때문에 자신이 '메니페스터'라는 사실을 수용하지 못하기도 한다.

휴먼 디자인은 인간의 '기계적 진실mechanical truth'을 명확하게 드러내 준다. 사람들이 '인간은 이래야 한다', '여자는 어떻게 살아야 한다'라고 아무리 말한다 한들, 이들이 '메니페스터'라는 사실은 바뀌지 않는다. 자신을 바르게 대하지 못하고, 다른 사람들이 이들을 바르게 대하지 않는 한 '메니페스터'의 삶은 '분노'로 뒤덮일 수밖에 없다.

이미지. 메니페스터 아우라

'메니페스터'의 아우라를 실험해 보면 이 같은 사실을 더 잘 이해할 수 있다.(물론 '메니페스터' 스스로가 이 실험을 먼저 원해야 한다. 누구도 '메니페스터'에게 먼저 물어보거나 요청할 수 없기 때문이다.) 실험은 메니페스터를 대상으로 4~5미터 밖에서부터 천천히 걸어 들어가는 것으로 시작된다. 아마도 처음에는 몇 번의 반복경험이 필요할 것이다.

휴먼 디자인 기초 과정인 〈Living Your Design〉 워크숍에서는 가끔 이 같은 실험을 진행한다. 아우라가 서로 겹치지 않을 정도로 멀리 떨어진 상태에서, 다른 사람이 '메니페스터'에게로 걸어가거나, '메니페스터'가 다른 사람에게로 걸어가는 실험이다.

실험 초기엔 긴가민가 하는 사람들이 제법 많다. 그러나 인내심을 가지고 반복적으로 실험을 진행해 나가다 보면, 처음엔 그러려니 했던 사람들도 '메니페스터'로부터 표출되는 '쫓아내는' 아우라의 힘을 느끼기 시작했다. 어떤 이들은 단지 불편함을 느끼는 수준에서 끝나지 않고 자리에 멈추거나 손발을 떨었고, 또 어떤 경우에는 자리에 털썩 주저앉기도 했다. 그리고 어떤 경우엔 '메니페스터' 아우라에서 표출되는 '분노'를 더 이상 감당할 수 없어 강의를 30분간 중단했던 적도 있었다.

아마 누군가는 '이게 정말 맞는 얘기야?', '그냥 심리적인 현상 아냐?'라고 생각하기도 할 것이다. 그러나 시간을 두고 여러 명의 메니페스터를 지켜 본다면 이 같은 힘이 작용하고 있음을 직접 목도할 수 있을 것이다. 한번 '메니페스터'의 존재를 인식하면, 더 이상 이 힘을 무시하고 살 수 없다.

그러나 다시 한 번 말하지만, 이건 그냥 메커니즘이다. 여기엔 다른 어떤 수식어도 필요치 않다. '메니페스터'는 이런 아우라 덕분에 홀로 있을 수 있고, 또 독립적인 실행이 가능한 것이다. 그래서 다른 타입의 사람들이 '메니페스터'를 따라 하면 저항을 만나고, 벽에 부딪힌다.

'메니페스터'는 때로 공포의 대상이 되기도 한다. 수직적 의사소통의 잔재가 남아있는 우리 사회에서 '메니페스터' 남편과 함께 사는 '제너레이터' 여성들은 그런 경험들을 종종 호소한다. 특히 '감정 정의 메니페스터'나 '심장 정의 메니페스터'가 두려움의 대상이 되는 경우가 많다. '메니페스터' 자녀를 둔 부모라면, 종종 자신의 자녀를 두려워하기도 할 것이다. 반면 '메니페스터' 부모를 둔 자녀는 억압적이고 공포스러운 어린 시절을 보낼 수도 있다. '메니페스터'가 가진 고유의 본성 때문에, 바르게 살지 않는 '메니페스터' 주변에는 정말 많은 문제가 나타날 수 있다.

그럼에도 불구하고, '메니페스터'라는 타입 자체를 부정적인 의미로 받아들여서는 안된다. '메니페스터'에게는 그들 나름의 목적과 삶의 방식이 존재하기 때문이다.

진정한 문제는 '균질화'에 있다. '인간이라면 이렇게 살아야 한다.'라는 명제만큼 인간의 삶을 파괴시키는 것도 없다.

▌ 메니페스터 전략

'메니페스터'는 언제나 자신의 의사를 주변에 '알려야to inform' 한다. 그래야만 되돌아 오는 화를 면할 수 있기 때문이다. '메니페스터'의 영향력은 언제나 자신이 생각하는 것보다 훨씬 크다. 그래서 이들이 알리지 않고 무엇인가를 실행에 옮기면 감당할 수 없는 결과가 되돌아 오는 경우가 종종 있다. 주변 사람들이 알리지 않는 '메니페스터'에게 두려움을 느끼기 때문이다.

여기서 '알린다'는 것은, 자신의 영향을 받는 사람들에게 '공지'를 한다는 뜻과도 같다. 이들은 무엇인가를 행동으로 옮기기 전에 반드시 주변 사람들에게 '알려야' 한다. 오직 이 방법만이 화를 면할 수 있는 유일한 방법이고, 신뢰할 수 있는 유일한 전략이다

그러나 '메니페스터'는 이 전략을 좋아하지 않는다. 왜 내가 굳이 다른 사람들을 신경써야 하냐는 것이다. '메니페스터'는 본디 주변 사람들이 어떤 영향을 받는지 신경쓰지 않는다. 닫혀 있는 아우

라로 인해 외부의 피드백을 인식하기 어렵기 때문이다. 또한 자신이 하고자 하는 바를 즉각 실행에 옮길 수 있는 디자인이기 때문에, 실행 전 자신의 의도를 알리는 과정이 자신의 의도를 방해하는 것처럼 느껴지기도 한다.

하지만 이 전략은 선택사항이 아니다. 어떤 경우에도 예외가 존재하지 않는 핵심 원리라는 뜻이다. '메니페스터'는 그 자신이 가진 아우라 특성으로 인해 이 전략을 선택적으로 적용할 수 없다. '쫓아내고', '닫혀 있는' 아우라는 어떤 공간을 떠날 때 사람들을 불안하게 만들거나 고민하게 만들 수 있다. 사람들은 종종 깊은 고민에 빠진다. '왜 자리를 떠났지? 나 때문인가?', '왜 저렇게 화가 나 있는 걸까? 난 아무런 잘못도 한 게 없는데', '정말 불편해서 못 견디겠어. 더 이상은 나도 참지 말아야지. 다음엔 기필코 저 사람에게 복수하고 말 거야.'

주변을 힘들게 만들고 싶어하는 '메니페스터'는 세상 어디에도 없을 것이다. 그러나 아우라의 성질이 워낙 강력하기 때문에 이 전략을 따르지 않으면 주위 사람들이 종종 공포에 떤다. 이들은 집 앞에 쓰레기를 버리러 갈 때조차 자신의 의도를 가족들에게 알려야 하는 사람들이다. 그래야만 사람들이 안심할 수 있고, 이들의 존재를 존중할 수 있게 된다.

'메니페스터'의 목표는 '평화peace'다. '메니페스터'는 자신을 막는 사람들이 아무도 없을 때, 또는 누구도 걸리적거리지 않을 때 '평화'를 누린다. '평화'는 '메니페스터'가 원하는 유일한 목표다.

그러나 '메니페스터'가 '평화'를 맛보려면 반드시 자신의 전략을 따라야 한다. 그리고 자신의 '내부권위'에 따라 바른 결정을 내려야 한다. '전략'이 '분노'를 제거하는 가장 기본적인 해법이지만, 올바른 의사결정이 이루어질 때라야 비로소 삶이 펼쳐지기 시작한다.

그러므로 당신이 만약 '메니페스터'라면 지금부터라도 당신의 의도를 주변에 알리기 시작해야 한다. 이 책을 보여주며 자신이 어떤 사람인지 설명해 주는 것도 도움이 될 수 있을 것이다. 신기하게도 이 전략을 따르면 주변 사람들로부터 거의 언제나 즉각적인 존중을 얻게 된다. 정말이지 알리는 '메니페스터'를 귀찮게 여기는 사람은 없다. 오히려 고마워하는 사람들이 점점 늘어날 것이다.

한편 주변 사람들이 '메니페스터'에게 접근할 때는 이 원칙을 반드시 지켜야 한다. 절대로 이들을 '향해' 말하거나, 이들에게 직접 '질문하지' 말라. 손가락으로 가리키는 행위도 금물이다. 이들에게 먼저 다가가 말하거나, 먼저 질문하는 일은 어떤 경우라도 피해야 한다. 먼저 다가가거나 먼저 말하는 행위는 이들을 공격하는 것과 다를 바 없기 때문이다. 이때 표출되는 분노는 '메니페스터'의 책임이 아니다. 당신이 화를 입어도 '메니페스터'에게 뭐라 할 수 없을 것이다. 메커니즘을 존중하고 메커니즘대로 사는 것 외에는 어떤 다른 방법도 존재하지 않음을 기억하기 바란다.

당신에게 그럴 의도가 없었다 해도 상관없다. '메니페스터'의 아우라는 자신의 의지와 관계없이 화학적 분노를 표출하게 되어 있다. 그러므로 이들과 좋은 관계를 유지하기 원한다면, '메니페스터'

를 올바른 방식으로 대해야 한다.

메니페스터를 대하는 전략

'메니페스터'와 소통하는 한 가지 전략이 존재한다. 흥미롭게도 이 전략은 '메니페스터'가 주변 사람들로부터 존중을 얻는 전략과 일치한다. '메니페스터'에게 당신의 의도를 '알리라.' 직접 말하거나 요청하거나 질문하지 말고 단순히 자신의 의도를 알려야 한다. 다시 말해 "저희와 같이 가실래요?"가 아니라, "저희는 지금 나갑니다."와 같은 형태가 되어야 한다. 공지판을 만들어 포스트잇으로 의도를 알리는 것도 괜찮은 방법이 될 수 있다.

처음에는 어색할 수도 있고, 불편하고, 귀찮게 느껴질 수도 있다. 혹 휴먼 디자인을 알지 못하는 '메니페스터' 타입의 사람이 있다면 당신을 오해하는 경우도 생길 수 있을 것이다. 그럴 땐 '제가 아는 바를 당신과 나누고 싶습니다.' 정도로 자신을 표현하면 된다. 나머지는 '메니페스터'의 몫이다. '메니페스터'가 당신의 이야기를 듣고 싶어한다면, 그땐 당신의 느낌을 따라 이 지식을 공유할 수도 있다. 그 후의 관계는 대체로 놀라운 반전을 가져온다.

'메니페스터' 자녀를 둔 부모 또한 이 원칙을 존중해야 한다. '메니페스터' 자녀가 이미 성인이 되어 경제적으로나 육체적으로 독립했다면 먼저 질문하거나 요청하지 말라. 다 자란 성인 '메니페스터'에게는 누구도 먼저 말을 걸거나 직접 요청할 수 없다. 필요한 것이 있다면 알리는 전략을 사용하라. "명절 때 집에 좀 오지 않겠니?", "명절에 집으로 좀 오너라."가 아니라, "네가 보고 싶구나."와 같은 형태가 되어야 한다. 연락이 오지 않는다고 함부로 대해서는 안된다. '메니페스터'의 메커니즘은 자신이 스스로 허용한 관계가 아닌 한, 자신에게 다가오는 누구에게도 '분노'를 느끼도록 프로그램되어 있다. 여기엔 어떠한 자유의지도 존재하지 않는다. '메니페스터'는 본성상 '늑대wolf'와 같은 존재다. 누구도 먼저 다가가거나 말을 걸 수 없다.

'인생 목적incarnation cross'이 '통치rulership'이거나, '지배dominion'와 같은 디자인은 어려서부터 자신의 부모를 통제하려 하거나 부모에게 명령하려 한다. 이들의 디자인에 45번 '모으는 자the gatherer'의 관문이 정의되어 있기 때문이다. 목 센터에 있는 45번 관문은 왕과 여왕의 목소리가 있는 곳으로 소유를 말하고 계층구조를 확립하려는 힘을 가진다. 그러므로 한 집에 두 명의 45번이 있다면 매우 어려운 상황이 발생할 수도 있다. 한 집에 두 명의 왕이 있을 수는 없기 때문이다. 영화 〈사도〉에 나오는 부자관계의 느낌으로 이해해도 좋을 것이다.

45-21 '돈줄money line' 채널이 정의된 '메니페스터' 아이라면 어딜 가든 조직을 구축하고 그 조직의 통치자가 되려 할 것이다. 이 채널은 '부족tribe' 채널이기 때문에 자신의 부족원이 아닌 사람들에게는 관대하지 않은 모습을 보이기도 한다. 이들은 어떤 식으로든 자기 부족을 만들어 계급구조를 확립하도록 디자인되어 있다. 누구 밑에

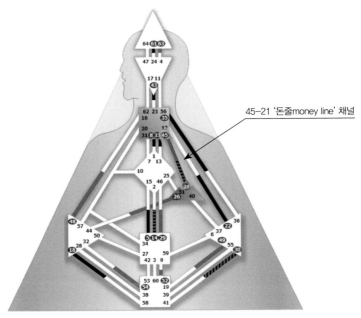

45-21 '돈줄money line' 채널

이미지. 45-21 전제 군주 메니페스터

서 일하고자 하는 사람이 아니며, 다른 이의 명령을 받는 대신 자신이 명령하는 위치에 이르고자 한다.

45-21 채널은 땅을 차지하고, 부족을 통치하는 채널이다. 이들은 자신의 부족을 통치하며, 부족원들에게 물질과 자원을 제공하고, 그들이 부족함 없는 부족의 일원이 되도록 교육하고 지원하는 채널이다. 당연히 부족을 이끌 수 있는 책임감과 역량이 바탕이 되어야 한다. '비자아'로 살 땐 주변에 엄청난 고통을 줄 수 있으나, '전략'과 '내부권위'를 따라 바르게 산다면 부족의 왕이자 통치자로서 존경과 사랑을 한 몸에 받게 될 것이다.

▌감정 메니페스터Emotional Manifestor

'감정 메니페스터'의 '비자아' 테마는 '분노anger'가 아니다. 이들의 테마는 '격노rage'다. 감정의 뜨거운 에너지가 이들의 비자아 테마에 묻어나기 때문이다. 그래서 '감정 메니페스터'가 '내부권위'를 따르지 않고, '알리는' 전략을 사용하지 않으면 주변의 감정 '미정'인 사람들은 신경계에 큰 손상을 입을 수도 있다. 심한 경우 뒤로 쓰러지거나 손발에 마비증세를 보이는 사람도 있다. 12-22 '열려 있음openness' 채널, 또는 35-36 '덧없음transitoriness' 채널이 정의된 감정 메니페스터가 이러한 경우에 해당된다.

감정 센터의 파동은 위에서 아래로, 또는 아래서 위로 언제나 요

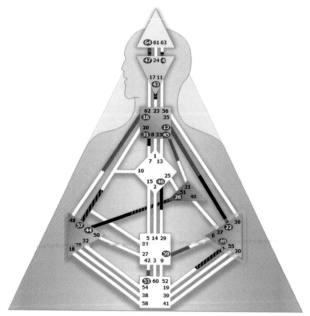

이미지. 감정 메니페스터 차트

동친다. 그래서 감정 '정의'는 자신의 파동을 존중하는 법을 배워야 한다.

감정 '정의'는 파동이 낮을 때 홀로 있어야 한다. 감정 파동이 낮을 땐 많은 것들이 부정적으로 채색되기 쉽기 때문이다. 특히 12-22 채널은 감정 파동이 높을 땐 한없이 열려 있고 자비로운 에너지를 방출하지만, 파동이 낮아지면 '반사회적anti-social' 에너지를 표출한다. 그러므로 '감정 메니페스터'는 파동의 상태에 따라 홀로 있을 때와 사람들과 함께 있을 때를 구분해야 한다. 기본적으로 모든 감정 '정의'는 파동이 낮을 때 혼자 있는 시간을 가져야 한다.

▍메니페스터 아이

'메니페스터' 아이들은 어려서부터 감당할 수 없는 심리적 고통을 겪는다. 사람들과 친해지고 싶고 따뜻한 관계를 맺고 싶어도 그게 맘처럼 잘 되지 않는다. 자신의 분노를 기억하는 주변 사람들의 두려움으로 인해 깊은 관계를 맺기가 어렵기 때문이다. 그래서 어쩌면 자신을 고슴도치 같은 존재라 여기며 살아갈 수도 있다. '쫓아내고', '닫혀 있는' 아우라 때문에 학교생활에 문제가 생기면 많은 이들이 '메니페스터'를 문제의 원인으로 지목한다.(심장 '미정' 메니페스터는 자신의 본성에 대한 죄책감으로 평생 시달릴 수도 있다.)

자신의 의도와 다르게 사람들이 늘 불편을 겪는다는 사실은 '메니페스터'에게는 꽤나 큰 상처가 될 수 있다. 심리적 차원에서 그 이유를 파악할 수 없으므로 더욱 그렇다. 그래서 '메니페스터' 자녀를 둔 부모의 역할이 정말 중요하다.

'메니페스터' 아이를 무조건 통제하는 것은 좋지 못한 결과를 낳는다. 이들은 어려서부터 부모의 허락 없이 마음대로 하고 싶어하며, 통제당할 때 분노를 느낀다. 그러므로 아이들이 재량껏 할 수 있는 것이 무엇이며, 그렇지 않은 것이 무엇인지 먼저 알려 주어야 한다. 또한, 하고 싶은 것이 있을 때마다 '허락받는' 전략을 사용하도록 해 주어야 한다.(메니페스터 아이들은 성인이 될 때까지 부모에게 '허락받는' 연습을 해야 한다. '허락받는' 전략은 성인이 되기 전까지 메니페스터 자녀들이 사용해야 하는 또 다른 전략이다.) 그리고 자기 스스로 책임질 수 있는 때가 되면, 더 이상 '허락받는' 삶을 살지 않아도 된다는 사실을 알려줄 필요가 있다. 당연히 어려서부터 '전략'과 '내부권위'를 따라 살 수 있도록 교육이 필요하다. 그래야만 나이가 들어서도 '분노'로 고통받지 않을 수 있다.

▓ 메니페스터가 알아야 할 진실

'메니페스터'는 자신이 미치는 영향에 대해 잘 알지 못한다. 아우라 속성상, 다른 이들이 자신을 어떻게 느끼는지에 대해서는 별 관심을 갖지 않게 되어 있기 때문이다. 이들의 주된 관심사는 '내가 어떻게 영향을 줄까?', '과연 응답을 받게 될까?'다.

그럼에도 불구하고 '메니페스터'는 자신의 영향력이 얼마나 큰지 알아야 한다. 그렇게 하기 전까지는 진정한 변화가 일어나지 않기 때문이다.

가장 좋은 방법은 주변 사람들을 직접 인터뷰하는 것이다. 어쩌면 사람들은 당신의 '분노'가 두려워 자신의 느낌을 솔직하게 말하지 않을 수도 있다. 그들이 감정 '미정'의 디자인을 가지고 있다면 더 그럴 것이다.

그러나 진정성 있는 태도를 가지고 접근한다면 그들 중 몇 사람들로부터는 놀라운 피드백을 받을 수 있을 것이다. "네? 제가 그렇게 영향력 있는 존재라구요?", "정말 저를 그렇게 느끼고 계셨단 말인가요?" 많은 '메니페스터'가 주변 사람들의 피드백을 받고 상당히 놀란다. '메니페스터'의 영향력은 자신이 생각하는 것보다 훨씬, 훨씬 크다.

그러므로 매사에 '알리는' 삶을 연습해야 한다. 작은 행동 하나라도 알리기 시작한다면 주위의 존중을 받게 될 뿐 아니라 때때로 필요한 도움도 얻을 수 있다. 한편, 상호 이해관계가 얽혀있는 상황이라면 '알리는' 전략이 아닌 '동의를 구하는' 방식으로 접근할 필요가 있다. 가령 여행을 떠나려는 '메니페스터' 남편은 공동육아를 하기로 약속한 아내에게 "여보, 나 느낌이 있어 여행을 떠날까 하는데, 괜찮겠어?"와 같은 방식으로 질문할 수 있을 것이다.

'메니페스터'는 단 한 마디 말로도 사람들을 벌벌 떨게 만들 수 있고, 반대로 존경과 감사를 느끼게 만들 수도 있다. 그러므로 '메니페스터'가 깨어나면 주변 사람들에게 큰 영향을 미치게 된다. 이 책 또한 한 '메니페스터'의 요청으로 시작되었다.

제너레이터,
삶의 건축가

▨ 제너레이터의 본성

'제너레이터'가 된다는 것은 천골 에너지를 만족스럽게 쓴다는 것 그 이상도 이하도 아니다. 천골의 주파수는 고정되어 있어, 임의로 바꾸거나 변경하는 것이 가능하지 않다. 그래서 '반응하는' 삶을 살지 않으면 온갖 종류의 상황에 '고착stuck'된다. 삶에 고착되고, 관계에 고착되고, 장소에 고착되고, 사랑에 고착되고, 직업에 고착된다. 고착된 상황은 계속된 좌절을 주고 삶에 대해 불쾌한 느낌을 갖게 만든다. '천골 센터'는 인식하는 센터가 아니므로 긍정적인 생각을 한다거나 적극적으로 산다고 해서 이 좌절의 주파수를 벗어날 수는 없다.

   '제너레이터'가 만족스런 삶을 사는 유일한 방법은 오직 '반응하는' 전략을 따르는 것뿐이다. 오직 그럴 때만 에너지 수준에 변화가 나타나 '만족스런' 삶을 살 수 있다. '반응하는' 전략 외 어떤 방법으

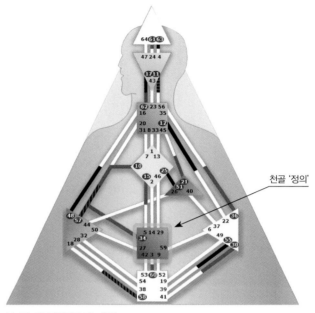

천골 '정의'

이미지. 제너레이터가 되는 원리

로도 '고착됨'에서 오는 고통을 피할 길은 없다. 뭔가에 붙들린 느낌, 답답하고 지루한 느낌은 다른 어떤 방법으로도 극복 불가능한 '제너레이터'의 비자아 메커니즘이다.

'제너레이터'는 세상의 70%를 차지하며 따뜻함이 전달되는 환경을 창조한다. 만약 '제너레이터'가 없다면 세상은 금세 삭막한 곳이 될 것이다. '프로젝터'만 있다면 온통 관통하는 에너지로 가득찰 것이며, '메니페스터'만 있다면 세상은 불편한 느낌을 주는 독립적인 실행자들로 가득차게 될 것이다. 오직 '제너레이터'만이 감싸 안고, 포용하는 환경을 창조한다. 이들이 절대 다수를 차지하고 있기 때문에 우리는 여전히 따뜻함과 포용을 기대할 수 있는 것이다.

한편, 세상에 존재하는 불만족과 불행 또한 '제너레이터'로부터 비롯된다. 우리가 '삶life itself'이라 부르는 모든 것들이 바로 '제너레이터'로부터 '생성되기generating' 때문이다.

'제너레이터'는 삶을 생성하고 지탱하는 존재로 디자인되었다. 그렇기 때문에 이들이 자신으로 살지 않으면 삶이 황폐해지고 좌절로 가득 차게 된다. 그러나 이 좌절은 '제너레이터' 한 사람으로 끝나지 않는다. 천골 센터의 '생성장generative field'이 자신의 아우라 속으로 들어온 모든 사람들에게 좌절을 전달하기 때문이다. 좌절을 피할 방법은 없다. 오직 '전략'과 '내부권위'를 따라 사는 '제너레이터'와의 관계를 통해서만 진정한 만족을 느낄 수 있고 진정한 조화로움을 경험할 수 있다.

'제너레이터'는 리듬과 조화를 창조하며(15-5 '리듬rhythm' 채널), 새로운 변이를 가져오고(3-60 '변이mutation' 채널), 사람들을 집중하게 만들며(9-52 '집중concentration' 채널), 무언가를 시작하고 끝내는(53-42 '성숙maturation' 채널) 사람들이다. 이들은 또한 아이를 낳고(59-6 '짝짓기mating' 채널), 인류를 돌보며(27-50 '보존preservation' 채널), 자신만의 길을 감으로써 다른 사람들 또한 자신의 삶을 살게 만드는(34-10 '탐험exploration' 채널) 사람들이기도 하다. '제너레이터'는 또한 남보다 몇 배나 많은 일을, 그 어떤 사람들보다 빨리 끝낼 수 있는(34-20 '카리스마charisma' 채널) 사람들로, 세상을 재창조하고 재건축할 수 있는 유일한 존재다. 그러므로 이들이 없다면 이 세상에 조화도, 질서도, 시작도, 끝도, 집중도, 돌봄과 출산도 없을 것이다.

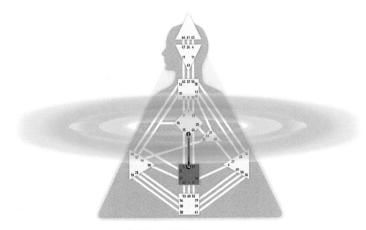

이미지. 제너레이터 아우라

　문자 그대로, 이들이 세상에 존재하지 않으면 인류는 아무것도 성취할 수 없다. 오직 '제너레이터'만이 세상을 바꿀 수 있으며, 오직 '제너레이터'만이 세상을 망가뜨릴 수 있다. '프로젝터'와 '메니페스터', 그리고 '리플렉터' 타입의 사람들은 단지 '제너레이터'가 창조한 세상에 살고 있는 손님들일 뿐이다.

　'제너레이터'의 아우라는 '열려 있고open', '포용하는enveloping' 힘을 가지고 있다. 그래서 언제든 주변 사람들이 편히 다가갈 수 있다. '제너레이터'에 대한 요청은 여기서 비롯된다. 포용하는 힘 자체가 사람들을 불러들이고, '질문'과 '요청'을 일으킨다는 의미다. '제너레이터'가 현시하지 않고 '반응하면' 언제나 만족스럽게 오랜 시간 일할 수 있다. 한편, 열려 있는 좌절된 에너지는 누구에게나 손쉬운 먹잇감이 될 수 있다. 실제로 많은 좌절된 '제너레이터'들이 주변 사람들에게 이용당하고 있다. 당신이 제너레이터라면 '반응하는' 전략을 따를 때만 진정한 만족을 누릴 수 있고, 남에게 이용당하는 일을 막을 수 있다.

'제너레이터'는 진실이 무색한 세상에서 진실을 보여줄 수 있는 유일한 타입의 존재다. 그러므로 '반응하는' 삶을 살지 않으면 거짓된 삶을 살 수밖에 없다. 한편, 반응하는 제너레이터는 진실된 세상을 창조한다. 이들은 자신 안의 진실을 발견하고, 이를 퍼뜨릴 수 있는 유일한 존재다. 세상이 거짓되다고 탓해봐야 소용없다. 이들이 자신으로 살지 않으면 다른 어떠한 노력으로도 세상은 바뀌지 않을 것이다.

'제너레이터'는 자신이 누구인지 알기 위해 존재한다. 이들의 시선은 언제나 내면을 향한다. 만약 여러 명의 '제너레이터'를 한 자리에 모을 수 있다면 이들 사이에 일어나는 상호작용을 지켜볼 수 있을 것이다. '제너레이터'들간의 상호작용은 대체로 '외부세계에 대한 무관심'이라는 말로 요약될 수 있다. 한편 '프로젝터'들이 한 자리에 모이면 언제나 적극적인 에너지 교류가 나타난다. '프로젝터'는 '외부세계를 바라보도록' 디자인되었기 때문이다. 이들 사이엔 항상 무언의 대화가 일어나며 알 수 없는 메시지들이 오간다.

'제너레이터'는 생성하는 에너지 특성을 가지고 있으므로 주변에 누가 있든 막강한 영향을 미친다. 만약 '15-5 리듬 채널'이 정의된 제너레이터와 '9-52 집중 채널'이 정의된 제너레이터가 함께 있다면 한 사람이 다른 사람의 리듬을 항상 결정할 것이며, 반대편 사람은 다른 사람이 집중해야 할 대상을 결정하게 될 것이다. 이는 '기계적 진실mechanical truth'이므로 이로부터 자유로운 사람은 없다. '15-5 리듬 채 널'이 올바르게 표현된다면 우리 사회는 마치 수목원이나 아마존 정 글과도 같은 리듬감을 갖게 될 것이며, '9-52 집중 채널'이 바르게 표현되면 돈이나 명예가 아닌 진정으로 가치있는 것들에 집중할 수 있게 될 것이다.

▌ 제너레이터 전략

'제너레이터'는 '메니페스터'가 아니다. 같은 에너지 유형에 속하기는 하지만 이 둘의 작동 방식은 엄연히 다르다. '메니페스터'는 독립적 실행이 가능하지만, '제너레이터'는 그런 방식으로 작동하지 않는다. 만약 먼저 시작하고, 자신의 힘으로 상황을 이끌어 가려 한다면 언제나 좌절을 맛볼 것이다. 이런 방식으로 살아가는 '제너레이터'의 성과는 그리 대단한 것이 되지 못한다.

'제너레이터'의 전략은 '반응하기to respond'다. 오직 이 방식으로만 '제너레이터'의 삶이 펼쳐지고, 만족스런 삶이 보장된다. 메커니즘은 정말 단순하다. '제너레이터'가 외부의 질문과 요청에 '반응하면' 언제나 만족이 생긴다. 하다못해 작은 간식을 먹을 때조차 만족을 느낄 수 있다. 예외는 없다. '제너레이터'의 삶은 '만족' 아니면 '좌절' 오직 둘 중 하나뿐이기 때문이다.

'제너레이터'가 '반응하는' 삶을 산다는 것은 자신의 에너지를 만족스럽게 쓸 수 있는 기회를 얻게 된다는 의미다. 질문과 그에 대한 반응 없이 일을 시작하면 천골 에너지에 제대로 접속되지 못해 금새 흥미를 잃게 된다. 또한, 지속할 에너지가 없어 하던 일을 중도에 포기해 버린다. 때문에 '제너레이터'에게는 '위대한 포기쟁이'라는 별명이 붙어 있다. 이들은 자신이 시작한 대부분의 일을 중도에 포기한다. 그래서 삶이 재미없다 생각하고, 지루해하고, 답답해한다. 에너지를 만족스럽게 쓰지 못하면 숙면을 취하지도 못한다. 다음날 일어나서도 개운한 느낌을 받기 어렵다.

천골 센터의 에너지는 주기적으로 정체되는 특성을 가지고 있기 때문에, 바르게 시작하지 않으면 정체되는 지점에 이르렀을 때 느낌이 좋지 않다. 반응 없이 무엇인가를 시작했다면 주파수가 정체되는 지점에 이르렀을 때 삶이 고착되며 에너지를 잃게 된다.

'제너레이터'의 삶은 '만족'이 전부다. 자신의 에너지를 만족스럽게 쓸 수 있느냐 없느냐의 여부가 삶의 모든 것을 결정한다. 질문 또는 요청이 올 때까지 기다리거나 혹은 질문해 달라고 요청함으로써 실험을 시작할 수 있다.

▨ 질문 – 반응 세션

이른바 '천골 세션'이라 불리는 이 세션은 '제너레이터' 타입의 사람들이 자신의 천골 에너지에 안정적으로 연결될 수 있는 기반을 제공한다.

천골 센터는 자체적인 소리를 가지고 있기 때문에, 굳이 목 센터로 연결되지 않더라도 주변의 자극이나 질문에 소리로 답할 수 있다. 이를 '천골 반응sacral response', 또는 '천골의 소리sacral sound'라 부른다. 다소 생소하게 느껴질 수 있는 말이지만, '제너레이터'는 에너지 가용 여부에 대해 천골의 소리로 응답한다. 'ah-HUH(네, 마지막 발음에 강세)' 또는 'UHN-un(아니오, 첫 발음에 강세)'이 기본적인 메커니즘이다. 내장의 느낌, 이른바 'gut feeling'이라 불리는 느낌의 형태를 띤다. 대상이 무엇이든 에너지를 만족스럽게 쓸 수 있는 일에 대해 천골은 'ah-HUH'로 반응한다.

하지만 성인들에겐 이 반응이 대체로 억제되어 있거나 왜곡되어 있다. 어려서부터 받아온 언어화 교육 때문이다. 모든 것을 언어로 표현하는 소통방식으로 인해, 대부분의 '제너레이터' 성인들은 이 소리를 잘 표현하지 못한다. 자신의 느낌을 기호화된 언어로 표현하지 않으면 세련되지 못하고, 지적이지 못한 사람으로 여겨지기 때문이다. 그러나 이미 성인이 된 사람들도 충분히 만족스러운 상황을 경험할 때는 천골의 소리를 표현한다. 특히, 맛있는 식사를 하는 성인 '제너레이터'를 관찰해 보라. 그들 중 많은 사람들이 만족을 느낄 때 말 대신 소리로 느낌을 표현하는 것을 볼 수 있을 것이다. '제너레이터'에게 있어 순수한 만족은 언제나 소리로 표현된다. (34-20 '카리스마' 채널이 정의된 '제너레이터'는 직접 말로 표현할 수 있다.)

그러나 '천골 센터'는 '인식 센터'가 아니기 때문에, 의사결정에 관한 모든 질문은 반드시 패쇄형 질문으로 제공되어야 한다. 이는 마치 스무 고개 게임을 하는 것과 비슷하다. 질문이 제공되면, 천골 센터의 반응이 저절로 나타난다.

'천골 반응'은 좌뇌나 우뇌를 통한 반응이 아니기 때문에 '안구 접근 단서(눈동자를 좌우로 움직여 특정 뇌반구에 접속하려는 행위)'가 나타나지 않는다. 다시 말해, 질문을 받은 사람의 눈동자가 좌우로 움직인다면 그건 천골 반응이 아니다. 또한, 질문 후에 반응이 지체되는 경우도 천골 반응이라 할 수 없다. 천골 반응은 인식을 필요로 하지 않으므로, 질문이 끝남과 동시에 자동적으로 그리고 무자각적으로 나타난다.

처음엔 이 실험이 부담스럽게 여겨지는 사람들도 있을 것이다. 너무도 오랜 시간 동안 반응하는 삶을 살지 않았기 때문이다. 하지만 손해볼 것은 없지 않겠는가? 휴먼 디자인은 믿음을 요구하지 않는다. 단지 실험이 필요할 뿐이고, 실험은 본디 시행착오 과정을 거치게 되어 있다. 그러니 처음부터 너무 반응 자체에 연연하기보다는 여러 종류의 질문을 다양한 장소에서 다양한 사람들로부터 받아 보는 것이 좋을 것이다. 반응은 때가 되면 자연스럽게 나타나기 시작한다.

▮ 천골 질문의 예

'질문-반응 세션'을 진행하기 위해서는 누군가의 도움이 필요하다. 자신 홀로 질문하고, 반응하는 과정이 아님을 유의하기 바란다. 질문은 자신이 아닌 다른 사람들로부터 와야 하며, 반드시 폐쇄형 질문의 형태를 띠어야 한다. "당신의 의견은 어떻습니까?"와 같은 개방형 질문은 '제너레이터'의 의사결정을 위한 질문이 아니다.

다음은 '질문-반응 세션'을 진행하는데 도움이 되는 질문이다. 아래의 질문 목록을 참조하되, 추가로 다양한 질문을 만들어 가며 세션을 진행해 가면 좋다.

|인생 전반|

당신은 행복한가요? 만족스런 직장생활을 하고 있습니까? 일을 계속할 필요가 있습니까? 그 제안을 수락할 필요가 있습니까? 자신을 사랑하세요? 삶이 안전하다고 느끼나요? 지금 사는 곳은 괜찮습니까?

|인간 관계|

부모님을 사랑하시나요? 가족간 대화가 만족스러우세요? 관계를 계속 유지하길 원하세요? 친구가 충분한가요? 파트너십은 견고한가요? 당신은 그를 신뢰합니까? 그 사람을 그만 만나야 하나요?

|경제 생활|

보수에 만족하나요? 생활비는 충분합니까? 돈을 더 벌 필요가 있나요? 저축할 필요가 있나요? 더 큰 돈을 요구해야 합니까? 연봉협상의 결과에 만족하나요? 예금을 인출할 필요가 있습니까? 보유자산을 매각할 필요가 있나요?

▌ 감정 제너레이터

차트에 감정이 함께 '정의'되어 있다면, 이때는 '감정 제너레이터'가 된다. '감정 제너레이터'는 같은 제너레이터 타입이기는 해도, 감정 '미정' 제너레이터와는 다른 의사결정 메커니즘을 가지고 있다. 즉, 감정이 '정의'되면, 감정이 언제나 1순위 '내부권위' 역할을 한다. 어떤 차트를 보든 감정이 '정의'되어 있다면 '감정적 명료함'을 따라야 한다.

'감정적 명료함'이란, 충분한 시간이 흐른 뒤 찾아오는 감정 인식의 상태다. 그리고 감정 센터는 파동을 통해 작동한다. 감정 센터는 3개의 인식센터 중 하나로, 파동을 통해 무언가를 인식하도록 디자인되어 있다.

감정 파동은 올라갔다 내려가고, 내려갔다 올라가는 방식으로 작동한다. 그렇기 때문에 어떤 특정한 지점의 느낌을 신뢰할 수가 없다. 이들은 무언가를 즉각적으로 알 수 없는 사람들이며, 파동의 오르내림을 지켜보며 인식이 나타날 때까지 충분한 시간을 기다리며 음미해 봐야 하는 사람들이다. 기다리지 않고 섣불리 뛰어들면 나중에 큰 고통을 겪을 수 있다. 감정 '정의'는 즉흥적으로 살 수 있는 존재가 아니다. 무엇을 하든 충분히 기다리며 명료함을 지켜봐야 한다.

감정은 '긴장'과 관계된 센터이므로, 긴장이 줄어들고, 힘(명료함)이 느껴진다면 그 느낌을 신뢰할 수 있다. 그러나 긴장이 지속되고, 기분이 좋지 않다면 아직은 의사결정을 내릴 수 있는 때가 아니다. 좀 더 기다리면서 '명료함'이 나타날 때를 기다려야 한다. 보통은 하루가 지나면 '명료함'을 얻을 수 있다. 그렇지 않은 경우라면 좀 더 기다려야 한다.

감정 파동의 각 지점들은 감정 '정의'에게 독특한 '전망perspective'을 제공한다. 이는 마치 다양한 높이에서 대상을 관찰하는 것과 같다. 한 번은 10층에서 한 번은 3층에서, 그리고 다른 한 번은 지하 2층에서 대상을 바라본다. 그리고 이렇게 다양한 전망들이 모여 하나의 인식을 형성한다. 이런 면에서 감정 센터는 '깊이depth'를 위한 센터라 부를 수 있다. 일반적으로 기다리면 기다릴수록 명료함이 커지며, 깊이도 더욱 깊어진다.

'감정 제너레이터'는 먼저 패쇄형 질문을 받은 후, 명료함이 올 때까지 파동의 흐름을 지켜봐야 한다. 다음과 같은 과정을 따름으로써 자신에게 올바른 것이 무엇인지 알게 된다.

1) 패쇄형 질문을 받는다. "저와 여행을 떠나고 싶으세요?"

2) 즉흥적인 느낌을 따르는 대신, 감정 파동의 흐름을 지켜보며 기다린다.

3) 하루(또는 그 이상) 정도 시간이 흘러 명료함이 생기면 여행을 떠날지 아닐지에 대해 알게 된다.

4) 여행을 떠나든 그렇지 않든 명료함이 느껴지는 쪽을 따르면 만족을 얻는다.

5) 기다리는 사이에 제안이 철회되거나 기회가 사라진다면 이는 당신에게 필요치 않은 일이었음을 알게 될 것이다.

6) 지속되는 명료함을 따른다면, 결과와 관계없이 언제나 만족을
얻을 수 있다.

▌ 제너레이터 아이

부모는 '제너레이터' 아이가 자신으로 사는 법을 알게 해 줄 수 있는
첫 번째 사람이다. 만약 당신의 자녀가 '제너레이터'라면 반응을 통해
살아가는 법을 가르쳐야 한다. 그렇지 않으면 삶은 재미없는 것이며,
만족스러운 삶은 가능하지 않다고 생각하게 될 것이다.

유치원이나 학교는 제너레이터 아이를 '비자아'로 만드는 첫 번째
장소다. 보육 교사나 선생님들은 아이들이 이상한 소리를 낸다며
가르치려 들 것이고, 이 때문에 아이들은 자신의 본성대로 사는 대
신 언어화된 대답을 하느라 자신의 진짜 느낌을 표현할 수 없게 된
다. 점차 자신을 존중하는 법을 잃어버리고, 삶이 주는 만족과 즐
거움을 포기하게 된다.

당신의 자녀가 처음부터 만족스런 삶을 살고, 바르게 에너지를
쓰며, 세상에 유익을 끼치는 삶을 살길 바란다면 '제너러이터' 자녀
로 하여금 천골 반응을 존중하는 법을 배우게 하고, 타협없이 사는
법을 가르치라. 당신의 자녀는 삶을 잃어버리지 않을 것이다.

▋제너레이터가 알아야 할 진실

'제너레이터'의 삶은 올바른 일을 통해 펼쳐진다. 그러므로 만족을 주는 일, 다시 말해 천직을 찾는 것이 '제너레이터' 인생의 전부라 해도 과언이 아니다. '제너레이터'는 자신에게 올바른 일을 하기 위해 태어난 사람이고, 이를 알기 위해서는 '반응하는' 전략을 따라야 한다. 억지로 참고, 근근히 버티는 삶은 '제너레이터'의 삶이 아니다.

자신으로 존재하는 삶, 깨어있고 만족스런 삶은 자연스럽고 당연한 것이지, 더 특별하거나 더 고결한 삶이 아니다. 좌절된 삶, 무기력하고 재미없는 삶이야말로 오히려 인간적이지 못하고, 부자연스런 삶이다.

현시 제너레이터,
반응하는 투사

▓ 현시 제너레이터의 본성

'현시 제너레이터manifesting generator'는 별도의 새로운 타입이 아니다. 이들의 본성은 '제너레이터'와 같으며, 다만 '현시하는manifesting' 역량에 있어 그렇지 않은 제너레이터와 차이를 보인다. '제너레이터'는 전체의 70%를 차지하며, '현시 제너레이터'가 이 중 약 절반을 차지하므로, 우리나라에만 약 1,700만명의 '현시 제너레이터'가 존재한다고 볼 수 있다. 천골이 '정의'되고, 천골을 포함한 4개의 '에너지 센터' 중 하나가 '목 센터'로 연결되면 언제나 '현시 제너레이터' 타입이 된다.

이들은 빠르다. 어떤 조합을 갖게 되든, '현시 제너레이터'는 '순수 제너레이터'보다 강한 느낌을 주며, 빠르게 목적을 달성한다. 평균적인 측면에서 볼 때 '제너레이터'가 대체적으로 '순한 양'같은 느낌을 준다면, '현시 제너레이터'는 종종 '싸움꾼fighter'의 느낌을 전달한다.

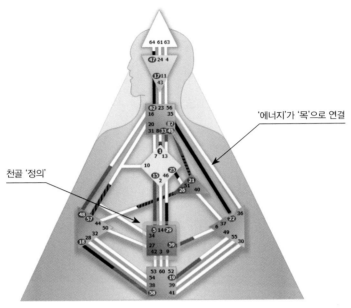

'에너지'가 '목'으로 연결

천골 '정의'

이미지. 현시 제너레이터가 되는 원리

같은 제너레이터 타입에 속하지만 이들의 삶은 꽤나 다르다.

1) 만약 34-20 '카리스마' 채널이 정의되어 있다면 하루 종일 쉼
없이, 많은 일을 빠르게 해낼 것이다. 세상에서 이들보다 카리
스마적인 삶을 사는 사람은 없다.

2) 만약 천골이 정의된 채, 12-22 '열려 있음openness' 채널이나, 35-
36 '덧없음transitoriness' 채널이 정의되어 있다면 감정 파동의 고
저에 따라 감정적 현시를 한다.

'현시 제너레이터'의 본성은 반응이 있을 때 무엇인가를 '빠르게'

성취하는 데 있다. 그러므로 이들은 무엇인가를 '빠르게' 망칠 수도 있다. 천골 에너지는 쉬지 않고 지속되는 특징을 가지므로, 바르게 살지 않는다면 자신과 주변에 큰 피해를 줄 수 있다.

이들은 '현시하는manifesting' 디자인을 가졌으므로, 종종 '메니페스터manifestor'와 자신을 견주어 생각하기도 한다. '에너지 센터'가 직접 '목 센터'로 연결되었다는 점에서 기능적으로 같은 속성을 갖기 때문이다. 그러나 '메니페스터'는 자신의 느낌만으로도 무엇인가를 시작하고, 추진할 수 있는 반면 '현시 제너레이터'는 그런 방식으로 살 수 없다. 현시하는 기능을 가졌지만 '반응하는' 전략을 따라야 하기 때문이다.

한편 '반응하는' 전략을 따라 살지 않는 '현시 제너레이터'는 '좌절'과 '분노'를 모두 경험한다. '현시하는' 기능으로 인해 '메니페스터'의 비자아 테마를 함께 겪기 때문이다. '현시 제너레이터'는 '좌절'과 '분노' 사이를 오가며 불행한 삶을 살게 된다. 이들은 '싸움꾼'과 같은 삶을 살거나, 무기력한 '패배자'의 삶을 산다. 현시에 중독된 많은 '현시 제너레이터'들의 모습에서 때로 타 버린 전기회로와 같은 느낌을 받는 것은 결코 우연이 아니다.

'반응하는' 삶을 산다는 건, '현시하고자 하는' 충동을 견뎌내며, '질문'과 '요청'의 순간을 기다린다는 의미를 담고 있다. 천골 센터의 지속력은 오직 반응을 통해서만 바르게 표현되므로, 반응 없이 무언가를 시작하면 사람들에게 이용당하기 쉬운 상태가 된다. 특히 34-20 카리스마 채널은 주변 사람들에게 조종당하기 쉽다. 이들 뒤에는 언제나 이들의 막강한 성취 에너지를 이용하려는 사람들이 존재하기 마련이다.

▌ 현시 제너레이터의 전략

이들은 '기다려야' 한다. 이건 마치 F1 경주와 같다. 고성능 스포츠카를 타고 있지만, 출발 신호가 없다면 기다려야 하는 것이다. 오직 출발 신호를 따라 움직여야 하며, 정해진 트랙 안을 달려야 한다. 마구잡이로 에너지를 분출하면 사상자가 발생할 수도 있다. 돌발 상황이 발생하면 안전 차량의 안내를 따라야 한다. '현시 제너레이터'의 강력한 추진력은 이 같이 잘 조율된 삶이어야 한다.

무엇보다 인생 가이드로 태어난 '프로젝터'의 도움을 받는 것이 좋을 것이다. '프로젝터'는 특유의 관통하는 아우라로 삶의 본질을 꿰뚫어 보고, 사람들을 가이드한다. 만약 당신에게 도움이 필요하다면 '프로젝터'를 정중히 초대해 보라. 건강한 프로젝터는 '제너레이터'의 삶에 큰 유익을 끼칠 수 있다.

▌ 여장부 같은 딸

영화배우 안젤리나 졸리는 45-21 '돈줄money line' 채널이 정의된 '현시 제너레이터'다. '현시 제너레이터'로 태어난 여자 아이들은 종종 여장부처럼 보일 수 있는데, 갓난 아이임에도 불구하고 뭔가 남들과 다른 힘이 느껴지고, 하루 종일 많은 에너지를 뿜어 내며 집안을 돌아다닌다. 만약 '모든' 에너지 센터가 '미정'인 프로젝터 엄마 non-energy projector가 있다면, '현시 제너레이터' 아이를 키우면서 매일 초죽음 상태가 될 것이다. (그래서 많은 '프로젝터' 여성들이 아이를 낳지 않으려 한다.)

만약 '현시 제너레이터' 타입의 여자아이가 전통적인 한국식 가정에서 양육되었다면 이 힘과 기운을 존중받기 어려웠을 것이다. 그래서 자신의 본성에 대해 모종의 트라우마를 갖게 될 수도 있다. 하지만 이들은 강한 추진력을 가지고 빠르게 현시하는 삶을 살게 되어 있다. 만약 당신의 자녀가 12-22 채널이 정의된 아이라면, 자신의 감정을 항상 표현하고, 항상 충동적으로 행동할 것이다. 부모는 통제불가의 상태를 종종 경험한다.

아이를 바르게 키운다는 것은 그들의 메커니즘을 존중한다는 뜻에 다름 아니다. 이들이 '분노'하고, '좌절'하는 비자아의 삶을 살지 않도록, 어려서부터 질문을 던져 주고, 반응하는 삶을 살도록 해야 한다. 오직 그럴 때만 '메니페스터'처럼 되려 애쓰는 대신, 건강하고 바른 삶을 살 수 있게 될 것이다.

'현시 제너레이터'는 표면적으로만 보면 '메니페스터'처럼 행동하지만 결코 그들처럼 살 수는 없다. '현시 제너레이터'는 자신의 느낌을 홀로 행동으로 옮길 수 없다. 오직 '메니페스터'만이 자신의 내적 느낌을 따라 독립적으로 행동할 수 있다. '현시 제너레이터'는 반드시 질문을 통해 반응하는 삶을 살아야 한다. 그렇지 않으면 사고뭉

치가 되거나, 부모와 사회에 저항하는 삶을 살게 될 것이다.

현시 제너레이터가 알아야 할 진실

국제 휴먼 디자인 학교International Human Design School 학장 린다 버넬Lynda Bunnell은 이들을 가리켜 '붓다에게 무릎꿇은 전사'라 표현하기도 했다. 뛰어난 성취력을 가진 존재이므로, 그에 상응하는 자기 규율과 훈련이 필요하다는 의미다. 빠르게 성취하는 가운데 빠뜨리는 것이 많으므로, 종종 시작점으로 되돌아와 놓친 일을 마무리해야 하는 상황이 생긴다. 그래서 '현시 제너레이터'에게 가장 효과적인 지침 중 하나가 '업무 리스트 만들기'다. 두 번 장을 보러 가거나, 처음부터 다시 시작하는 우를 범하지 않도록 언제나 리스트를 만들어 참고하는 것이 좋다.

'현시 제너레이터'에겐 '순수 제너레이터' 타입의 사람들보다 더 많은 훈련과 자기규율이 필요하다. 이 점을 명심하라. 그리고 프로젝터의 가이드에 마음의 문을 열어 두라.

34-20 '카리스마charisma' 채널이 정의된 현시 제너레이터에겐 43-23 '구조화structuring' 채널이 정의된 사람이 많은 도움을 줄 수 있다.(단, 자신이 아닌 다른 사람의 디자인이어야 한다. 자신의 차트에 '34-20'과 '43-23'이 모두 정의되어 있는 경우, 오히려 자신을 엉뚱한 곳으로 이끌어 가며 "난 알아. 내가 다 안단 말야."라며 주변 사람들의 말을 듣지 않을 수 있다. 43번은 '귀머거리deafness' 관문 중 하나다.)

프로젝터,
관통하는 인생 가이드

프로젝터의 본성

이들의 고유한 역할은 다른 이들의 삶을 가이드하는 것이다. 이들은
날 때부터 무언가를 '보도록' 디자인되어 있고, 그래서 사람들의 내
면을 살필 수 있다. 아니, 잘 읽어낸다고 말하는 편이 더 적절할 것이
다. 이들은 별다른 노력 없이도 다른 이의 내면을 읽고 이를 가이드할
수 있는 재능을 가지고 있다. 직업으로 표현한다면 '타고난 인생 코치
natural life coach'다.

　　이들이 다른 누군가의 내면을 꿰뚫어 볼 수 있는 이유는 그들의
아우라 특성에 기인한다. 다시 말해, '프로젝터'의 아우라는 '집중하
고focused', '흡수하는absorbing' 성질을 띠고 있다. 그래서 누구든 자신
앞에 있는 사람에게 '집중하고', 그들의 본성을 '흡수한다.' 그러므로
'프로젝터'의 삶은 타인의 존재 없이 펼쳐질 수 없다. 이들은 어떤

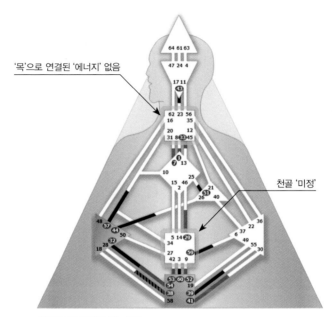

'목'으로 연결된 '에너지' 없음

천골 '미정'

이미지. 프로젝터가 되는 원리

식으로든 사람들과 관계를 맺고, 사람들을 지켜보며, 그들을 가이드하는 삶을 살게 되어 있다. 그래서 '프로젝터'의 삶은 '사람'이 전부라 해도 과언이 아니다.

'프로젝터'는 본디 자신을 위해 사는 존재가 아니다. '프로젝터'의 삶은 타인을 위한 것이다. 타인을 바라보고, 타인을 가이드하는 것이 이들의 존재 목적이기 때문이다. 그러므로 '프로젝터'의 본성과 재능을 이해하는 사람이 없다면 '프로젝터'의 삶도 없다. 인정받지 못하는 '프로젝터'의 삶은 생각보다 더 많이 비참할 수 있다. 올바른 인정을 받지 못하는 '프로젝터'의 삶은 정말로 쓰다. '프로젝터'는 에너지 타입이 아니기 때문에 하루 종일 일할 수도 없고, 먼저 시작하

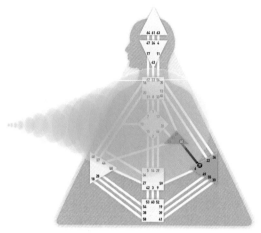

이미지. 프로젝터 아우라

거나, 주도하는 삶을 살 수도 없다. '프로젝터'의 유일한 재능은 사람들을 가이드하는 것이며, 다른 이들의 삶을 개선시키는 것이다. 그래서 '프로젝터'는 '코치'나, '중재자', '관리자', '촉진자'의 삶을 직업으로 삼아야 한다. 물론 '전략'과 '내부권위'를 따라 의사결정을 할 때만 올바른 의사결정을 내릴 수 있다.

이들은 인간성에 대한 대단한 학습자다. 사람에 대한 엄청난 호기심이 있고, 무엇이든 깊이 배우고 숙달하고자 한다. 그러므로 인간 본성과 시스템에 대한 깊은 이해를 갖춰야 한다. 그리고 이를 통해 올바른 '인정'을 받고, 올바른 '초대'를 받아야 한다. 만약 '프로젝터' 고유의 재능을 발현시키지 못한다면 평생 '탈진'과 '쓴맛'을 안고 살 수밖에 없을 것이다. 실제로 많은 '프로젝터' 타입의 운동선수, 연예인들이 인터뷰 때마다 '탈진'을 호소하고 있다. 이들은 에너지를 일관되게 쓸 수 있는 존재가 아니기 때문에, 지속적으로 에너지를 쓰는 일에 적합하지 않다. 이는 '천골 미정'인 모든 사람들, 다시 말해 '프로젝터', '리플렉터', '메니페스터'에게 공통된 요소다. '제너레이터'가 아닌 어느 누구도 에너지를 일관되게 사용할 수 없다.

하지만 천골 '미정'인 사람들은 주위의 천골 에너지를 흡수하고, 증폭하는 특성을 가지고 있기 때문에, 표면적으로만 보면 '제너레이터'보다 더 많은 에너지를 가지고 있는 것처럼 보인다. 특히 '뿌리', '천골', '감정', '심장' 등 4개의 에너지 센터가 모두 미정인 사람은 다른 사람들과 있을 때 엄청난 에너지를 가진 사람처럼 보일 수 있다.(정반대로 극도의 탈진 상태를 보이기도 한다.) 천골 '미정'인 사람들은 일하지 않고 쉬는 것을 부담스럽게 여기도록 조건화되어 왔기 때문에, 자신이 에너지 타입이 아니라는 사실을 알면 당황해하는 경우가 많다. '비에너지 타입non-energy type'의 사람들은 자신이 에너지 타입이 아니라는 사실을 종종 부정하고 싶어한다.

'프로젝터'의 탈진, 또는 극도의 번아웃 상태는 어제 오늘만의 일이 아니다. 일하다 병원에 실려가는 '프로젝터'의 수는 결코 적지 않다. 이들은 다른 사람들을 읽어내고, 가이드해야 하는 존재임에도 불구하고 현장에선 그 어떤 '제너레이터'보다 열심히 일하고, 또 오랫동안 일한다.

만약 당신이 '프로젝터'라면 자신의 본성이 육체적인 에너지를 쓰는 일에 있지 않음을 알고, 사람들을 이끌고 가이드할 수 있도록 준비되어야 한다. 준비되지 않은 '프로젝터'의 직업 전환은 상대적으로 시간이 많이 걸리기 때문에, '프로젝터' 자녀를 둔 부모들은 어려서부터 자녀의 특성을 존중하고 이에 걸맞는 방식으로 자녀를 교육시켜야 한다. 때를 놓치면 삶을 되찾기 위해 너무나 많은 대가를 지불해야 한다.

'프로젝터'의 아우라는 특정 대상에 깊이 들어가므로, 한 번에 한 사람과 관계를 맺을 때 가장 잘 기능할 수 있다. 그룹 단위의 문제가 잘 해결되지 않는 경우, 할 수 있다면 사람들과 1:1 만남을 가져 보라. 과거에 비해 훨씬 생산적인 대화가 가능해질 것이다. 1:1 관계는 '프로젝터'를 가장 '프로젝터'답게 만드는 관계 유형이므로, 평소에도 자주 상기하고 활용해 보면 좋을 것이다.

▌프로젝터 전략

'프로젝터'는 초대를 받아야 한다. 그러나 현실을 보면 '프로젝터'보다 더 많은 초대를 하는 사람도 없다. 초대를 받아야 하는 존재임에도 오히려 더 많이 사람들을 초대한다. 왜일까?

'프로젝터'의 시선은 언제나 타인을 향해 있고, 남들이 보지 못하는 것을 본다. '프로젝터'의 삶은 자신을 위한 것이 아니라, 타인을 위한 것이므로 이 재능으로 '인정'과 '초대'를 받아야 하는 것이다. 그런데 현실은 정말 다르다. 대다수의 '프로젝터'는 자신이 본 성이 이렇게 작동하는지 알지 못하며, 이런 식의 초대를 받아본 적도 없다.

'프로젝터'는 자라면서 '인정'에 목마른 존재로 조건화된다. 항상 사람들을 행복하게 해주고 싶어하고, 도움이 되고 싶어 하지만 자신의 역량을 어떻게 발휘해야 하는지 모르기 때문에 자신이 대접받고 싶은 대로 다른 사람들을 먼저 초대해 버리는 것이다. 영화를 보고 싶으면 초대를 기다리는 대신 함께 영화보러 가자며 사람들을 먼저 초대한다. 맛있는 식당을 발견하면 친구들이 물어 보지 않았음에도 불구하고 자신이 먼저 초대 메시지를 보낸다.

돌아오는 결과는 항상 기대 이하의 '인정'이다. 다른 이들에게 먼저 관심을 가지고 이것저것 질문을 던지지만 반대편에선 아무런 질문이 오지 않는다. 많은 수의 '프로젝터'들이 한 번도 올바른 인정을 받아본 적이 없다.

모든 '프로젝터'는 같은 고민을 가지고 산다. '왜 저 사람은 내가 관심을 가져주는 만큼 나에게 관심을 가져주지 않지?', '왜 나만큼 질문을 던져주지 않을까?', '왜 나에게 무관심하지? 난 이토록 관심이 많고 도와주고 싶어하는데...' 사람들 속에 있는 '프로젝터'는 언제나 외롭다. 누구도 자신의 깊은 마음을 헤아려 주지 못한다고 느끼기 때문이다.

유일한 예외는 '프로젝터'들간의 관계다. 이들은 항상 서로를 본다. 그리고 질문할 거리가 많다. 눈만 쳐다봐도 서로를 헤아리는 느낌이 들고, 대화가 없어도 서로 이해받고 있다고 느낀다. 물론 정반대의 경우도 가능하다.

'비자아' 프로젝터는 사람들을 꿰뚫어 보면서도 정작 다른 사람이 자신을 꿰뚫어 보는 것은 원하지 않는다. 그러나 '프로젝터'는 언제나 자신 앞에 있는 사람을 본다. 건강하지 않은 '프로젝터' 부모는 '프로젝터' 자녀가 자신을 보고 있다는 사실을 안다. 또한, 자녀가 자신을 보고 있다는 사실을 알고 있는 부모의 상태를 자녀가 다시 알아차린다. '프로젝터'들의 관계는 마치 무한 수의 거울을 마주 놓은 것처럼 서로를 들여다보는 특성을 가지고 있다. 때문에 '프로젝터'가 아닌 사람들은 '프로젝터'의 깊은 욕구를 헤아리기 어렵다.

'프로젝터'는 정말 깊은 곳에서부터 인정받고, 이해받기를 원한다. 그러나 그러한 '인정'과 '초대'가 쉽게 오지 않음을 잘 알고 있기 때문에, 자신이 받아야 하는 초대를 다른 사람들에게 먼저 해 버리는 것이다. 마음 깊은 곳에서는 '쓴맛'을 느끼면서 말이다. 많은 '프로젝터'들이 평생 쓴맛을 제거하지 못한 채, 외롭게 살아간다.

그러나 이런 현실을 바꿀 수 있는 방법이 하나 있다. 그 비결은 바로 '침묵'이다. 언제 어디서든 초대가 들어오기 전까지는 어떠한 말도 하지 않고 '침묵'을 지키는 것, 이것이 바로 '프로젝터'가 초대를 회복하는 방법이다.

'침묵'이 도움이 되는 이유는 이들의 아우라 특성에 기인한다. 사람들 속에 있을 때 '프로젝터'의 아우라는 언제나 특별한 느낌을 준다. '프로젝터'의 '집중하고', '흡수하는' 아우라는 이들이 비범한 것을 알고 있다는 느낌을 불러 일으킨다. '프로젝터'는 항상 다른 타입의 사람들이 보지 못하는 것을 보기 때문에, 그 자체만으로도 사람들의 관심을 자아내고 호기심을 불러 일으킨다. 그래서 인내심 있게 기다리면 그에 상응하는 초대를 맛볼 수 있다.

실험 초기엔 말하고 싶은 충동이 목까지 차오르는 느낌을 받기도 할 것이다. 이는 마치 금단증상을 겪는 사람처럼 불편하게 느껴진다. 처음 2~3일 간이 정말 힘들다. 인정받고 싶고, 사람들에게 도움이 되고 싶은 마음에 가만히 있을 수가 없는 것이다.

그러나 결코 초대 없이 말해선 안된다. '프로젝터'의 아우라가 이미 많은 말을 하고 있기 때문이다. '프로젝터'는 뭔가를 보고 있고, 또 알고 있다. 그리고 이 느낌은 상대에게 일상적이지 않은 특별한 느낌을 준다. 설령 그들이 당신을 초대하지 않는다 하더라도 말이다.

주변 사람들은 '프로젝터'의 아우라를 통해 이들이 자신과 다른 종류의 사람이라는 사실을 알고 있는 경우가 많다. 초대 없이 말하는 '프로젝터'는 상대를 날카로운 도구로 쿡 찌르는 듯한 불편한 느낌을 줄 수 있다. 그러니 초대를 유발하려 애쓰는 대신 초대를 기다려 보라. '침묵'을 지키는 것만으로도 기존에 없던 '인정'을 받는 경우가 생기게 될 것이다.

'프로젝터'의 관통하는 식별력은 '제너레이터'의 삶에 매우 중요한 역할을 한다. '제너레이터'는 자신이 누구인지 알기 위해 질문을 받아야 하는 존재이기 때문에, 다른 이의 삶에 관심이 있고, 중요한 질문을 던지도록 디자인되어 있는 프로젝터보다 더 좋은 파트너는 없다.(실제로 '제너레이터'와 '프로젝터'는 중요한 파트너십 관계다.) '제너레이터'는 에너지를 제공하고, '프로젝터'는 에너지에 대한 가이드를 제공하기 때문이다. '프로젝터'는 일하기 위해 태어난 사람이 아니기 때문에, 이 같은 파트너십 관계를 형성하는 것은 '프로젝터'의 삶에도 매우 큰 도움이 된다.

'프로젝터' 자녀를 둔 부모라면, 아이들이 어린 시절부터 자신의 앎을 나눌 수 있도록 기회를 주어야 한다. 그리고 바른 질문을 던지거나, 바른 통찰을 말할 때 칭찬해 주고, 인정해 주라. 이들에게 올바른 인정과 칭찬보다 더 가치있는 일은 없다. '올바른 인정'은 이들 삶의 궁극적인 목표이자 삶의 지향점이기 때문이다.

'프로젝터'는 인생에서 굵직한 비중을 가진 모든 상황으로 초대받는다. 연애, 결혼, 거주지, 비즈니스 경력, 파트너십 등 모든 면에서 '프로젝터'는 초대를 받도록 되어 있다. 초대 없이 들어가면 결국 자신을 있는 그대로 인정하지 않는 사람들과 함께 있게 되고, 자신을 바르게 인정해 주지 않는다는 느낌을 받을 때 '쓴맛'을 느끼며 고통받게 된다. 쓴맛은 인정의 결여에서 오는 '프로젝터'의 '비자아' 테마로, 쓴맛을 느끼는 프로젝터는 삶의 참 맛을 잃게 된다. '프로젝터'는 '올바른 사람right people'들로부터 '올바른 인정right recognition'을 받아야만 한다.

'프로젝터'의 삶은 자신과 함께 있는 사람들이 어떤 사람인가에 따라 달라진다. 주위에 올바른 사람이 없다면, 결코 자신의 삶을 살 수 없을 것이다.

▌프로젝터의 성공을 위한 지침

프로젝터의 가장 큰 적은 '값싼 인정'이다. 인정에 궁한 사람이기에, 누구든 어떤 식으로라도 인정을 베풀면 코가 꿰이기 십상인 것이다. '현실 안주'는 프로젝터의 가장 큰 적이다.

할 수만 있다면 '프로젝터'는 되도록 젊을 때부터 휴먼 디자인을 알아야 한다. 다른 타입들과 달리 자신의 삶을 성취할 수 있게 되기까지 요구되는 시간이 너무 길기 때문이다. '프로젝터'는 적어도 7년을 준비해야 하며, 이를 통해 주변에 알려지고, 공식적인 초대가 일어날 환경을 조성해야 한다. 무엇보다 탁월한 통찰력과 분별력, 그리고 가이드하는 능력으로 세상에 알려져야 한다. 이를 위해 자신의 삶이 사람들에게 알려질 수 있도록 허용할 필요가 있다. 블로그나 소셜 미디어를 통해 자신을 노출시키는 것도 한 예가 될 수 있을 것이다.

'프로젝터'는 타인을 통해 자신을 알게 되는 사람이기 때문에 인간 본성에 대한 깊은 연구를 하는 것이 큰 도움이 된다. 사람들을 이해하고 연구하는 과정 중에 자신에 대해서도 많은 것을 알게 된다.

당신이 '프로젝터'라면, 일상의 초대를 기다리는 연습부터 시작하라. 충분히 오랫동안 침묵할 수 있다면 반대로 침묵이 편하게 느껴지는 순간도 올 것이다. 침묵이 편해지기 시작하면 다른 이들도 '프로젝터'의 존재를 고맙게 여기기 시작한다. '프로젝터'의 아우라를 존중받게 될 뿐 아니라, 특별한 인식이 필요할 때 이들의 조언을 구하는 사람들도 늘어나게 된다. 이때 '프로젝터'가 제공하는 질문과 조언은 다른 사람의 삶을 변화시킬 만큼 큰 통찰을 주는 경우가 많다. '프로젝터'는 이 같은 방식으로 자신의 가치와 몸값을 높일 수 있다. 그러나 올바른 때에, 올바른 장소에 있지 않으면 이런 식의 초대는 들어오지 않을 것이다.

자신의 메커니즘을 존중하고, 흐름에 따른 삶을 산다면 자신을
존중하는 사람들을 만나게 될 뿐 아니라, 기다리고 침묵함으로써
자신의 참된 본성을 드러낼 기회를 갖게 될 것이다. 만약 오랜 침묵
에도 아무런 질문이나 인정이 오지 않는다면, 아마도 당신에게 올
바르지 않은 사람들이거나, 어쩌면 당신에게 더 많은 훈련이 필요한
것일 수도 있다. 관계를 맺고 끊음에 있어 '내부권위'를 따른다면 결
국 당신에게 올바른 사람들과 만나게 될 것이다.

▧ 프로젝터가 알아야 할 진실

'프로젝터'는 '올바른 인정'을 통해 '성공'을 맛보는 존재로 디자인되었
다. 그러나 이러한 '성공'은 사람들이 흔히 생각하는 의미의 그런 성공
이 아니다. '프로젝터'의 성공은 오직 '올바른 사람'들을 통해 '올바른
초대'가 있을 때만 경험될 수 있는 것이기 때문이다. 세상 누구도 '돈'
과 '성공'을 위해 살게 되어 있지 않다는 사실을 기억하기 바란다. '프
로젝터'가 단순히 사회적 성공에만 집착하고 있다면 그는 이미 '비자
아'적 삶에 빠진 것이다.

아무리 유명하고, 아무리 돈이 많아도 올바른 사람들이 곁에
없다면 '프로젝터'는 결코 행복할 수 없다. 조디 포스터 Jodie Foster가
2013년 골든 글로브 시상식장에서 발표한 수상 소감을 들어보면 이
말의 의미를 이해할 수 있다.(그녀는 감정 정의 프로젝터다.)

"나는 이 자리에 있었고, 지금도 여전히 살아 숨쉬고 있습니

다. 나는 사람들의 관심을 받기 원하며, 깊이 이해받기를 원합니다. 외로운 삶은 원치 않습니다.(Jodie Foster was here. I still am, and I wanna be seen, to be understood deeply, and to be not so very lonely.)"

그녀의 수상 소감이 발표된 직후, 여러 네티즌들은 조디 포스터의 이 같은 수상 소감을 이해할 수 없다는 반응을 보였다. 누구보다 방송을 오래 했고, 세계적으로 유명한 배우이며 돈도 많은 그녀가 왜 이런 말을 했을까? 사람들은 이해할 수 없었다.

그러나 만약 당신이 '프로젝터'라면 이 말이 무엇을 의미하는지 굳이 설명하지 않아도 알 수 있을 것이다. '프로젝터'는 올바른 사람들 없이는 결코 행복을 느끼지 못한다. 조디 포스터의 '쓴맛'은 그녀만의 전유물이 아닐 것이다. 초대 없이 살고, '인정에 갈급한needy' 프로젝터의 삶은 고달프고, 쓰다.

대부분의 '프로젝터'는 사람들 속에 있어도 여전히 외로움을 느낀다. 자신을 진정으로 이해하는 사람들이 없고, 누구도 자신의 가치를 알아보지 못한다 느끼기 때문이다. '프로젝터'는 자신의 가치를 알아보고, 자신을 바르게 인정해 주는 사람들을 찾는다. 그리고 이것이 '프로젝터' 삶의 전부다. '프로젝터'는 올바른 인정과 초대를 통해 진정한 성공을 맛봐야 하는 존재다.

이들은 날 때부터 무언가를 보도록 디자인되어 있지만 일관되게 에너지를 쓸 수 있는 디자인이 아니므로, 자신의 본성을 이해하고 수용하는 사람들과 함께 있어야 한다. 하루 종일 에너지를 쓰라고 강요하는 사람은 '프로젝터'에게 적합한 사람이 아니다.

리플렉터,
환경의 감시자

▓ 리플렉터의 본성

'리플렉터reflector'는 본성상 매우 독특하고 희귀한 존재로, 누구나 이들을 만나면 이 세상 사람들과는 다른 느낌을 받는다. 또한, 그들 스스로도 자신은 세상 사람들과 다른 존재라고 느낀다.

'리플렉터'의 아우라는 '샘플을 채취하고sampling', '저항resistant'한다. 그래서 사람들을 만나면 그들의 특성을 감지하고, 식별한다. 한편으론, 다른 이들로부터 오는 조건화에 저항하는 특징을 가지고 있다.

다음에서 볼 수 있는 바와 같이 리플렉터의 차트엔 정의된 센터가 없다. 모든 센터가 '미정'이다. 그래서 이들은 자신만의 고유한 정체성을 갖지도(G센터 미정), 확고한 신념이나 고정관념을 갖고 살지도 않는다(아즈나 센터 미정). 이들은 자신을 주장하지 않으며, 동시에 사람들로부터 지나치게 영향을 받으려 하지도 않는다. 그래서

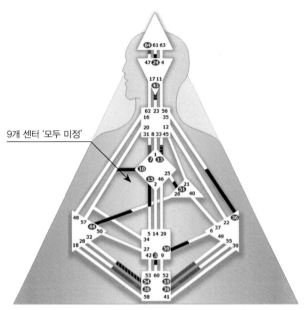

9개 센터 '모두 미정'

이미지. 리플렉터가 되는 원리

정말 다르게 보인다.

　한편 '리플렉터'는 '반영자'의 본성을 갖는다. 이들은 우리가 세상을 살면서 만날 수 있는 삶의 경이 중 하나다. 9개 센터가 모두 '미정'이기 때문에 한편으론 '투명인간' 같은 느낌을 주며, 다른 한편으론 '인간 거울' 같은 느낌을 주기도 한다. 희한하게도 이들과 대화를 나누는 사람은 마치 또다른 자신을 마주 대하고 있는 듯한 느낌을 받는다. '내가 나와 대화하고 있는 느낌'은 '리플렉터'와 함께 있을 때 겪게 되는 놀라운 경험 중 하나다.

　'리플렉터'는 자신과 마주하고 있는 사람의 디자인을 증폭시키므로, 상대의 건강 상태에 따라 더 좋은 모습을 보여주거나, 더 나쁜 모습을 보여줄 수 있다. 문자 그대로 '증폭기'와 같은 존재이기 때문에 이들을 통해 공동체의 성숙도를 판별할 수도 있다. 이들은 인간 리트머스 용지와 같은 존재이므로, 이들의 가치를 알고 존중하면 그 어떤 방식으로도 얻을 수 없는 특별한 유익을 얻을 수 있다. 이들은 공동체의 성장 가능성에 대단히 민감하다!

이미지. 리플렉터 아우라

'리플렉터' 주위엔 생각보다 친구가 많다. 그럼에도 불구하고, 이들은 자신이 이방인이라고 느낀다. 달라도 너무 다른 사람이기 때문이다. 때로 자신을 정신이상자로까지 여기는 경우도 있다. 이들은 종종 극도의 외로움을 호소하며 절망스런 느낌으로 살아간다. 휴먼 디자인이 아니라면 이들의 존재를 알 수 있는 방법도, 이들을 이해할 수 있는 방법도 없을 것이다.

이들은 '반영자'이며, 변화의 폭이 큰 사람들로서 종종 '천의 얼굴'

리플렉터를 위한 달 순환 패턴

날짜	시간	관문	정의
20.10.2006	22:00	57	리플렉터 – 정의 센터 없음
21.10.2006	16:53	32	리플렉터 – 정의 센터 없음
22.10.2006	0:24	50	제너레이터 – 천골 – 비장
23.10.2006	06:11	1	리플렉터 – 정의 센터 없음
23.10.2006	19:04	43	프로젝터 – 아즈나 – 목
24.10.2006	09:40	14	리플렉터 – 정의 센터 없음
24.10.2006	22:21	34	제너레이터 – 천골 – 비장
25.10.2006	7:21	9	제너레이터 – 천골 – 뿌리
25.10.2006	16:17	5	제너레이터 – G – 천골
26.10.2006	8:14	26	리플렉터 – 정의 센터 없음
26.10.2006	10:00	11	프로젝터 – 아즈나 – 목
26.10.2006	20:31	10	프로젝터 – G – 비장
27.10.2006	6:57	58	프로젝터 – 비장 – 뿌리
27.10.2006	19:01	38	프로젝터 – 비장 – 뿌리
28.10.2006	15:26	61	리플렉터 – 정의 센터 없음

이미지. 트랜짓에 따른 리플렉터의 변성 차트(Living Your Design에서 인용)

을 가진 사람처럼 여겨지기도 한다. '리플렉터' 타입의 연기자들을 보면 이 사실을 쉽게 이해할 수 있다. 이들은 자신만의 정체성을 갖지 않기 때문에, 자신이 누구인지를 알고 싶어하며, 이런 이유로 결혼을 하고 자녀를 낳으려 하기도 한다.(자녀들의 디자인을 통해 자신을 알고 싶어한다는 뜻이다.)

한편 '리플렉터' 자녀를 둔 부모는 종종 "아이 때문에 미칠 것 같다."며 고통을 호소하기도 한다. '리플렉터'의 디자인이 그 날의 *트랜짓transit'에 따라 달라지기 때문이다.

겉으로 보기에 이들의 타입은 일정치 않아 보인다. '트랜짓'에 따라 어떤 날은 '메니페스터'처럼 보이거나, 또 어떤 날은 '프로젝터'처럼 보일 수 있기 때문이다.('리플렉터'의 실제 타입이 바뀌는 것은 아니다. 그러나 특정 디자인이 활성화될 때마다 마치 다른 존재가 된 듯한 느낌을 받게 된다.) 이러한 사실은 본인 자신에게나, 주변 사람들에게 납득하기 쉬운 부분이 아니다. 다시말해 이들이 자신의 작동 메커니즘을 이해하지 못한다면 삶에 대단한 혼란이 생길 수 있다. 당신이 '리플렉터' 자녀를 가진 부모라면 이 같은 자녀를 어떤 식으로 이해할 수 있겠는가?

이들의 질문은 '나는 누구인가?'가 아니다. 이들은 자신을 별로 알고 싶어하지 않는다. 이들이 정말로 관심을 가지는 이슈는 '오늘의 나는 누구인가?(What am I, today?)'다. '오늘 내가 누구인가?', '오늘 나는 어떤 존재인가?'를 아는 것이 이들 삶에 가장 큰 화두이자 삶의 목표가 된다.

▌ 리플렉터 전략

'리플렉터'는 나머지 세 타입과 작동 메커니즘이 다르다. 이들은 지구 상에 존재하는 포유류 등과 같이 달의 주기의 영향을 받는 존재로 디자인되었다. 우리는 이미 달의 주기가 인간의 삶에 미치는 영향을 알고 있다. 인류는 오랜 시간 동안 음력을 사용해 왔을 뿐 아니라, 월요일을 Monday(moon's day)라 부를 정도로 깊은 애착을 가지고 있다. 또한, 달의 주기가 범죄율과 생리주기 등에 미치는 영향도 이미 보고된 바 있다.

'리플렉터'는 달의 순환 에너지에 영향을 받도록 디자인되어 있기 때문에, 무엇이 되었든 곧바로 결정을 내리는 것이 불가능하다. '리플렉터'는 모든 센터가 미정이고, 어떤 인식 기능도 고정적이지 않기 때문에 홀로 인식을 얻거나 결정을 내릴 수가 없다.

'리플렉터'를 포함, G센터 '미정'인 사람들에게는 '장소'가 절대적으로 중요하다. '올바른 장소'에 있지 않으면 자신의 삶을 살 수도, 사람들과 올바른 관계를 맺을 수도 없다. 쉽게 말해, 삶이 제대로 풀리지 않는다. 그러므로 G센터 '미정'인 '리플렉터'는 어디에 살든, 누구를 만나든 자신에게 좋은 느낌을 주는 장소를 식별하고, 이를 고수해야 한다. 누군가 자신을 올바르지 못한 장소로 계속 이끈다면 십중팔구 그는 당신에게 올바른 사람이 아닐 것이다.

모든 G센터 '미정'인 사람들은 사는 곳의 위치에 있어 느낌이 좋은 곳을 택해야 한다. 직장이나 그 밖의 장소들 또한 마찬가지다. 이것이 삶의 비결이고, 또 전부나 다름없다. 한편으로, G센터 '미정'은 자신 홀로 '방향', '정체성', '사랑'을 찾으러 다닐 수 없는 존재이기 때문에, 다른 이들의 가이드를 통해 자신에게 좋은 느낌을 주는 장소를 분별해야 한다.

이들은 좋은 느낌을 주는 장소에서 사람들을 만나야 하며, 이 같은 방식으로 맺어진 신뢰할 수 있는 사람들과 대화를 나누며 약 28일을 기다려야 한다. 그러면 달의 순환이 끝나는 시점(달이 64개의 관문 모두를 한 바퀴 돌고난 시점)에 모종의 인식을 얻게 되고, 자신이 어떤 결정을 내려야 하는지 알게 된다.(때로는 더 많은 시간이 필요할 수도 있다.)

▨ 리플렉터가 꼭 알아야 할 진실

'리플렉터'는 이상한 사람이 아니다. 그러나 이들은 자신을 정신이상자나 사회 부적응자처럼 여기곤 한다. '리플렉터'는 자신과 같은 사람을 만날 가능성이 매우 낮기 때문에 일반 사람들과는 다른 종류의 외로움을 느낀다. 자신을 알고 싶어 배우가 되려는 경우가 적지 않고, 사진을 통해 세상을 반영시키려 하기도 한다. 이들이 촬영하는 사진의 구도나 대상은 일반적인 사람들의 그것과 많이 다르다. 사진 자체에 비범한 메시지가 담겨 있는 경우도 많다.(필자가 아는 어느 '리플렉터'는 아마추어 사진작가임에도 불구하고, 초청을 받아 프랑스 파리에서 세계 유수의 작가들과 더불어 사진전을 열었다.)

이들의 고유한 역할은 세상의 현재 상태, 현 수준을 반영시키는 것이다. 마치 광산의 카나리아 새처럼 말이다. 사회가 보다 성숙해진다면 이들의 존재 가치는 더욱 커질 것이다.

이들은 어떤 면에서 22세기적인 리더의 모습이라 부를 만하다. 사회가 건강하고, 투명해질수록 '리플렉터'는 인간 공동체에서 중심적인 역할을 수행할 것이다.

---

* '트랜짓'은 '오늘의 날씨'와 같다. 하루 하루 그 날의 날씨가 바뀌듯, '뉴트리노neutrino'를 통해 전달되는 조건화의 영향도 달라진다. '트랜짓'과 '리플렉터'의 차트를 합치면 매일의 변화를 추적할 수 있다.

아우라aura는
정말로 존재하는가?

휴먼 디자인에서 말하는 각각의 '타입type'은 각기 다른 고유한 '아우라 aura'를 뜻한다. '아우라'는 우리 말로 '기氣' 정도로 표현될 수 있는데, '저 사람 기운이 범상치 않아.'와 같은 표현에 이런 의미가 잘 드러나 있다.

동양적 전통에서 '기氣'는 생명의 실체를 이루는 중요한 요소다. 동양의학의 뼈대라 할 수 있는, '정精' - '기氣' - '신神'은 '보이지 않는' 차 원이 '보이는' 차원에 미치는 영향을 설명한다. 즉, 보이는 세계에서 일어나는 일과 보이지 않는 세계에서 일어나는 일은 서로 영향을 미친다.

아우라 특질은 처음엔 생소하고 미심쩍으며, 불변의 법칙처럼 느 껴지지 않을 수 있다. 그러나 사례가 쌓이면 쌓일수록, 심리적 측면 (자기달성 예언처럼, A라 믿기 때문에 A가 된다는 생각)만으로는 파악할 수 없는 삶의 보편적 특징들이 드러난다. 네 가지 타입이 그렇다.

'제너레이터'의 아우라는 '열려 있고open', '포용한다enveloping'. 다시 말해 주변 사람들을 감싸 안는다. 반면, '메니페스터'의 아우라는 정확히 반대의 성질을 가진다. 이들의 아우라는 '닫혀 있고colsed', '내어쫓는다repelling'. 우리는 반복적인 실험을 통해 점차 이 차이를 분명하게 느낄 수 있다.

'메니페스터'가 아무리 친절하고 사려깊게 사람들을 대한다 하더라도 '메니페스터'는 편한 존재가 아니다. 메커니즘이 그렇게 작동하고 있기 때문이다. 정말 그러한지 확인하고 싶다면 기회있을 때 하루 동안 '메니페스터' 친구와 함께 있어 보라. 한적한 공원 어딘가에 '메니페스터'와 단 둘이 있어 보는 것도 좋을 것이다. 편하지 않다는 말이 무슨 뜻인지, 당신도 곧 알게 될 것이다.

'메니페스터'에게서 따뜻한 느낌, 배려심이 느껴지는 경우도 많을 것이다. 37번 '우정friendship' 관문은 가장 공동체적이고 가장 따뜻하다. 두 팔 벌려 사람을 안아주는 관문이다. 그리고 22번 '열려 있음openness' 관문은 자비롭고, 또 들을 준비가 되어 있다. 다른 사람의 감정을 강화시켜 주기도 한다. 27번 '돌봄caring' 관문은 사람들을 돕고자 한다. 신뢰감을 주며, 이타적이다. '메니페스터'에게 이런 관문들이 정의되어 있다면 따뜻하고, 열려 있는 느낌이 함께 묻어날 수도 있다.

그럼에도 불구하고, 메니페스터의 '내쫓는repelling' 아우라는 결코 사라지지 않는다. 이것은 훈련이나 마인드 컨트롤로 극복할 수 있는 대상이 아니다. 그리고 문제가 아니므로 고칠 것도 없다. 이 점을 분명히 기억해 두기 바란다.

한편, 아우라의 형태는 고정적이지 않다not fixed. 생동하는 에너지로써, 주변 사람들의 아우라로부터 항상 영향을 받는다. 그래서 '메니페스터'와 함께 있는 '제너레이터'의 아우라는 압축되는 느낌을 받는다. 어떤 힘에 밀려 물러나는 느낌이 들기도 할 것이다. 당신이 '메니페스터'에게 다가가면, 당신의 아우라가 밀리는 느낌을 받을 것이다. 경우에 따라 자리에서 한 발 물러나게 되거나, 마주보는 자세를 비틀기도 할 것이다.

'메니페스터' 아이를 낳은 산모라면, 이 느낌을 더욱 잘 알고 있을 것이다. 갓 태어난 아이는 조건화되지 않았고, 말도 하지 못한다. 생각도 없다. 어떤 심리적 효과가 작용하기 어려운 대상임이 분명하다.

'메니페스터' 아이를 낳은 엄마는 어떤 비범한 힘을 느낀다. 아이를 품에 안고 있지만, 아이가 자신을 밀쳐 내고 있는 듯한 느낌이 드는 것이다. 내가 낳은 자식임에도 편치 않은 느낌이 든다. 만약 집안에 '제너레이터' 아이와 '메니페스터' 아이가 모두 있다면 이를 더 잘 식별할 수 있을 것이다. '제너레이터' 아이와 단 둘이 있을 때와, '메니페스터' 아이와 단 둘이 있을 때의 느낌은 전혀 다르다. 45-21 채널(전제군주의 리더십 채널)이 정의된 메니페스터라면, 말을 떼기 시작하면서부터 자신의 것과 부모의 것, 그리고 친구의 것을 구분하기 시작하고 경계를 긋기 시작한다. 때로 손가락질을 하며 무언가를 지시하거나, 가르치려 들 수도 있을 것이다.

21번 '사냥꾼the hunter/huntress' 관문이 정의된 엄마는 45번 '모으는 자

the gatherer' 관문이 정의된 아들의 지배를 받을 수도 있다. 아우라는 거짓말을 하지 않는다. 아우라 특질은 사람들의 삶을 실제로 지배할 뿐 아니라 평생 불변하는 영향을 미친다.

의사결정 메커니즘,
내부권위
inner authority

휴먼 디자인에서 가장 중요한 것이 무엇이냐고 묻는다면, 그 답은 언제나 '전략strategy'과 '내부권위inner authority'가 될 것이다. '전략'과 '내부권위'를 빼고 휴먼 디자인에 대해 이야기할 수 있는 것은 아무것도 없으며, '전략'과 '내부권위'를 따라 사는 것 외엔 자신의 삶을 되찾을 다른 어떤 방법도 존재하지 않는다.

'전략strategy'은 '타입type'에서 나온다. '타입'은 '아우라' 특질을 의미하므로, 결국엔 아우라의 성질이 전략을 낳는다고 말할 수 있다. '메니페스터'는 자신의 의도를 '알려야to inform' 하고, '제너레이터'는 '반응하는to respond' 삶을 살아야 한다. '프로젝터'는 '초대를 기다려야wait for the invitation' 한다. 그리고 '리플렉터'는 '약 28일을 기다려야wait for 28days' 한다.

'내부권위inner authority'는 의사결정 시스템을 통칭하는 표현이다. '내부권위'는 한 사람이 자신으로 존재할 수 있게 해주고, 자신다운 의

사결정을 내릴 수 있게 해 주는 유일하게 신뢰할 수 있는 메커니즘이다. 삶이 본성대로 펼쳐지느냐, 그렇지 않으냐의 차이는 오직 '전략strategy'과 '내부권위inner authority'에 달려 있다.

'내부권위'에는 '감정', '천골', '비장', '심장', 'G' 이렇게 총 다섯 가지 종류가 존재한다. 그리고 나열된 순서대로 권위의 위계가 결정된다.(아래 이미지 참조) 그러므로 누군가의 차트에 감정이 '정의'되어 있다면 이 사람의 '내부권위'는 언제나 감정이 된다. 만약 감정이 '미정'이고, 천골이 '정의'라면 이 사람의 '내부권위'는 언제나 천골이다.

감정 - 천골 - 비장 - 심장 - G

이 외에도 '내부권위'가 존재하지 않는 '정신적 프로젝터mental projector'와 '리플렉터'가 있다. 이들은 앞의 다섯 가지 종류의 사람들과 달리 '내부권위'를 갖지 않는다. 그러나 '내부권위'가 없는 이들의 사례는 좀 더 깊고 맥락적인 이해가 요구되므로, 본문에서는 인류의 절대 다수를 차지하는 핵심 메커니즘 3가지를 소개할 것이다. 바로 '감정'과 '천골'과 '비장'이다.

'감정', '천골', '비장' 이 3가지 '내부권위' 메커니즘은 전체의 95%나 된다. '감정 권위'는 전체의 50%를 차지하며, '천골 권위'는 35% 정도를 차지한다. 그리고 '비장 권위'인 사람은 전체 인구의 약 10% 가량 된다.

감정 권위

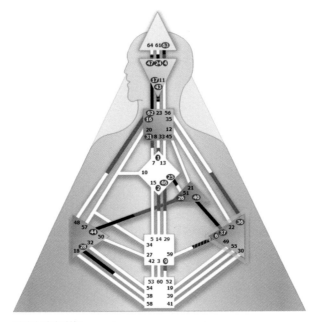

이미지. 감정 권위

감정이 '정의'된 사람들은 언제나 '감정 권위'를 가진다. 그리고 감정이 '정의'되면 센터를 '정의'시키는 채널이 '의식(검은색)'이든, '무의식(빨간색)'이든 언제나 감정 파동이 만들어진다. 이는 상대적으로 잘 감지되지 않는 감정파형(59-6 '짝짓기' 채널)을 만들기도 하지만, 어떤 경우든 감정이 '정의'된 사람들은 태어나는 순간부터 죽는 그 날까지 매일 하루도 빠짐없이 감정의 고저를 경험하게 되어 있다.

감정 '정의'에게 중요한 사실이 하나 있는데, 이들은 즉흥적으로 의사결정을 내리는 사람이 아니라는 것이다. 즉, '현재에는 진실이

없다.'

인류 역사를 돌이켜 보면 많은 현인들, 소위 깨달은 자라 불리는 사람들은 항상 현존을 강조해 왔다. 현재에 머물고, 현재의 느낌을 따르고, 현재를 놓치지 말라고 한다. 영화 <죽은 시인의 사회>에 등장하는 'Carpe Diem'이란 말도 같은 의미를 지니고 있다. '지금 이 순간을 살아라.'는 이들의 주된 가르침이었고, 이렇게 할 때 자신으로 존재할 수 있다고 말해 왔다.

그러나 휴먼 디자인이 말해 주는 인간의 본성을 생각해 보라. 자그마치 인류의 절반이 감정 '정의'다. 이들의 감정은 하루 종일 오르락 내리락 하면서 감정 상태의 변화를 만든다. 그리고 이 감정의 변화는 그때 그때 다른 느낌을 만들어 낸다. 그러니 생각해 보라. 계속 느낌이 변한다면 어찌 당시의 결정을 신뢰할 수 있겠는가? 때문에 감정이 '정의'된 사람들은 현재의 인식을 바탕으로 의사결정을 내릴 수 없다. 좀 더 정확히 말하자면, 감정 '정의'에게 '현재present'는 아무런 '인식awareness'을 주지 않는다!

그러므로 '즉흥적으로' 뭔가를 시작하거나, '기분이 바뀔 때마다' 결정을 바꾸면 시간이 흐른 뒤 큰 감정적 고통을 느낄 수밖에 없다. 많은 감정 '정의'가 감정 상태에 따라 결정을 번복하거나, 충동적으로 결정을 내리는 패턴을 가지고 있다. 감정 '정의'가 인식을 기다리지 않고, 충동적으로 뛰어들면 언제나 후회를 경험한다.

감정 '정의'에게 있어 위, 아래로 움직이는 파동은 '인식'과는 아무 관계가 없다. '인식'은 감정 파동을 한 바퀴 돌고 난 다음에 온다. 순간의 느낌은 '인식'이 아닌 '전망perspective'을 제공할 뿐이다. 이는 마치, 엘리베이터를 타고 각기 다른 층의 전망을 감상하는 것과도 같다. 23층에서 바라본 대상과, 3층에서, 그리고 지하 5층에서 바라본 대상의 느낌은 서로 다를 수밖에 없다. 파도 위에 떠있는 작은 배를 생각해 봐도 좋을 것이다. 출렁이는 파도 위에서는 대상을 바르게 인식하기가 어렵다.

'감정 권위'인 많은 사람들이 이 말의 의미를 바로 알아차린다. 자신의 본성에 부합하는 설명이기 때문이다. '지금 이 순간' 뭔가를 한다는 것은 절대로 기쁜 일이 아니다. 감정 '정의'인 사람들은 타입과 관계없이, 기다리는 법을 배워야 한다.

이 사실은 '메니페스터'나 '현시 제너레이터'와 같이 속도가 빠른 디자인에도 해당된다. 감정 '정의'가 즉흥적으로 살면, 그 즉흥성이 자신을 죽일 수도 있다. 오직 기다림만이 자신에게 올바른 것이 무엇인지를 알려줄 수 있고, 또 그래야만 자신의 삶이 본성대로 펼쳐지는 것을 볼 수 있다.

이들이 기다림을 통해 얻게 되는 것은 '명료함clarity'이다. '명료함'은 '확실함certainty'과는 다르다. 파동의 속성상 무엇을 100% 확실하게 인식하는 일은 가능하지 않다. 시간이 지나 인식이 오면 그건 언제나 60~70% 수준의 '명료함'일 뿐 결코 100%가 되는 일은 없다. 그러나 사라져 버리는 일도 없다. 일단 '명료함'이 생기고 나면 더 이상 명료함의 대상이 바뀌지 않는다.

예를 들어, 여행을 가야 할지 말아야 할지 고민하는 사람이 있다고 생각해 보자. 처음엔 여행을 가고 싶다가도, 시간이 흘러 파동이 변하면 느낌도 달라진다. 이번에는 여행을 가고 싶지가 않다. 그런데 다음 날 아침, 다시 여행을 가고 싶다는 느낌이 든다. 그런데 하루가 가고, 이틀이 지나도 여전히 여행을 가야겠다는 느낌이 지속된다.

이렇게 시간이 흐른 뒤에도 느낌이 지속되면 '명료함'이 무엇인지 알게 된다. 여전히 두렵다면 더 기다려볼 수도 있다. '감정 권위'의 좋은 점은 한번 명료함이 생기고 나면 더 이상 바뀌는 일이 없다는 데 있다. 만약 여전히 이쪽 저쪽으로 움직이고 있다면, 그건 아직 명료함을 얻지 못한 것이다. 그때는 섣불리 행동으로 옮기는 대신, '명료함'이 올 때까지 더 기다려야 한다.

감정 '정의'에게 '명료함'이 생긴다는 것에는 또 다른 의미가 있다. 바로 '깊이depth'가 생긴다는 것이다. 그래서 감정 '정의'에겐 시간이 동맹군이다. 기다리면 기다릴수록 새로운 전망들이 추가되고, 대상에 대한 더 깊이 있는 인식이 생기기 때문이다. 만약 어떤 일이 정말 당신을 위한 일이라면, 기다리면 기다릴수록 더 깊은 인식을 얻게 될 뿐 아니라, 기회 또한 사라지지 않는다. 만약 당신을 원하는 사람이 있다면, '명료함'을 기다리며 상황을 지켜보고, 또 지켜보라. 새로운 관계로 들어가기 전, 한 달 정도를 지켜본다면 관계맺음에 있어 후회는 없을 것이다. 마찬가지로 관계를 정리해야 할 때도 '명료함'을 기다리라. '명료함'은 자신과 상대 모두에게 실제로 어떤 힘을 느끼게 해 준다. 반대로 '명료함'이 없는 상태에서 행동을 취하면 힘을 잃는다. 믿지 말고, 실험해 보라. 당신이 감정 '정의'라면 이 말의 진가를 곧 확인하게 될 것이다.

그러나 '감정 정의 제너레이터'라면 상황이 조금 다르다. 이때는 추가로 한 가지를 더 고려해야 한다. '제너레이터'의 전략은 '반응하기'이므로, 명료함을 기다리기 전에 먼저 질문이나 요청을 받아야 한다. 이 순서가 바뀌면 안된다. '제너레이터'의 천골 센터는 막강한 에너지를 가지고 있지만, 이 에너지를 어떻게 써야 할지는 자신도 알지 못한다. 그러므로 '질문'이나 '요청'을 기다리라. 질문이 없다면 다른 이들에게 질문을 해 달라고 요청할 수도 있다. 먼저 질문을 받으라. 그리고 명료함을 기다려야 한다. 의사결정의 순간에 필요한 질문은 언제나 ○× 퀴즈와 같이 폐쇄형 질문의 형태를 띠어야 한다는 사실도 잊지 말길 바란다.

만약 당신이 '메니페스터'라면, 고유의 메커니즘 때문에 말하거나 생각한 바를 빠르게 실행에 옮기고자 할 것이다. 그러나 감정 '메니페스터'는 절대로 '명료함' 없이 행동해서는 안된다. '감정 메니페스터'가 '명료함' 없이 시작하면, 자신은 분노하고, 사람들은 두려움에 떨게 된다. '명료함'을 기다리지 않는 '감정 메니페스터' 주위엔 그들과 거리를 두고 싶어하는 많은 사람들이 존재하며, 그들 중 일부는 이 '메니페스터'에게 어떤 식으로든 앙갚음을 하려 할 것이다. 비자아 '메니페스터'의 가장 큰 적은 노년이다. 바르게 살지 않으면 노년에 친구가 없을 수 있다.

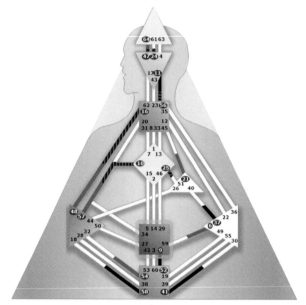

이미지. 천골 권위

'감정 센터'가 정의되지 않은 모든 '제너레이터'는 항상 '천골 센터'를 내부권위로 가진다. 즉, '천골 센터'의 '반응'이 자신의 고유한 의사결정 메커니즘이라는 얘기다.

2부 제너레이터 편에서 언급한 바와 같이, 천골 센터가 '정의'되면 언제나 '제너레이터'가 된다. '제너레이터'가 된다는 건, 일을 하기 위한 천골의 에너지를 갖는다는 의미이고, 막대한 천골 에너지는 항상 쓰여지기를 원한다. 이 에너지는 너무도 강력하기에 '제너레이터'를 항상 움직이게 만든다. 당신이 '제너레이터'라면, 매일 매일 이 에너지를 바르게 고갈시킬 때만 행복한 삶을 살 수 있다. 그렇지 않으면 보잘것없는 일에 삶을 허비하게 될 것이다.

'감정 권위 제너레이터'와 달리, '천골 권위 제너레이터'는 질문과 요청에 따라 순간순간 의사결정을 내릴 수 있다.(의사결정을 내린다기보다는 내면의 느낌을 통해 무엇이 올바른지 알게 된다고 말하는 편이 더 나을 것이다.) 감정 '미정' 제너레이터는 질문을 받을 때마다 어떤 소리를 경험하거나, 내적인 느낌을 얻게 된다. 질문이나 요청이 오면 '어허!'('예'라는 의미), '음음'('아니오'라는 의미)과 같은 소리가 나타나며, 그 반응 양상에 따라 에너지 가용 여부에 대해 알게 된다. 때로 '천골의 소리sacral sound'가 나오지 않고, 복부 쪽에서 미묘한 느낌들만 감지될 수도 있다. 어떤 경우든, 당신에게 의미있는 일이라면 이를 위한 충분한 에너지가 느껴질 뿐 아니라, 만족스럽게 에너지를 쓸 수 있게 될 것이다. 그러나 아무 느낌이 없음에도 불구하고 무언가를 임의로 시작하려 한다면 에너지의 움직임이 편치 않거나, 불만족스러운 느낌이 들 것이다.(천골의 느낌이 없을 때, 종종 발이 잘 떨어지지 않는 느낌이 든다. 그리고 이를 무시하면 언제나 좌절을 겪는다.) 어떤 면에선 노예처럼 이용당하고 있다는 느낌이 들 수도 있다.

그러나 '제너레이터'는 만족스러운 삶을 살기 위해 이 세상에 태어났다. 반응을 따라 살고, 만족을 누리고, 올바른 일을 함으로써 해당 분야의 '장인master'이 되는 것이 바로 '제너레이터'의 삶이다. 다시 말해, 반응을 따라 산다면 좌절할 일도, 일자리를 빼앗길 염려도 없다. 진정한 고통은 일자리가 줄어드는데 있는 것이 아니라 '제너레이터'가 반응을 따라 살지 않는데 있다. 자신대로 살면 만족스러운 삶을 살 수 있고 불투명한 미래를 헤쳐나갈 힘을 얻게 된다.

'제너레이터'는 미래를 계획하지 않는다. 생각대로 삶을 통제하려 들지도 않는다. '반응'을 따라 에너지를 만족스럽게 쓸 때, 오직 그때만 진짜 삶이 펼쳐진다.

▮ 비장 권위

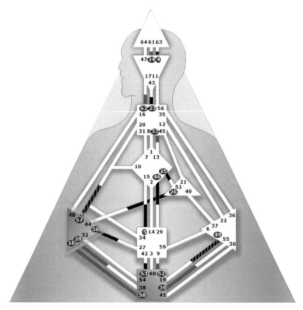

이미지. 비장 권위

'비장'은 인류 진화의 과정에서 최초로 출현한 인지 메커니즘이다. 인류의 초기 버전은 포유류나 조류와 같이 '비장' 시스템에 의존해 왔다.

즉, 지구상에 존재하는 모든 생명체는 기본적으로 '비장' 인식의 바탕 위에 생존을 보장받고 있다. '비장'은 처음엔 기초적인 수준의 생존 정보를 제공하는데 그쳤지만, 현재는 의사결정을 포함하는 인지 메커니즘으로 진화했다.

'비장 권위'는 '감정 권위'나, '천골 권위'에 비해 상당히 까다롭고 어렵다. 메커니즘의 본성 때문이다. '비장'은 직관이나 본능을 통해 작동하지만, 본성상 오랜 시간 머물지 않을뿐더러, 천골 반응과 같이 외부 자극을 통해 직접 확인하는 절차가 없다. 그래서 잠시라도 머뭇거리면 흔적도 없이 사라져버린다.

'비장 권위'의 의사결정은 항상 '즉흥적'이어야 한다. 때문에 생각하거나 따질 겨를이 없다. '비장'은 현재를 바탕으로 그때 그때 필요한 정보를 실시간으로 전달한다. 이른바, '육감', '직감', '직관', '본능' 등이 여기에 해당된다. 이 같은 감각은 매우 동물적이고, 현존적인 방식으로만 감지될 수 있기 때문에, 몸이 보내는 신호에 주의를 기울이지 않으면 알아차리기가 쉽지 않다.

'비장 권위'는 림프 시스템과 연관성을 가진다. 림프 시스템은 인간의 신체를 보호하는 면역 메커니즘으로써 인체 세포의 28%를 차지하며 몸의 구석구석 뿌리내려 있다. 신체 전반을 감시할 뿐 아니라 외부 환경으로부터 우리를 지켜준다. 때문에 '비장 권위'를 가진 사람이 자신의 직관을 따른다는 것은, 건강을 지키고 기분 좋은 느낌을 지속하는데 큰 영향을 미친다.

'비장 권위'는 언제나 현재를 중심으로 작동한다. 순간순간이 모두 비장 시스템의 감시 대상이기 때문에 한번 지나가면 다시 되돌아오지 않는다. 그래서 몸이 주는 신호에 깨어있지 않으면 자신을 위한 바른 결정을 내릴 수 없게 된다.

'비장'의 신호는 보통 "안돼"라는 느낌을 동반한다. '비장'의 역할이 우리 몸을 외부의 위협으로부터 지켜내는데 있기 때문이다. 그래서 무엇인가를 먹을 때나, 어디론가 가고자 할 때 '비장'은 종종 "하지 마", "안돼"와 같은 식의 느낌을 전달한다. 이 신호들은 언제나 미묘하고 포착하기가 어렵다. 일반적으로 여성보다는 남성에게 쉽지 않은 메커니즘이다.

'감정 권위'와 '비장 권위'의 차이에 대하여 생각해 보자. 둘의 메커니즘은 정반대나 마찬가지다. 한편은 결코 즉흥적으로 살면 안 되는 디자인이고, 다른 한편은 느낌을 따라 즉흥적으로, '생각 없이' 행동을 취해야 하는 사람이다. '감정 권위'가 즉흥적으로 살려 하거나, '비장 권위'가 느낌을 음미하려 들면, 자신에게 필요한 것을 얻지 못하게 된다. '비장 권위'와 '감정 권위'인 사람이 연인이나 가족, 혹은 친한 친구라면 이 같은 사실을 알지 못할 때 생기는 혼란이 적지 않을 것이다.(보통은 '감정 권위'가 '비장 권위'를 따라 즉흥적으로 행동하는 상황으로 끝이 난다.) 한쪽은 만족을 얻지만 한쪽은 불만족스럽다. 아니면 서로가 서로를 고치려 들며, 어느 한편의 희생을 강요하려 들 수도 있을 것이다.

'비장 권위'는 의사결정에 관한 한, 생각이 아닌 실시간 반응 메커니즘에 의존해야 하며, 이 느낌을 존중해야 한다. 그리고 대부분의 경우, 주변 사람들에게 당신의 느낌을 설명할 시간이 없다. 흡사 들고양이처럼 주변 환경에 민감하게 깨어 있어야 할 뿐 아니라, 몸의 신호를 '즉각적으로' 따라야 한다. 실험을 반복하다 보면 이 차이를 인식하게 될 것이다. '비장'의 신호를 무시하면 자기다움을 잃어버릴 뿐 아니라, 건강 문제를 겪고 생존의 두려움에 압도될 것이다.

12 프로파일
profiles

'프로파일'은 당신이 입고 있는 '옷costume'과 같다. 총 12가지로 구성되며, 당신의 역할을 폭넓은 의미에서 규정해 주고, 또 어떻게 살아야 하는지를 말해준다.

예를 들어 프로파일이 1/3인 사람은 '연구하는 순교자investigating martyr'의 삶을 살게 되어 있다. 여기서 1은 '의식conscious'을 뜻하고, 3은 '무의식unconscious'을 뜻한다. '무의식'은 의식적으로 접근할 수 없는 영역으로써, '몸body'의 특성을 의미하기도 한다.(휴먼 디자인에서 '몸body'이란, 단지 '육체'라는 의미로 국한되지 않는다. '몸'은 삶이 펼쳐지는 무대이며, 삶 그 자체를 의미하기 때문이다. 즉, 몸이 우리의 삶이다.Body is the life.)

'프로파일' 개념은 2층집 비유로 묘사될 수 있는데 1, 2, 3번은 '내면 세계'를 의미하며 '1층'에 해당된다. 그리고 4, 5, 6번은 '외부 세계'를 뜻하며 '2층'에 해당된다.

이미지. 이층집 비유

'프로파일 1'은 기반을 뜻한다. 날 때부터 '불안감'과 '열등감'이 존재하는 곳으로, 이 '열등감'을 해소하기 위해 '원리'와 '깊이'를 추구하게 되어 있다. '프로파일 2'는 커튼이 열려 있고, 불이 켜진 방에 벌거벗은 채 서 있는 사람을 상징한다. 밖에 있는 사람들은 2번 프로파일을 들여다볼 수 있지만, 정작 본인은 자신에게 무엇이 있는지 알지 못한다. '프로파일 3'은 2층으로 연결되는 통로가 되며, 내면 세계의 가장 바깥에 위치하고 있어 세상과의 접촉이 빈번하게 일어난다. 자신도 모르게 세상과 부딪히거나, 세상이 자신에게 부딪혀 오기도 한다. '시행착오'의 프로파일이기도 하다.

'프로파일 4'는 2층의 기반이 되며, '외부 세계'의 시작이다. 이들은 자신이 가진 기반을 외부로 '외향화'하려는 사람들이다. 사교적이며 기회를 추구한다. '프로파일 5'는 커튼이 닫혀 있고, 불이 꺼진 방에서 자신의 모습을 드러내지 않은 채 밖을 내다보는 사람에 비유될 수 있다. 이들의 진짜 모습은 누구도 알기 어려우며, 사람들은 이들을 향해 언제나 이렇고 저런 이야기들을 만들어 낸다. 낯선 사람들에게 영향력이 있고, 초기에 사람들로부터 큰 기대를 받는다. '프로파일 6은 지붕 위에 있는 사람으로 묘사될 수 있다. 아직 오지 않은 무엇인가를 바라보는 사람이자 '언덕 위의 어리석은 자'로 여겨지기도 한다. 이들의 삶은 3단계로 나뉘는데, 초반 30년의 시행착오의 시기와 30~50세까지의 지붕 위의 시기, 그리고 50세 이후의 역할모델의 삶이 그것이다. 이들에게는 '진정성'과 '신뢰', 그리고 '자기됨'이 정말 중요하다.

각각의 프로파일 특징은 다음과 같이 추려볼 수 있다.

> 1번 프로파일 : 연구자 - 내적 성찰, 카멜레온, 공감
>
> 2번 프로파일 : 은둔자 - 자연인, 투영, 민주주의자
>
> 3번 프로파일 : 순교자 - 시행착오, 진화, 적응
>
> 4번 프로파일 : 기회주의자 - 외향화, 친근함, 퇴위자
>
> 5번 프로파일 : 이단아 - 보편화, 투영, 장군
>
> 6번 프로파일 : 역할모델 - 행정가, 낙관주의자, 중재자

▨ 1/3 연구하는 순교자

1은 타고난 '열등감'과 '불안함'이 있어 단단한 '기반'을 찾으려 한다. 3은 '시행착오'를 통해 많은 노하우를 획득한다. 1은 기초를 단단히 함

으로써 '되는' 것들을 찾으려 하고, 3은 '되지 않는' 경우를 충분히 경험함으로써 비로서 단단해진다. 이들은 삶의 기반을 단단히 다지고, 세상의 기초를 단단히 세우기 위해 존재한다. 1/3 아이들은 '원리'를 음미하고, 기꺼이 '실패(시행착오)'하고 '발견'할 수 있는 환경에서 자라야 한다. 그럴 때만 이들의 진짜 삶이 펼쳐질 수 있기 때문이다. 그러기 위해서는 자신만의 시간을 충분히 가질 필요가 있고, 무엇인가에 깊이 몰입할 수 있어야 하며, 공부하는 법, 다시 말해 지식의 원리를 알고 있어야 한다. 이들은 태생적으로 사교적인 사람이 아니다. 두 개의 프로파일 모두 '내면 세계'를 향하고 있는 유일한 디자인으로, 자신의 삶에 깊이 몰입되어 있다.

▌ 1/4 연구하는 기회주의자

1의 '열등감'은 단단한 기반을 찾기 위해 스승을 찾는다. 충분히 알지 못할 때는 기꺼이 배우고자 한다. 이들은 단단한 기반을 가짐으로써 '권위자'의 삶을 살게 되어 있다. 그러나 기반을 찾지 못하면 평생 불안하고, 취약한 삶을 산다. 4는 '이미 구축된' 관계 내에서 큰 영향력을 가진다. 가까운 관계 내에서 프로파일 4보다 영향력이 큰 사람은 없다. 4는 '기회주의자'의 본성을 가지며, 그 기회는 지인들과의 관계를 통해서 온다. 다시 말해, '인맥'이 이들의 삶을 펼쳐내는 데 중요한 역할을 한다. 반면, 모르는 사람들을 통해서는 기회가 좀처럼 오지 않는다. 알고 있는 사람들이 많을수록, 더 많은 기회가 제공된다.(단, 자신에게 적합한 사람들과의 관계라야 한다.) '기회주의자'의 본성은 이미 구축된 관계 안에서 더 이상 어떤 기회도 존재하지 않는다 느낄 때 다른 사람, 다른 기회를 찾아 나선다. 이들은 이전 연인과 헤어지기 전에 먼저 다른 연인을 구해야 하는 사람들이자, 직장을 관두기 전에 먼저 다른 일자리를 구해야 하는 사람들이다. 그렇지 않으면 종종 큰 어려움을 겪게 된다.

▌2/4 은둔하는 기회주의자

2는 기반을 연구하는 대신 자신의 일에 몰두한다. '타고난 재능'이 많으나 정작 자신은 이를 알지 못한다. 주변 사람들의 표현과 요청을 통해 자신의 재능을 인식하게 되어 있다. 하지만 천성적으로 '수줍음'이 많으며, 다른 사람들이 자신을 지켜보거나, 누군가 자신의 아우라로 걸어 들어오는 상황을 별로 좋아하지 않는다. 이들은 자신의 재능을 발견하고, 올바르고 '특별한 요청'에 응답해 잠재력을 실현시키는 삶을 산다. 그러나 자신의 재능이 어디서 오는지 알지 못하므로 이를 설명하는데 애를 먹는다. 요청에 응답한 뒤엔, 사람들 앞에 설 때 내적으로 붕괴되는 것을 막기 위해 열심히 공부하고 배워야 한다. 4는 자신이 가진 정보를 세상에 전달한다. 이들은 이미 알고 있는 사람들 사이에서 큰 '영향력'을 발휘한다. '기회주의자'적 본성을 가진 사람으로서 관계를 통해 프로파일 2의 재능을 실현시킬 기회를 얻는다. 2/4는 요청에 응답하면, 밖으로 나가 퍼뜨리는 역할을 한다. 그런 의미에서 선

교사의 프로파일이라고도 부를 수 있다. 그러나 2/4 프로파일 자녀들이 건강하게 양육되지 못하면, 평생 집 밖을 나가려 하지 않거나, '부끄러움', '자신감 없음', '피곤함' 등으로 대인관계에 어려움을 겪을 수도 있다.

▌2/5 은둔하는 이단아

2는 방해받지 않기를 원하며, 사람들의 요청을 부담스럽게 여긴다. 5는 신비주의적인 느낌을 전달하는 곳으로써, 첫 대면 시 큰 '기대감'을 일으킨다. 그러나 그만큼의 기대에 부응하지 못할 때 비난의 대상이 되기 쉬우므로, 어려서부터 트라우마를 안고 살아가는 경우가 흔하다.(프로파일 '5가 뒤에 있는 사람들은 자신에게 트라우마가 있다는 사실을 모를 수 있다.) 이미 성인이 된 사람이라면 사람들의 기대를 충족시킬 수 없으리라는 생각 때문에 편집증적인 증세를 보일 수도 있다. 프로파일 5는 '명성'과 관계된 곳으로, 위기의 때에 사람들의 기대를 충족시킴으로써 큰 명예를 얻고 부를 성취할 수도 있다. 그러나 반드시 '실용적인 해결책'을 가지고 있어야 하며, 사람들이 도움을 필요로 할 때 실질적인 도움을 줄 수 있어야 한다. 프로파일 2는 자신의 재능을 외부로 '투영projection'시키며, 프로파일 5는 사람들로부터 많은 기대와 '투영projection'을 받는다. 2와 5 모두 사람들의 '투영projection'을 부담스럽게 여기는 경향이 있으며, 사람들의 기대를 충족시키지 못할까 두려워한다. 타고난 재능을 제대로 식별하고 준비됨으로써 필요한 때에 세상에 해결책을 제시할 수 있다.

3/5 순교하는 이단아

이들은 왜 사람들이 자신에게 큰 실망을 하는지 알지 못해 고통을 느낀다. 특히 어린 시절이 그렇다. 5가 받는 '기대'를 충족시키기에는 3이 인생 초반에 하는 일이란 온통 '시행착오'뿐이기 때문이다. 그런 의미에서 '운이 나쁜 사람bad luck'이라 불리기도 한다. 프로파일 5는 가까운 사람들에게 영향력이 없다. 프로파일 5는 '낯선' 이들에게 영향을 미치는 사람이며, 초기에 큰 '기대감'을 불러일으킨다. '유혹'하는 힘을 가지고 있기 때문에, 도움이 필요할 때 큰 영향력을 발휘할 수 있다. 그러나 바르게 양육되지 않으면 세상에 자신의 자리가 없다 느낄 것이다. 실제로 세상을 떠도는 사람들 중 상당수가 3/5 프로파일의 사람들이다. 이들은 '시행착오'를 통해 외부의 '투영'을 감당할 준비가 되어 있어야 한다. 오직 '전략'과 '내부권위'를 따를 때에만 올바른 '시행착오'를 할 수 있을 것이고, 이를 통해 인생 초기의 어려움을 극복할 수 있을 것이다.

3/6 순교하는 역할모델

3은 '되지 않는' 사례를 '발견'함으로써, 다시 말해 몸으로 직접 부딪혀 '시행착오'를 함으로써 삶에 필요한 노하우를 쌓는다. 3이 하는 '실패'는

'실수'가 아니며, 여러 실패들을 경험함으로써 세상이 작동하는 방식에 대해 많은 경험치를 획득하게 된다.(프로파일 3은 과학의 프로파일이기도 하다. 과학의 근본적 발견들은 수많은 시행착오를 통해 이루어진다.) 프로파일 6은 인생 초년을 프로파일 3과 같은 방식으로 보낸다. 초반 30년간 '시행착오'를 반복하며, 이 시기엔 삶이 생각만큼 잘 풀리지 않는다. 이들의 초반 30년은 의식도 '3', 무의식도 '3'이므로, '이중 순교자double martyr'의 삶을 산다. '전략'과 '내부권위'를 따르지 않으면 삶이 무척 고달플 것이다. 30을 넘기면, '몸'은 뒤로 물러나 세상을 관찰하고, '지혜'를 제공한다. 50이 넘으면, 세상 속으로 돌아와 '역할모델'의 삶을 산다.

▌4/6 기회주의적 역할모델

프로파일 4/6은 자신의 진실을 사람들에게 전달하고자 한다. 메시지를 전하는데 한결같으며, 자신의 메시지를 듣고자 하는 사람들이 누구인지를 알고자 한다. 종종 말이 통하지 않는 사람이라는 느낌을 받을 수도 있다. 4는 '기회주의자'로서 자신의 메시지를 전달할 기회를 기다리며, 6은 초년엔 '시행착오'를, 30세 이후엔 올바름을 배워, 50세 이후 '역할모델'의 삶을 산다. '역할모델'은 실제로 사람들을 이끌지는 않으나 사람들은 이들을 삶의 모델로 여길 것이다. 30~50세 사이에 올바름을 배우고, 인생 초반의 고통을 잘 치유해야 이후 '역할모델'의 삶을 잘 살 수 있다. 만약 자신이 전달하는 것과 실제 삶이 일치하지 않는다면 사람들은 이들을 '위선자'라 여길 것이다. 인생 초반 프로파일 4/3의 삶을 살기 때문에, 관계맺음의 시행착오로부터 많은 어려움을 겪거나 여러 부정적인 영향들, 질병들에 노출되기 쉽다.

4/1 기회주의적 연구자

4/1은 바뀌지 않는다. 수백 년 된 고목처럼 그 자리에 서서 꿈쩍도 하지 않는 존재가 바로 4/1이다. 이들은 오직 자신의 길을 간다. 누구도 이들을 바꿀 수 없다. 이들은 자신이 가진 정보를 외부로 '전달'하며, 지인 네트워크에 강력한 '영향'을 미친다. 웬만해선 이들에게 영향을 미치기가 어렵다. 그러나 한편으론 깨지기 쉬운 존재이기도 하다. 만약 많은 사람들이 압력을 가한다면 나뭇가지 부러지듯 부러져 버릴 수도 있다.(한번 부러지면 다시 회복되지 못할 수 있다.) 기반이 없다면 영향력도 없으므로, 처음부터 바른 정보를 습득해야 한다. 특히 어린 시절의 교육이 정말 중요하다. 1은 기반을 닦고 강해지고, 권위자가 되려하나, 1이 '무의식', '몸'에 있으므로, 의식적으로 접근할 수 없다. 이들이 기반을 가지지 못할 땐, 몸도 약해질 수 있다.

5/1 이단적인 연구자

5는 언제나 사람들로부터 '기대'를 받는다. 그러나 '긍정적 기대'는 잠시만 지속될 뿐, 그리 오래 가지 않는다. '프로파일 5'는 사람들이 도움을 필요로 할 때 '실용적 해결책'을 제시해 주리라는 '기대'를 받는다. 그러므로 이러한 때를 위해, 평소 원리를 탐구하고 기반을 닦아야한다. 그래야만 필요할 때 사람들을 위기에서 건져 영웅이 될 수 있다.(프로파일 5는 평소 사람들 앞에 나서는 사람이 아니다. 이들은 '이단아'다.) 또한 1이 가진 '공감'으로 사람들을 어떻게 도와야 할지 좀 더 세심하게 살필 수 있다. 그러나 일단 사람들과 관계를 맺게 되면 영향력이 축소되므로, 사람들 속에 있을 때와 물러날 때를 알아야 한다. 이를 알지 못하면 대인관계에 많은 어려움이 생길 수 있다. 또한 아무것도 한 것이 없음에도 비난의 대상이 되는 경우가 많다. 준비되어 있지 않다면 뒤로 물러나 기반을 다져야 한다. 1이 기반을 닦기 위해서는 일반적으로 많은 시간이 요구된다.

▌5/2 이단적인 은둔자

이들은 사람들과의 접촉을 꺼려한다. '몸body'이 '은둔자'의 디자인을 가지고 있어, 사람들의 '기대'와 '요청'에도 불구하고 잘 나서지 않으려 한다.(다시 말해, '거리끼는 몸을 가지고 있다.) 두 종류의 '투영projection'이 모두 존재하기에 '벌거벗은 느낌(프로파일 2)'과 '과거의 트라우마(프로파일 5)' 속에 용기를 내지 못할 수 있다. 일부 사람들은 평생 세상과 단절된 삶을 살기도 한다. 필요한 때에 충분한 용기를 내지 않는다면, 잠재력을 실현할 기회가 없을 수도 있다. 자신의 '재능'을 신뢰하는 법을 배워야 하며, 요청이 있을 때 '담대히' 밖으로 나와 배우고, 준비되어야 한다. 위기의 때에 '실용적 해결책'을 잘 '보편화'한다면, 사람들의 삶에 크게 기여할 수 있다. 자기 스스로를 '불러낼calling' 필요가 있는 디자인으로, 필요할 때 담대히 나와 자신의 역할을 다해야 한다.

▌6/2 역할모델 은둔자

6/2는 인생 초반 3의 '시행착오' 및 2가 받는 '투영'과 '요청'으로 인해 어려움을 겪을 수 있다. 2는 기본적으로 자신의 아우라 속으로 누군가 걸어 들어오는 것에 대한 불편함을 가지고 있고, 자신만의 공간, 자신만의 시간을 가지려 한다.(이들에겐 자신이 직접 꾸민 자기만의 아지트가 큰 의미를 지닌다.) 다른 이들로부터 방해받지 않기를 원하며, 자신이 좋아하는 일을 하며 홀로 있는 시간을 즐긴다. 2번이 '요청'을 받고, 그 '요청'에 응답하면 '재능'에 배움을 더해 자신을 준비시켜야 한다. 6은 3가지 단계를 거치며 궁극적으로 '역할모델'의 삶을 살아야 한다. 준비되지 않거나, 올바름을 배우지 못하면 삶이 펼쳐질 기회를 놓치게 된다. 프로파일 6과 관련된 키워드는 '자기 책임', '신뢰', '진정성', '있는 그대로의 모습', '자기됨'으로써, 다른 어떤 이들보다 말과 행동이 일치되는 삶을 살아야 한다. '위선자'로 살면, 삶이 이들을 내칠 수 있다. 이들이 지붕 위에 있는 30~50세 사이엔 '의식'도 물러나 있고, '무의식'도 뒤로 물러나 있기 때문에 이들을 불러 내기가 쉽지 않을 것이다.

▒ 6/3 역할모델 순교자

6/3은 3/6과 마찬가지로 인생 초반 '이중 순교자double martyr'의 삶으로 고통 받는다. '경험적'이고, '주관성'이 강한 초반 30년이 매우 고달프고, 힘들 수 있다. 만약 이 시기의 '시행착오들'이 '비자아'로 인한 것이라면, 인생 중반인 30세 이후에도 '비관주의'적 의식을 벗기 어려울 수 있다. 이들에게 중년의 삶(30~50세 사이)은 상당히 역설적이다. '의식적' 측면은 삶에 대해 객관적 조망을 하려 하는데, '무의식적' 측면은 주관성을 벗어나지 못한다. '의식'은 지붕 위에 있으려 하지만, '무의식', '몸'은 여전히 시행착오를 지속하려 한다. 관계를 맺고 끊고, 뒤로 물러나 있다가, 어느 순간 다시 새로운 관계를 맺고 또 끊어 버린다. 때문에 난잡한 사람처럼 여겨질 수도 있다. 이들과의 관계에선 '신뢰'가 핵심이며, 한번 신뢰가 깨어지면 다시 이전과 같은 관계를 회복하기는 매우 어렵다.

---

* 프로파일 4/1은 Juxtaposition(병치)이라 불리는 매우 독특한 인생 경로를 갖는다. '고정된 운명fixed fate'을 갖는 존재로서, 자신은 전혀 움직이지 않으면서 다른 두 종류의 '우측각right angle', '좌측각left angle' 프로파일을 연결시켜 주는 역할을 한다. 1/3, 1/4, 2/4, 2/5, 3/5, 3/6, 4/6을 '우측각right angle' 프로파일이라 하는데, '우측각'은 '개인적 운명personal destiny'에 몰입한다.

반면, 5/1, 5/2, 6/2, 6/3, 이 네 개의 프로파일은 초개인적 성질을 가지며, '좌측각left angle'의 디자인이다. '우측각right angle' 프로파일과의 관계를 통해서만 자신의 삶을 풀어낼 수 있는 사람들이다. 이를 '초개인적 카르마trans-personal karma'라 부른다. '우측각right angle'은 '연구개발R&D' 부서와 같고, '좌측각left angle'은 '마케팅marketing' 부서와 같다.

인생 목적
incarnation crosses

차트를 살펴보면, '인생 목적incarnation cross'이라고 표시된 정보를 확인할 수 있다. 이 정보는 각 사람이 무엇을 위해 태어났고, 또 어떤 삶을 살아가게 될지를 보여주는 소중한 지표로써, '인생 목적', 또는 '삶의 테마'라 부를 수 있다.

'인생 목적'은 동그랗게 생긴 원 모양의 '만다라mandala' 상에서 '십자 모양'을 이루는 두 개의 직선으로 나타나는데, 모두 합해 4개의 '관문'으로 구성된다. 예를 들어, '계획planning'의 크로스는 37번, 40번, 16번, 9번 4개의 관문으로 이뤄져 있다. 어떤 관문이 맨 앞에 오느냐에 따라 세부적인 뉘앙스가 달라진다.

인생 목적은 크게 192가지로 구분되며, 세부적으로는 총 768가지 형태를 띤다.

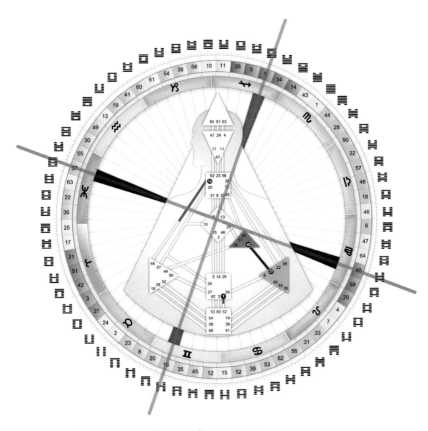

이미지. '계획의 크로스(37/40 9/16)' 십자 모양 표시

인생 목적에는 '저항defiance', '직면confrontation', '긴장tension' 등과 같이 독특한 색채를 띤 목적들이 존재하며, '경청자listener', '설명explanation', '봉사service', '의심doubts', '사랑the vessel of love', '치유healing' 등과 같이 다소 직관적인 목표들도 존재한다. 이 밖에도 '위기crisis', '통치rulership', '지배dominion', '전염contagion', '혁명revolution', '네 가지 길the four ways' 등 다양한 삶의 목적들이 존재한다.

아래는 이 중 16가지의 인생 목적을 나열한 것으로써 표면적인 설명에 불과하니 참고를 위해서만 활용하기 바란다.(보다 깊은 이해를 원한다면 공인 '차트 분석가professional analyst'에게 '인생 목적incarnation cross' 리딩을 받는 것이 좋다. 공식 홈페이지 〈공인 전문가 명단〉을 참조하기 바란다.)

|계획planning|

계획의 크로스는 37번 '우정friendship', 40번 '홀로 있음aloneness', 16번 '기술skills', 9번 '초점focus'의 관문으로 이뤄져 있다. 이들은 '공동체'에 속해 있고자 하며(37-40 공동체 채널), 재능을 사랑하고, 다양한 기술을 연마하며(16번), 또 세부적인 사항들에 집중하는 힘(9번)을 가지고 있다. 이들 4개의 관문은 '집단적'이고, '부족적'이다. 이들은 공동체를 구축하고, 문명사회를 발전시켜 나가는 사람들이다.

|저항defiance|

이 디자인의 목적은 일반적인 관행과 현상유지에 대한 거절 또는 저항을 표하는 것이다. 또한 사람들로 하여금 전에 없던 새로운 방향, 새로운 가치를 바라보게 한다. 이 크로스를 정의하는 4개의 관문은 2번 '고차원적 앎higher knowing', 1번 '자기 표현self-expression', 49번 '원칙principles', 4번 '공식화formulization'다.

|예방prevention|

어떤 일이 일어나기 전, 이를 예방하는 역할을 맡은 사람들이다. 이 크로스를 규정하는 관문 18번 '바로잡음correction'과 17번 '의견opinions'이 이를 말해 준다. 이 크로스에 포함된 4개의 관문들 중 3개의 관문(17번, 18번, 15번)이 '집단', '논리', '미래'의 테마를 가지므로, 문제점을 찾아내고 수정해, 사람들이 불안한 미래를 겪지 않도록 해 준다.

| **긴장**tension |

긴장 자체가 삶의 목표라기보다는 이 크로스를 규정하는 관문들, 다시 말해 38번 '싸움꾼fighter', 39번 '선동가provocateur', 48번 '깊이depth', 21번 '사냥꾼the hunter/huntress'의 관문들로부터 긴장이 나온다는 뜻으로 이해하면 좋다. 이들은 자신의 긴장을 다른 이들에게 전달해 문제를 해결하거나 변화를 가져오도록 디자인되었다. 이 긴장이 온갖 종류의 정신-신체적 고통을 초래하기 때문에 바르게 살지 않으면 큰 고통을 겪을 수 있다. 이들의 삶은 목적을 위한 투쟁이자 영혼을 위한 도발이며, 해결책을 발견하고, 통제하는 삶이다.

| **사랑**the vessel of love |

이 크로스를 이루는 모든 관문들은 사랑의 관문들이다. G센터에 있는 10번 '셀프의 행동the behaviour of the self*(자기 사랑)', 25번 '셀프의 영혼the spirit of the self(우주적 사랑)', 46번 '셀프의 결단the determination of the self(몸에 대한 사랑)', 15번 '극단extremes(인류에 대한 사랑)'이 모두 포함되며, 그러므로 사랑의 화신과도 같은 삶을 산다. 이들은 사랑을 보여주며, 사람들이 자신을 더욱 사랑하게 만들고, 다양성을 포용하며, 자신의 몸을 귀히 여

기도록 해 준다. 25번의 '우주적 사랑'은 길 위에 풀 한 포기까지 아끼고 보살피는 사랑이다. 25번이 정의된 사람들은 그 대상이 자신의 가족이든 또는 종이컵 하나든 차별 없이 사랑한다.

|주의분산distraction|

표면적으로만 보면 산만하고, 불필요하게 다른 사람들의 주의를 분산시키는 사람처럼 보인다. 그러나 이들은 사람들의 주의를 사로잡아 무언가 의미있는 일에 관심을 갖게 만들거나, 이를 통해 앞으로 나아가게 만드는 역할을 가지고 있다. 예술가들의 작품이나, 마술사들의 공연은 종종 이런 효과를 활용한다. 60번 '수용acceptance', 56번 '자극stimulation', 28번 '게임 선수the game player', 27번 '돌봄caring'의 관문이 이 크로스에 속해 있다.

|전염contagion|

이들은 전염력을 가지고 있다. 이들의 강렬한 느낌(30번, recognition of feelings)과 경험에 대한 헌신(29번, saying yes) 그리고 세상에 대한 기여(8번, contribution), 바른 방향에 자원을 공급하는 에너지(14번, power skills)는 자신의 경험과 느낌을 통해 사람들의 삶에 기여하고자 한다. 이들은 주변 사람들로 하여금 무언가를 하고 싶게 만드는 사람들이다. 이들과 함께라면 운명의 힘을 느낄 수 있을 것이며, 새로운 경험을 통해 삶이 뒤바뀌는 경험을 갖게 될 수도 있다.

|산업industry|

이들은 정말 바쁘다. 하루 종일 뭔가를 하느라 쉬지 못하는 사람들이며, 문자 그대로 산업화의 역군이다. 그러나 동시에 악용되거나 잘못된 일에 이용당하기 쉽다. 새로운 것을 경험코자 하는 눈 먼 욕망(30번, recognition of feelings)과 새로운 경험에 대한 헌신(29번, saying yes), 그리고 카리스마적 에너지를 발산하는 34-20 채널이 있어 '경험'과 '일'에 항상 바쁘다. 종종 큰 좌절을 겪고, 분노하기도 하며, 불면증으로 고통받기 쉽다.

|격변upheaval|

잘못된 관행과 사회 현상들을 바꾸기 위해 도발하는 사람들로, 패턴에 문제가 있을 때 언제든 이를 흔들어 놓을 수 있는 힘을 가진 사람들이다. 17번 '의견opinions', 18번 '바로잡음correction'은 모두 논리 회로에 속해 있으며, 잘못된 것을 인식하고 지적하는 힘을 가지고 있다. 38번 '싸움꾼fighter'과 39번 '선동가provocateur'은 보다 가치있는 삶을 위한 에너지 연료로써, '귀머거리deafness'의 관문이자 잘못된 현실에 맞서는 에너지를 공급한다.

|관통penetration|

이들은 관통하는 식별력(57번, intuitive insight)을 가지고 있다. 그리고 이러한 에너지는 종종 충격(51번, shock)적인 경험을 가져 온다. '야망'을 가진 사람들이며(54번, ambition), 무언가 새로운 것을 시작함으로써(53

번, beginnings) 인정받고자 한다. 57번 관문은 '오른쪽 귀right ear'의 관문으로 소리에 매우 민감하며, 감지되는 소리 파동만으로도 내용 이면의 것을 식별하는 감각을 가지고 있다.

|법laws|

이들에게는 자신만의 규범이 존재한다. 전통을 고수하고(60번, acceptance), 종족유지를 위한 법을 제정하며(50번, values), 자신의 신념과 이야기로 사람들을 자극(56번, stimulation)시킨다. 또한 새로운 질서(3번, ordering)를 구축하는 사람들이다. 이들은 자신의 규칙을 따르며, 다른 이들 또한 이 규칙을 따르게 만든다.

|네 가지 길the four ways|

개인의 인생 목적으로써뿐 아니라, 인류의 4가지 보편적 길로도 이해될 수 있다. 이 크로스를 정의하는 관문들은 24번 '합리화rationalizing', 19번 '결핍wanting', 33번 '사생활privacy', 44번 '경계alertness'이며, 어떤 관문이맨 앞에 오느냐에 따라 4가지 서로 다른 길을 향한다. 24번은 끝없는 생각을 통해 절대 진리를 알고자 하며, 33번은 경험들로부터 얻은 교훈을 나눈다. 44번은 부족의 안녕을 위해 날카로운 본능으로 적합한 사람을 알아본다. 19번은 사람들의 기초적 필요에 민감하게 반응하며, 필요들을 채우고, 또 채움 받고자 한다.

| **불확실성**uncertainty |

이 크로스는 8번 '기여contribution', 14번 '파워스킬power skills', 55번 '영혼 spirit', 59번 '성sexuality' 등 4개의 관문으로 이뤄져 있다. 55번은 큰 감정 변화를 가진 관문으로, 종종 깊은 우유부단함이 묻어난다. 55번은 영적 인식의 발현 그리고 진화와도 관계된다. 이들은 자신과 타인의 '불확실성'을 이해하고, 다른 이들에게 공헌하고자 하며(8번), 물질적 안정(14번)을 통해 친밀한 관계(59번)를 구축한다.

| **애매모호함**obscuration |

이 크로스는 61번 '삶의 신비mystery', 62번 '세부사항detail', 50번 '가치values'와 3번 '질서ordering'의 관문으로 구성되어 있다. 삶의 신비(61번)를 알려면, 많은 논리적 세부사항(62번)들이 요구된다. 50번과 3번 관문은 규칙, 법과 관련이 있다. 불분명하거나 모호하게 말하며, 삶의 신비들, 보편적 법칙들 또는 놀라운 발견들로 사람들을 이끌어 준다.

| **치유**healing |

치유받거나, 치유하는 사람이다. 여기엔 46번 '셀프의 결단the determination of the self', 25번 '셀프의 영혼the sprit of the self', 52번 '무위inaction', 58번 '살아있음aliveness'이 정의되어 있다. 건강한 몸에 대한 깊은 관심과 사랑이 있으며, 초개인적이고 우주적인 사랑과의 접촉을 통해 사람들을 치유하거나 치유를 받는다.

이 크로스를 규정하는 특질 중에는 55.6이 포함되어 있고, 이는 '이기주의selfishness'의 뜻을 가진다. 성장과 진화를 위해 물질적인 독립을 이뤄야 하며, 자신을 먼저 돌봐야 하는 디자인이다. 강한 이기심을 동반하나, 자신의 성장을 우선적으로 돌보는 에너지로 생각해야 한다. 앞으로의 삶은 자신의 삶을 스스로 책임져야 하는 시대다. 이 크로스가 정의된 사람들은 감정 변화가 심한 사람으로 보일 수 있으나(55번, spirit) 여기엔 깊은 창조성과 예술성이 깃들어 있다. 이들에게 사랑, 섹스(59번, sexuality), 음식(55번, spirit)은 기쁨과 진화의 원천이 된다. 반면, 다양한 기술(16번, skills)과 초점을 맞추는 에너지(9번, focus)는 영혼의 성장을 이루기 위한 기반이 되어 준다. 故 스티브 잡스Steve Jobs의 인생 테마로도 알려져 있다.

이상에서 살펴본 바와 같이, 휴먼 디자인은 각 개인의 인생 목적(삶의 테마)에 대해 구체적이고, 정교한 설명을 제공한다. 우리는 단지 '본 모습'이 바르게 표현되거나, '비자아'로 왜곡된 모습을 지켜볼 수 있을 뿐이다. 배후에 존재하는 작동 메커니즘은 어디로도 사라지지 않는다.

'비자아' 상태는 흐름을 반대로 움직이게 만들 수도 있다. 가령 '사랑'의 크로스는 온갖 종류의 증오를 표현하기도 한다. 이 크로스가 가진 네 가지 사랑은 '자기 혐오(10번)', '인류에 대한 증오(15번)', '자신의 몸을 방치(46번)', '우주적 경멸(25번)'로 나타날 수도 있다. 휴먼 디자인은 '이원성의 과학'으로써, 각 디자인은 '고정된 방식으로', '이원성의 양극을 오가며' 나타난다.

'인생 목적'은 저절로 펼쳐진다거나 또는 벗어날 수 없는 속박 같은 것이 아니다. '인생 목적'은 자신이 이번 삶에서 성취해야 할 고유한 삶의 지향점이며 삶의 테마다. 이 목적은 '전략'과 '내부권위'를 따라 살 때만 제대로 발현될 수 있다.

각 사람의 인생 목적은 더 좋지도 더 나쁘지도 않다. 어느 누구도 문제거리가 아니며, 잘못 태어난 사람도 없다. 각자에겐 이번 삶에서 성취해야 할 자신만의 역할이 있다. 그러니 자신과 남을 비교해서는 안된다.

우리 모두는 전체의 일부이자 서로에게 '잃어버린 조각fractal'과도 같은 존재다. 자신으로 살면 필요한 사람들을 만나게 될 뿐 아니라, 다른 이의 삶에도 의미있는 기여를 할 수 있다.

---

*10번 '셀프의 행동the behaviour of the self'에서의 '셀프'는 고차원적 자아를 의미하기도 하므로 번역하지 않고 그대로 두었다.

"용서하는 것이 용서받는 것보다 낫다."

_러셀

3부

고통으로부터의
자유

대체 세상은
왜 이런 거야?

▒ 세상이 돈과 성공에 집착하는 진짜 이유

제너레이터 편에서 이미 다룬 바 있듯, 9-52 채널은 '집중concentration'의 채널이다. 9번 '초점focus' 관문과 52번 '무위inaction' 관문이 만나 '집중' 채널을 이룬다.

'9-52 채널'이 정의된 사람들에게는 오랫동안 하나의 업무에 집중할 수 있는 힘이 있다. 9번 관문은 세세한 부분까지 섬세하게 일하는 관문으로, 52번 '무위' 관문과 더불어 채널이 되면 한 번에 수 시간씩 자리에서 꿈쩍도 하지 않고 자신의 업무를 해낼 수 있는 힘을 갖게 된다. 그래서 많은 사람들이 이들의 집중력과 성취력을 부러워한다.(일본의 지성 다치바나 다카시나, 의식 연구가 데이빗 호킨스 모두에게 이 채널이 있는 것으로 알려져 있다. 이들은 모두 방대한 양의 저술로 유명하다.)

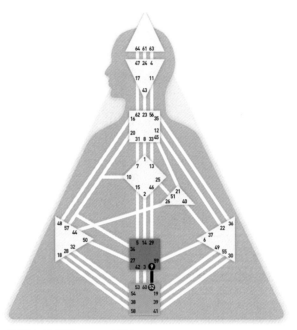

이미지. 9-52 '집중concentration' 채널

하지만 이것이 전부가 아니다. '천골 센터'는 생성하는 에너지, 다시 말해 '생성장generative field'을 주변으로 방출한다. 각 사람의 아우라는 주위 3~4미터까지 전달력을 가지므로, 만약 이 채널을 가진 사람이 당신 옆에 있다면 그 공간엔 평소보다 많은 집중력이 생겨날 것이다. 이를테면, 9-52 채널을 가진 사람이 어떤 책을 읽고 있으면 주변 사람들 또한 쉽게 그 책에 관심이 쏠린다.

세미나나, 수업 현장에서도 마찬가지다. 9-52가 수업에 집중하고 있으면 많은 사람들이 쉽게 몰입할 수 있는 환경이 조성된다. 그런데 만약 9-52가 다른 것에 집중하고 있다면 어떨까? 주변 사람들은 수업에 집중하기가 힘들뿐더러, 자신의 주의력을 다른 곳에 빼앗기고 말 것이다.

이 채널은 '제너레이터'를 만드는 '제너레이터 채널generated channel'로써 '반응하는' 삶을 살지 않으면 무엇에 집중해야 할지 스스로 알 수 없다. 그러므로 '반응'을 통해 집중할 대상을 찾지 못했다면, 결과적으로 엉뚱한 일에 시간과 에너지를 낭비해 버린다. 또한 집중하는 대상이 바르지 않으므로 결국 '제너레이터'의 비자아 테마인 '좌절'을 겪게 된다.

'제너레이터'가 세상을 바꿀 수 있는 유일한 존재라는 말은 괜한 말이 아니다. 천골 센터는 '삶 그 자체life itself'를 생성하는 곳이기 때문에, '제너레이터'가 바르게 살지 않으면 주변 사람들도 제대로 된 삶을 살 수 없다. 무엇보다 집중의 대상을 빼앗겨 버린다. 9-52 제너레이터가 돈에 집중하면 세상도 돈에 집중하고, 9-52가 명예와 성공에 집중하면 세상도 그렇게 된다. 그냥 한번 해보는 우스갯소리가 아니다. '제너레이터'는 삶을 '생성하고', 삶을 '지배한다.'

천골 센터가 '미정'인 다른 세 타입은 삶에 관한 한 구경꾼이고 손님일 뿐이다. '메니페스터', '프로젝터', '리플렉터'는 삶을 생성할 수도 세상을 바꿀 수도 없다. 세상을 창조하거나 파괴시키는 사람들은 오직 '제너레이터'뿐이다. 지금 당신이 있는 공간이 어디든, 카페든, 도서관이든, 약국이든, 지하철역이든, 그 어느 곳이든 당신은 주변에 있는 제너레이터의 '생성하는' 힘에 종속된다. 예외는 없다. 만약 15-5 '리듬rhythm' 채널을 가진 제너레이터가 옆에 있다면 그 공간은 '조화'롭고 '리듬감'이 넘치거나, '무질서'하고 '혼란'스러운 곳이 되거나 둘 중 하나뿐이다. 이들은 리듬을 생성하거나 혼란을 생성한다!

그러므로 천골 미정인 '메니페스터', '프로젝터', '리플렉터'는 '제너레이터'의 천골 아우라에 대해 '선택적'이어야 한다. 다시 말해 '생성하는' 역량이 '제너레이터'의 것이므로, 나머지 세 타입은 이 에너지를 함부로 받아들이면 안된다는 의미다. 받아들이는 에너지를 분별하지 않는다면 집에서 조차 편히 쉴 수 없을 것이다. 많은 '프로젝터', '메니페스터' 타입의 사람들이 집에서조차 진정한 쉼을 누리지 못한다. 이들이 '제너레이터'의 좌절된 에너지를 흡수하고 증폭시키기 때문이다. '프로젝터', '메니페스터', '리플렉터'는 진정한 쉼을 누리기 위해 종종 '제너레이터'의 천골 아우라를 벗어나 있어야 한다.

천골 '미정'인 사람들은 카페와 같은 공공장소에서 언제나 활력 또는 좌절을 느낀다.(혹은 만족이나 불만족의 에너지를 감지한다.) 이전까지 사람들은 에너지가 갑자기 바닥을 치면 자신의 몸에 문제가 있어 그러는 것이라 여겼다. 그러나 이는 사실과 다르다. 아침 일찍 홀로 카페에 앉아 자신만의 시간을 즐기던 중, 뭔가 불만족스러운 또는 좌절된 에너지를 느낀다면 그건 당신 옆에 좌절된 '제너레이터'가 앉아 있기 때문이다. 한 사람, 한 사람의 아우라는 다른 사람의 삶의 질에 결정적인 영향을 미친다.

'제너레이터'는 '반응'을 통해 '진실' 혹은 '거짓'을 생성하므로, 반응하는 삶을 살지 않는 제너레이터는 이 땅을 거짓으로 물들게 만들 수 있다. 이는 '제너레이터' 개인의 의사와는 아무 관계가 없는 일이다. 인성이나 성품과도 관계가 없다. 이건 단지 메커니즘일 뿐이고, 따라서 '전략'과 '내부권위'에 따른 삶을 살지 않으면 거짓된 삶을 벗어날 수 없다. 당연히 인생이 좌절스럽고 재미없을 수밖에 없다.

애초부터 돈과 명예는 우리 삶의 목표가 아니었다. 그럼에도 불구하고 여전히 많은 사람들이 돈 때문에 살고, 또 돈 때문에 죽는다. 정말 희한한 일이지 않은가? 당신이 만약 9-52 '집중concentration' 채널을 가진 사람이라면 지금부터라도 남은 인생을 바르게 살아야 한다. 당신의 영향은 당신이 생각하는 것보다 훨씬 크다. 죄책감을 가지는 대신, 책임감을 가지라. 오직 '제너레이터'만이 세상을 바꿀 수 있다.

오직 '전략'과 '내부권위'를 따를 때만 집중할 대상을 바르게 식별할 수 있을 것이다. 그렇지 않으면 당신과 주변 사람들 모두 엉뚱한 것에 시간과 에너지를 빼앗기며 삶을 낭비하게 될 것이다.

▒ 비자아 목표는 어디에서 오는가?

1부에서 살펴본 바와 같이, '미정 센터'는 '비자아 목표'가 생겨나는 곳이다. 목 센터 '미정'은 항상 더 나은 존재가 되려 애쓰며 말과 행동이 많다. 심장 '미정'은 자신의 가치를 입증하려 애쓰며, 지키지 못할 약속을 남발한다. 감정 '미정'은 사람들이 힘들어할까 두려워 마땅히 해야 할 말조차 하지 않는다. 직면하지 않고 회피해 버린다. 그런데 각각의 '미정 센터'들만큼 강력한 '비자아 목표'를 가져오는 곳이 또 있다. 바로 '분할split'이다.

차트를 살펴 보면 '정의definition' 항목에 '이중 분할split', '삼중 분할triple-split', '사중 분할quadruple-split'등의 표현이 등장함을 볼 수 있다. 이들을 '분할 정의'라 부르는데, 차트의 정의된 영역이 둘, 셋 또는 넷으로 나뉘어 있다는 의미를 지닌다.

그러나 '분할'은 단순히 차트가 나뉘어 있음만을 의미하지 않는다. '분할'은 사람의 본성을 둘 이상의 영역으로 나눈다. 구분된 영역들 모두 한 사람의 디자인이기는 하지만, 자신의 노력으로는 이 '분할'을 연결시킬 수 없다. 즉, 자신의 본성을 다룸에 있어 하나의 통일된 느낌이 존재하지 않는다는 의미다.

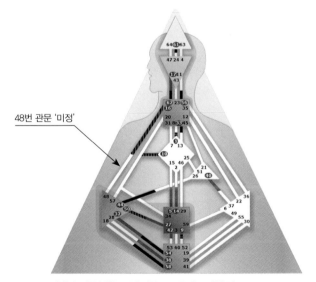

48번 관문 '미정'

이미지. 이중 분할, 48번 관문으로 두 개로 나뉜 차트

이처럼 '분할'이 존재하면, 사람들은 자신의 인생에 뭔가 빠져있고 부족하다는 느낌을 받게 된다. 그리고 이 곳을 채우지 않으면 안된다는 압박을 느낀다. 그 결과 '분할'을 연결해 주는 관문에 매달리게 되고, '분할'을 연결해 주는 사람들에게 집착하게 된다.

앞의 차트를 보면, 분할된 두 영역이 48번 관문을 통해 연결됨을 알 수 있다. 그리고 48번 관문은 '깊이depth'를 뜻하는 관문이자 '부적절함에 대한 두려움'을 의미하는 관문이다. 그래서 이 사람은 48번 관문만 채우면 자신됨을 실현할 수 있고, 부적절함의 고통에서 벗어날 수 있다는 착각에 빠진다. 때문에 무엇이든 '깊이 알려' 애쓰며, '깊이 있는' 사람이 되고자 노력할 것이다. 문제가 생기면 이게 다 '깊이'가 부족해서 생긴 일이라 생각하며 자신을 탓하고 원망한다.

차트에 '분할'이 있는 사람들은 예외없이 '분할'에서 오는 고통을 겪는다. '분할'을 연결시켜 주는 관문들이 모두 비자아 스토리와 관계될 뿐 아니라, 시간과 돈, 그리고 에너지를 낭비하게 만드는 원인이 된다. 흥미롭게도 자기계발 이론들이 부추기는 목표들은 예외없이 '미정 센터의 비자아 스토리', 그리고 '분할을 연결하는 관문들에 대한 집착'으로부터 나온다. 자기계발을 하면 할수록 자신으로부터 멀어지는 느낌이 드는 이유가 여기에 있다. '분할'이 엉뚱한 목표를 좇게 만드는 것이다.

'분할'은 본디 채워야 하는 대상이 아니다. '분할'은 다른 이들과 만나는 장소이자 그들과 더불어 파트너십을 이루는 영역이다. 다시 말해 48번 관문이 정의된 사람을 만나게 될 뿐 아니라, 그 사람을 통해 자기됨의 신비를 이해할 수 있게 된다는 의미다. '분할'이 존재하는 곳에서 당신은 누군가를 만난다. 이들은 연인이 될 수도 있고 친구이거나, 비즈니스 파트너가 될 수도 있다.

그러므로 이 디자인을 가진 사람이 자신으로 산다면 더 이상 '깊이'를 찾고자 애쓰지 않을 것이다. 오히려 이 사람은 16번 관문의 '기술skills'을 갈고 닦음으로써, '깊이depth'를 가진 사람과 좋은 파트너십을 이루게 되어 있다.

그러므로 자신이 모든 것을 다 할 필요가 없다는 사실을, 즉 모든 것을 가진 존재가 되는 것이 삶의 목표가 아님을 알아야 한다. '깊이'를 가지면 보다 완벽한 삶을 살 수 있다는 생각은 '비자아 스토리'로부터 온 것이자 세상이 당신을 조건화시켜온 방식이다. 때문에 자신의 디자인을 알지 못하는 사람들은 '비자아' 목표를 이루기 위해 평생을 허비해 버리기도 한다. 대부분의 사람들이 실제로 이런 삶을 살고 있다. 자신 아닌 모습을 추구하며, 엉뚱한 목표를 성취하기 위해 애쓰고 있는 것이다.

하지만 안심하기 바란다. 당신에게는 본디 아무런 잘못이 없다. 단지 자신의 메커니즘을 알지 못해 고통을 겪는 것뿐이다. 다른 이유는 없다. 자기계발 이론들과 유명 인사들의 가르침이 당신의 삶을 바꾸지 못하는 데는 다 이유가 있는 것이다. 휴먼 디자인은 그 누구도 가능하리라 생각지 못한 정보를 줌으로써, 각 사람을 자신으로 깨어나게 해 준다.

'이중 분할'인 사람은 대체로 자신의 '분할'을 채워주는 사람과 결혼하는 경향이 있으며, 그런 사람을 만날 때 마치 자신의 반쪽을 찾은 듯한 느낌을 받는다. '이중 분할'에겐 '분할'을 연결해 주는 한 사람의 파트너가 중요하다. 그러나 '분할'을 연결시켜 주는 사람이면 무조건 좋다는 의미는 아니다. '분할'을 연결해 주는 사람이라 하더라도 자신에게 옳지 않은 사람을 만나면, 오히려 잠재력과 가능성이 제한되고 삶이 고착상태에 빠질 수 있다. 오직 '전략'과 '내부권위'를 따를 때만 자신에게 적합한 파트너를 만날 수 있음을 기억하기 바란다.

'삼중 분할'과 '사중 분할'의 메커니즘은 '이중 분할'과는 사뭇 다르다. '삼중 분할'은 단짝을 찾지 않는다. 이들은 언제나 사람들과 일정한 거리를 유지하며 관계를 맺는다. '사중 분할'은 한 사람이 아닌 다양한 사람들과 '멀티 파트너십'을 맺는다.

> 1) '분할'은 인생 목적을 이루기 위해, 상호의존적 삶을 살도록 디자인되었다는 뜻이다.
>
> 2) '깊이(48번 관문)'가 없다는 것은 문제가 아니다. 오히려 그런 사람을 만나게 된다는 의미다.
>
> 3) '분할'을 채우려 애쓰지 마라, 당신의 디자인은 그 자체로 완벽하다.
>
> 4) '분할'을 채워주는 사람들은 많다. 누가 당신에게 적합한 사람인지는 '전략'과 '내부권위'가 결정해 줄 것이다.

자기계발 전문가들은 누군가 분명한 목표를 가지고 있다면 그것이 좋은 것이라고 말한다. 목표가 없는 것보다 낫지 않겠느냐는게 주된 이유다. 하지만 어떤 목표는 오히려 치명적이다. 목표가 있는 것이 좋은 것이라는 생각은 '7센터 인간'이 살아가던 시대에나 맞을 법한 전략이었다. '9센터 인간'인 현 인류에게는 이런 방식의 삶이 전혀 맞지 않는다.

▓ 마음이 작동하는 원리

마음은 언제나 수많은 질문들로 가득 차 있다. '도대체 걔는 왜 그런 건데?', '왜 내 삶은 이렇게 잘 풀리지 않는 걸까?', '어제 그 사람이 내게 했던 말이 무슨 뜻이지?', '인간이 존재하는 이유는 뭘까?'

질문은 삶을 이끌어 가는 힘이자 동시에 모든 학문의 토대가 된다. 질문에 대한 답을 찾는 과정이 바로 학문의 역사였고, 철학의 역사였다. 학자들은 언제나 '왜?', '무엇이?', '어떻게?'와 같은 질문에 답하려 하며 이를 위해 평생을 바치기도 한다.

우리의 일상에서도 같은 과정이 되풀이된다. 어떤 질문이건 일단 마음 한 켠에 자리잡은 질문들은 답을 찾기 전까지 우리를 놓아주지 않는다. 답을 찾을 때만 질문의 압박과 스트레스에서 벗어날 수 있기 때문이다.

누구든 질문을 받으면 답을 찾고자 생각한다. 인터뷰든 일상의 대화에서든 질문을 받은 사람은 항상 뭔가를 생각하게 되고, 답을 찾고자 애쓰게 된다. 이런 측면에서 질문은 일종의 압박처럼 작용하며, 압박은 답을 찾게 만드는 원인이 된다. 마음을 의식의 흐름이자 생각의 흐름이라고 볼 때, 질문하고 답하는 과정이 곧 마음이라 정의내릴 수도 있을 것이다.

그런데 질문들은 대체 어디서 오는 것일까? 데카르트는 모든 것을 의심한 뒤에도 의심하는 주체는 사라지지 않는다고 말했지만 의심이 어디서 오는지는 알지 못했다.

기지하다시피, 인간은 스스로 질문을 만들어내지 않는다. 질문들은 언제나 떠오르고, 나타난다! 다시 말해 최초의 정보들은 언제나 우리를 찾아오고 우리에게 발견된다. 이는 마치 이미 존재하고 있던 신대륙이 발견되는 것과 같다. 질문을 임의대로 만들거나 통제할 방법은 없다. 휴먼 디자인은 과연 이 부분에서도 우리에게 만족할 만한 답을 줄 수 있을까? 해답을 찾으려면 '머리 센터'로 시선을 돌려야 한다.

'머리 센터'는 질문과 관계된다. 그리고 압박을 제공한다. 그래서

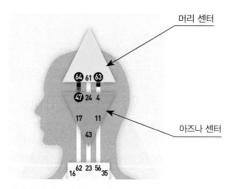

이미지. '머리' 센터와 '아즈나' 센터

앞의 이미지와 같이 '머리 센터'가 정의된 사람은 평생 지속되는 질문과 압박을 다루지 않으면 안된다.

'머리 센터'에는 총 3개의 관문이 존재하는데, 이들 각각은 시점과 기능이 서로 다르다. 64번 관문은 '혼란confusion'의 관문으로써 시점상 '과거'를 향하며, 과거의 사건들과 기억 속 장면들을 다룬다. 각각의 기억들 속에서 혼란을 느끼며, 특정 사건들, 특정 경험들이 자신에게 어떤 의미가 있는지 알고자 한다.

61번 관문은 '삶의 신비mystery'를 다루는 관문으로 '현재'가 초점이다. 삶의 신비, 절대 진리를 알고자 한다. '삶의 목적은 무엇일까?', '종교와 과학은 어떤 관계일까?', '또 다른 우주가 있을까?' 등등 삶에 대해 존재론적, 철학적인 방식으로 접근하려 한다.(그래서 61-24 채널을 '사상가thinker의 디자인'이라 부르기도 한다. 이들은 하루 종일 철학적 이슈를 생각하며 답을 찾기 위해 투쟁한다.)

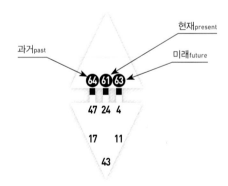

이미지. 머리 센터의 질문 관문

63번 관문은 '의심doubt'의 관문으로써 그 시점이 언제나 '미래'를 향해 있다. 앞으로 일어날 일들에 관심을 가지며, 다가올 미래에도 생존을 담보할 수 있도록 신뢰하고 의지할 수 있는 논리적 패턴을 찾으려 한다. 이 관문은 많은 것들을 의심하고, 불신하며, "과연 그럴까요?", "어떻게 그렇게 되는지 설명해 주시겠어요?"라고 질문한다. 구체적인 사실과 증거들을 요하는 질문이 여기서 나타난다.

사람들은 종종 "미쳐 버리겠다.", "돌아 버리겠다."라고 말하곤 하는데, 이는 머리 센터에 존재하는 64, 61, 63번 관문들이 모두 '정신적 광기madness'를 유발할 수 있다는 사실과 관계된다. 좀 더 정확히 말해 '머리 센터'의 작동 메커니즘을 모르고, 본래의 메커니즘대로 살지 않으면 이 고통으로부터 벗어날 수 없다.

요컨대 '마음'이란, '머리 센터'가 만들어내는 질문과 '아즈나 센터'가 답하는 과정을 통칭하는 표현이다. 그러므로 마음이 작동하는 메커니즘을 알면 고통의 본질을 이해할 수 있게 되며, 이를 통해 진정한 자유도 맛볼 수 있다.

관계의 신비를 드러내다

▥ 진짜 감정적인 사람은 누구일까?

감정은 정말 매력적인 에너지다. 이성을 마비시키는 것도 감정이고 생면부지의 사람을 가깝게 만들고 한 집에 살게 만드는 것도 감정이다. 감정 때문에 사랑하던 사람과 원수가 되는 경우도 있다. 대체 감정이 뭐길래, 이토록 사람을 들었다 놨다 하는 걸까?

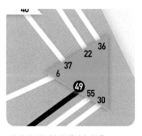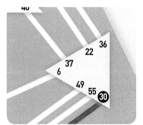

이미지. 감정 '정의'와 '미정'

앞에서 여러 차례 언급한 바와 같이, '정의'된 센터는 고정된 에너지를 방출한다. 다시 말해 감정 '정의'는 자신의 감정 에너지를 쉼없이 방출하도록 디자인되어 있다.

한편 감정 '미정'은 주위의 감정 에너지를 받아들이도록 디자인되어 있다. 그리고 받아들인 감정을 2~3배 이상 증폭시켜 경험한다.

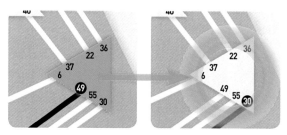

이미지. 감정 '미정'이 '정의'로부터 받은 에너지를 증폭시킴

그런데 바로 이런 이유 때문에 '정의'인 사람보다 '미정'인 사람이 언제나 더 감정적으로 보인다. '미정' 센터에서 증폭된 감정이 '정의'의 그것보다 훨씬 크기 때문이다. 감정 '미정'은 감정을 잘 통제하지 못할 뿐 아니라 쿨하게 표현하지도 못한다. 감정을 다룰 수 있는 고정적인 통제기제가 없다. 그래서 감정 '미정'은 감정적 환경에 있을 때마다 긴장과 고통을 많이 느낀다.

감정 '미정'은 대체로 신경질이 많다. 감정을 다루는 방법을 몰라, 받아들인 에너지를 그때 그때 임기응변의 방식으로 표출하기 때문이다. 그래서 '미정'은 감정적 상황에 예민하다. 자신의 감정을 항상 쿨하게 표현하는 감정 '정의'가 보기에, '미정'은 언제나 지나치게 감정적인 사람들로 보인다. 그리고 감정 '미정' 또한 이를 당연한 사실로 받아들인다.

감정 '미정'은 감정적 상황을 외면하거나 도망쳐 버린다. '미정'은 감정이입과 공감을 잘하는 디자인이기 때문에, 다른 사람들이 자신으로 인해 상처를 입을까 두려워 심한 말도 잘 하지 못한다. 화를 쿨하게 낼 수 없으니, 상황을 부드럽게 넘기는게 낫다고 생각해 버리는 것이다.

감정 '미정'은 대치 상황에 직면할 때 종종 목소리가 떨리고, 손발이 떨린다. 급기야 감정을 표현하다 쓰러지는 경우도 생긴다. 손발에 마비 증세를 겪는 사람들도 있다. 이런 경험들이 누적되면 자신을 자책하고 원망하며, 모든 종류의 감정적 상황을 무조건 회피하는 방식으로 조건화되기가 쉽다.

그러나 감정 '미정'이 느끼는 에너지는 자신의 것이 아니다. 이들이 느끼는 감정은 단지 자신을 통과해 가는 타인의 감정 에너지일 뿐이다. 감정 '미정'은 감정 '정의'가 기분이 좋으면 2~3배 더 기분이 좋아지고, 그 반대라면 2~3배 이상 더 큰 고통을 느낀다. 이 같은 이유로 인해 감정 '미정'은 언제나 감정적 상황의 피해자가 되고 문제거리로 여겨지기가 쉽다.

현대의 거의 모든 접근법은 감정 '미정'의 증상을 완화시켜 주는 데만 초점을 맞춘다. 진짜 원인을 알지 못하기 때문이다. 그래서 '미정'은 자신을 탓하거나 변화시키려 애쓰게 되고 결과적으로 더 큰 좌절을 겪게 된다. 그러나 감정 '미정'에겐 본디 감정적 이슈라는 것이 없다. 때문에 감정 '미정'은 치료가 아닌 이해와 수용, 그리고 분별을 배워야 한다.

감정 '미정'은 자신이 느끼는 감정이 자신의 것이 아님을 자각하는 훈련을 해야 한다. 긴장이 큰 상황 속에서도 이 긴장이 자신에게서 온 것이 아님을 알 수 있어야 한다. 필요할 땐 감정 '정의'의 아우라를 잠시 벗어남으로써 이 같은 감정이 어디서 왔는지 직접 확인해 볼 수도 있을 것이다. 누구든 감정이 작동하는 원리를 알면 심오한 해방감을 맛볼 수 있다.

▓ 인간관계에 벽이 존재하는 이유

'정의'된 센터가 많을수록, 당신이 외부로부터 받는 영향은 줄어든다. '정의'된 센터는 자신의 속성을 외부로 표현할 뿐 영향받도록 디자인되지 않기 때문이다. 그러므로 '정의'된 센터의 수가 6개, 7개, 8개가 되면 어떤 관계에서든 큰 장벽이 존재하게 된다. 만약 양쪽 모두의 디자인이 그렇다면 서로의 차이를 좁히기가 거의 불가능할 것이다.

확률적으로 드물기는 하지만, 혹 9개 센터가 모두 정의된 사람을 만난다면 아마도 큰 벽에 부딪힌 듯한 느낌을 받게 될 것이다. 마치 마리장성이 끝없이 이어져 있는 느낌이랄까.

만약 누군가가 9개 센터 정의라면 다른 사람들의 감정에 공감하기가 어려울 것이며(감정 '정의'), 부당한 요구로 스트레스를 받는 사람들의 고통을 이해하기 어려울 것이다(심장 '정의'). 또한, 자신의 생

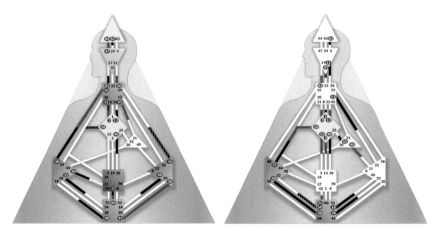

이미지. 8개 센터 '정의' 차트 / 6개 센터 '미정' 차트

각이 얼마나 편협해질 수 있는지 깨닫기 어려울 것이고(아즈나 '정의'), 자신이 누구인지 알지 못해 하루하루 신음하며 고통받는 사람들의 심경을 헤아리기도 쉽지 않을 것이다(G센터 '정의'). 4개의 에너지 센터가 '모두 정의'되어 있으므로(심장, 감정, 천골, 뿌리) 날마다 탈진으로 고통받는 사람들을 보며 의지력이 부족하고(심장 '정의'), 인내력이 부족하다고(천골 '정의') 욕할지도 모를 일이다.

반면, 6~7개 이상이 '미정'인 사람들은 주변 영향에 매우 매우 취약하다. 여기저기서 받아들이고, 조건화되는 영역이 너무 많기 때문이다. '미정' 센터가 많다는 사실 자체는 어떠한 문제도 아니지만, 일관성 있고 자기 주장이 뚜렷한 사람들을 높게 평가하는 사회 속에서는 열려 있고 유연한 '미정'의 디자인이 부족해 보이고, 고쳐져야 할 대상으로 여겨진다. 그래서 다수의 '미정' 센터를 가진 아이들이 성인이 되면, 일관성 없는 자신에 대한 혐오감과 타인에 대한 부러움으로 고통받게 된다. 만약, 아즈나 센터(정신적 확고함), G센터(고정된 정체성과 방향성), 심장 센터(일관된 의지력과 자존감), 감정 센터(감정적 직면)가 '모두 미정'이라면 거절도 못하고, 싫은 말도 못하며, 확고하지 못하고, 어떻게 살아야 할지 알지 못한다고 자신을 탓하게 될 것이다. 이들은 종종 자신이 설 자리를 찾지 못해 극도의 혼란을 겪는다.

본디 세상이 건강치 못하므로, '정의' 센터가 많은 사람들은 다른 사람들을 무시하기 쉽고, '미정' 센터가 많은 사람들은 자신의 가치를 폄하하기가 쉽다. '정의'든 '미정'이든 자신의 본성대로 살지 못하면 삶은 고통으로 얼룩지고 만다.

▎아이가 엄마 말을 안 들어요

사람들은 저마다 다르다. 그러나 우리는 각 사람의 다름을 존중하지 않을뿐더러, 본 모습대로 살도록 내버려 두지도 않는다.

사람들은 대체로 부모나 사회, 주변 사람들의 압력에 순응하는 경향을 보인다. 다르게 보이고, 독창적인 삶을 사는데 대한 두려움이 크기 때문이다. 우리 사회는 자신만의 삶을 살기 위해 치러야 할 대가가 상당히 크다.

그러나 어떤 사람들은 이 같은 압박을 잘 받아들이지 않는다. 그 뿐 아니다. 외부 압력에 강한 저항심과 투쟁심을 보이기도 한다. 심지어는 주변 사람들의 말을 귀담아 듣지도 않는다. 이들은 '개인성individuality'의 디자인을 가지고 있는 사람들이다.

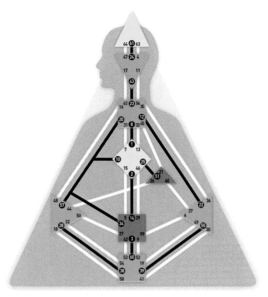

이미지. 개인 회로individual circuit

아무리 애를 써도 남들처럼 살 수 없는 디자인이 있다. 다시 말해 자신의 차트에 '개인 회로'가 정의되어 있다면(거의 모든 사람들의 차트엔 개인 회로가 일부 포함되어 있다), 자신만의 삶을 살고 자신만의 길을 가게 되어 있다. 이들에겐 '집단'이나 '부족'의 의견이 그리 중요치 않다. 애초부터 '외부인outsider'의 삶을 살도록 디자인되었기 때문이다. 이들에게 중요한 것은 자신의 고유함대로 또 자신의 독특함대로 사는 것이다.

'개인 회로'의 속성을 가장 잘 대변하는 관문을 꼽으라면 43번 '통찰insight'의 관문과 38번 '싸움꾼fighter'의 관문, 그리고 39번 '선동가provocateur'의 관문을 들 수 있을 것이다. 이들 관문들은 모두 외압에 맞서 자신의 고유함을 지킬 수 있는 방어 시스템을 가지고 있다.

즉, 주변 사람들의 말을 듣지 않고 무시해 버린다. 외부의 어떤 힘도 이들이 자신만의 삶을 살아가는 것을 막지 못하도록 디자인되었다는 의미다. 43번과 38번, 39번 관문이 모두 '귀머거리deafness' 관문이라 불리는 이유도 여기에 있다. 이들은 종종 옳은 말조차 귀담아 듣지 않는다.(적어도 사람들 앞에서는 그렇다.) 만약 옳은 말이라 생각되면 며칠 뒤나, 혹은 몇 주 뒤에 받아들일 것이다.

28번 '게임 선수the game player' 관문이 정의된 사람은 자신만의 인생 목적을 찾기 위해 투쟁하며, 55번 '영혼spirit' 관문이 정의된 사람은 영적 인식을 얻기 위해 몸부림친다. 이렇듯, '개인 회로'가 정의된 사람의 삶은 자신답게 살기 위한 투쟁의 성격을 띤다. 그래서 이들에게 "이래라, 저래라." 하는 말은 잘 먹히지 않을뿐더러, 오히려 역효과를 내는 경우가 많다. 이들은 언제나 이렇게 말한다. "나를 좀 내버려두세요. 내게 이래라, 저래라 하지 말란 말이에요!"

만약 여기에 '통합 채널integration channels'이라 불리는 디자인 요소가 더해진다면, 개인성은 더욱 극명한 형태를 띠게 된다. '통합 채널'은 오직 개인의 생존과만 관련된 채널들로, 통합 채널 쪽에 정의된 디자인이 많으면 그 누구도 영향을 미치기 어렵다. 이들은 오직 자신답게 삶으로써 자신의 생존을 스스로 지켜내야 하는 사람들이다.

그러므로 만약 당신이 이런 아이들의 부모거나 교사라면, 아이들이 자신의 본성과 메커니즘에 따라 살 수 있는 기회를 허용해 주어야 한다. 그리고 자신만의 삶을 살고, 창의적인 삶을 살도록 격려해 주어야 한다. 앞으로의 시대는 '집단'이나 '부족'의 시대가 아

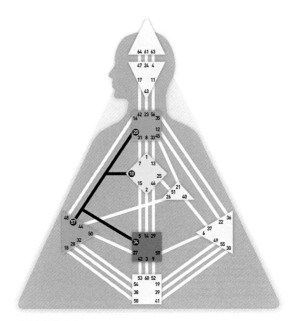

이미지. 통합 채널integration channels

닌, 철저한 '개인'의 시대이기 때문이다. '개인 회로'는 온갖 '창의성
creativity'의 원천이자 '변이mutation'의 원천이 되는 곳이다.

▚ 집 밖을 나가지 않는 사람들

'히키코모리'라 불리는 이들이 있다. 이들은 소위 '은둔형 외톨이'라 여
겨지는 사람들로, 주변 사람들과의 접촉을 꺼려할 뿐 아니라 의사소
통도 원활하지 않다. 멀쩡히 직장을 다니던 사람이 갑자기 일을 그만
두고 두문불출하는 경우도 있다.

사람들은 이런 갑작스런 변화를 어떻게 받아들여야 할지 잘 모

른다. 본인 자신도 왜 그런 행동을 하는지 이해할 수가 없다. 이 같은 상황을 잘못 다룰 경우, 심하면 대인기피증이 생길 수도 있으며 평생 대인관계에 어려움을 겪을 수도 있다. 대체 이런 어려움은 왜 생기는 것일까?

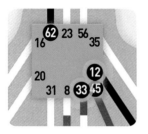

이미지. 33번, 12번, 40번 '홀로 있음'의 관문

휴먼 디자인 차트엔 '홀로 있음'의 관문이라 불리는 영역이 존재한다. 목 센터에 있는 33번 '사생활privacy'의 관문, 12번 '주의caution'의 관문, 그리고 심장 센터에 있는 40번 '홀로 있음aloneness'의 관문이 그것이다. 이 관문들 중 하나 이상이 정의된 사람들에겐 문자 그대로 '홀로 있음'의 시간이 매우 중요하다. 홀로 있음을 통해 지난 경험을 완결하고, 강해지며(33번), 자신을 아무 때나 노출시키지 않고, 보호할 수 있기 때문이다(12번). 또한 이들에게 '홀로 있음'은 하던 일을 멈추고 회복을 도모하는 기회가 되기도 한다(40번)

그런데 이들 디자인 중엔 보다 깊은 물러남을 가져오는 힘 또한 존재한다. 12.1(12번 관문의 1번 라인)은 '승려the monk'라 불린다. 출가한 사람을 떠올려 보면 좋을 것이다. 세부 디자인에 따라 차이가 있긴

하지만, 이들은 특정 시기에 사람들과의 접촉을 오랫동안 꺼리게 되는 경향이 있다. 12.1의 표제어는 '공동체의 지원을 통해서만 유지될 수 있는 물러남withdrawal that can only be maintained with communal support'으로써, 주변의 도움을 통해 혼자만의 시간을 갖게 되기도 하고, 극단적인 형태의 거리낌을 표현하기도 한다. 문자 그대로 승려처럼, 세상과의 접촉을 멀리한다는 의미를 가지고 있다.

다른 예를 하나 들어 보자. G센터에 10.2(10번 관문의 2번 라인)의 디자인을 가진 사람은 '은둔자the hermit'의 삶을 살도록 디자인되어 있다. 10번 관문은 '셀프의 행동the behaviour of the self'관문으로써, 이들에겐 은둔하는 삶이 자신됨을 지키고,

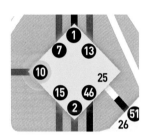

이미지. 10번 '셀프의 행동' 관문

자신을 사랑하는 열쇠가 된다. 이들의 삶은 마치 숨바꼭질을 하듯, 사람들로부터 물러나 있는 형태를 띤다.

그러나 10.2를 가진 사람이 '은둔자'의 삶을 살지 못한다면 어떻게 될까? 사람들이 불러낼 때마다 느낌이 없음에도 나가 어울려야 하고, 강제로 사람들과 함께 있어야 하는 상황에 내몰린다면? 이 경우 '은둔자'의 디자인을 가진 사람은 자기 혐오를 피할 수 없다. 10번 관문은 '자기 사랑' 또는 '자기 혐오'의 관문으로, 자신으로 존재할 수 있을 때는 깊은 '자기 사랑'을 느끼지만, 그렇지 못할 땐 '자기 혐오'로 고통받을 수 있다.

▓ 네가 나를 좋아해서 네가 싫어졌어

앞서 '비자아 목표는 어디에서 오는가?'를 다루면서 '분할'에 대해 소개한 바 있다. '분할'에는 모두 3가지 종류가 존재하는데, '이중 분할', '삼중 분할', '사중 분할'이 여기에 해당된다. '이중 분할'은 차트가 두 가지큰 덩어리로 나뉜 상태를 뜻하며, '삼중 분할'은 세 덩어리로 나뉜 상태, '사중 분할'은 네 덩어리로 나뉜 상태를 의미한다.

'분할'은 삶에 다양한 변수를 만들어 낼 수 있는데, 이 중에는 관계 유형도 포함된다. '이중 분할'은 단짝을 찾는다. 그리고 그것으로 족하다. 그러나 '삼중 분할'은 '이중 분할'과 다르다.

'삼중 분할(11%)'은 '이중 분할(46%)'보다 비율이 훨씬 적어 관계면에서 오해를 받기 쉽다. '삼중 분할'은 본성상 특정 관계에 갇혀 있는 상태를 좋아하지 않기 때문이다. 다음 페이지와 같은 '삼중 분할' 차트에선 20번 '현재the now', 16번 '기술skills', 10번 '셀프의 행동the behaviour of the self', 45번 '모으는 자the gatherer', 25번 '셀프의 영혼the spirit of the self', 58번 '살아있음aliveness', 22번 '열려 있음openness' 등의 관문이 '분할'을 연결해 주는데, '삼중 분할'은 이 모두를 한 번에 연결해 주는 사람에게 답답함을 느낀다.

'삼중 분할'은 이 같은 연결감을 한 사람이 아닌, 여러 사람들로부터 얻기를 바라다 때문에 한 개인과의 기밀한 관계보다는 이 사람, 저 사람과의 다양한 연결감을 맛보며 살게 되어 있다. 그래서 이들에겐 단짝 친구나 로미오와 줄리엣 같은 방식의 관계보단 넓고 다양한 관계가 더 큰 의미를 지닌다.

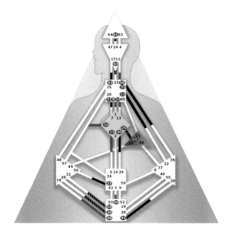

단일 정의single definition

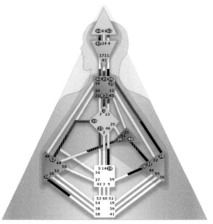

이중 분할split definition

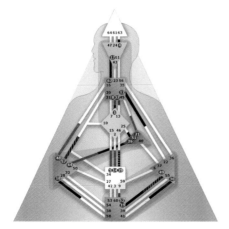

삼중 분할triple-split definition

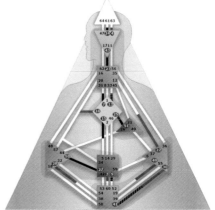

사중 분할quadruple-split definition

이미지. 분할의 4가지 종류

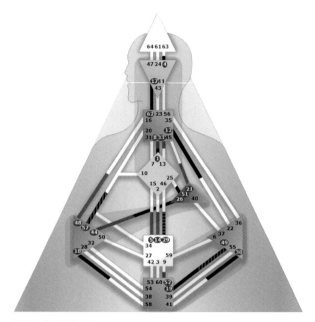

이미지. 삼중 분할 차트

그렇다고 이들이 결혼을 하지 않는다거나, 긴밀한 관계를 만들지 않는다는 뜻은 아니다. '이중 분할'인 사람들처럼 한 사람과의 결속력 높은 파트너십만 원하는 사람이 아니라는 의미다. 그래서 만약 '삼중 분할'인 사람이 '이중 분할'인 사람과 결혼한다면, 한쪽은 둘만의 관계를 원하지만, 다른 한쪽은 그런 패턴에 답답함을 느낄 것이다. 만약 둘 사이에 불협화음이 존재한다면 '이중 분할'인 배우자는 '삼중 분할'인 배우자의 사랑이 식었다고 생각할 수도 있을 것이다.

그러나 '삼중 분할'은 '이중 분할'과는 다른 방식으로 관계를 맺기 원한다. '삼중 분할'에겐 자유로운 공간이 필요하며, 둘만의 관계만이 아닌 다양한 사람들과의 접촉이 꼭 필요하다.

그런데 만약 어떤 사람이 '삼중 분할'인 사람을 좋아하게 된다면 어떨까? 좋아하니까 바로 다가가 고백을 해도 괜찮은 걸까? 타이밍을 놓치면 기회가 사라져 버릴 수 있으니 무조건 다가가는 게 맞는 걸까? 용기 있는 사람이 미인을 차지하니까?

'삼중 분할'은 자체의 메커니즘으로 인해 다른 이들보다 더 많은 시간을 필요로 한다. 세 구역으로 나뉜 디자인으로 인해 정보의 소통에 시간이 많이 걸리기 때문이다. 여기에 '감정 센터'까지 정의되어 있다면 추가로 더 많은 시간이 걸릴 수밖에 없다.

'삼중 분할'인 사람들은 자신의 갇히기 싫어하고, 깊게 영향받는 것을 좋아하지 않는 특성 및 명료함을 얻기까지 걸리는 시간적 특성 때문에, 알게 된 지 얼마 되지 않은 사람이 적극적인 구애를 표하는 데 불편함을 느낄 수 있다. 심지어 자신이 먼저 호감을 느끼고 있던 대상이라 해도 마찬가지다. 이들은 자신의 느낌이 무르익지 않았는데 누군가 섣부르게 다가온다는 느낌이 들면 오히려 뒤로 물러나 버릴 수 있다. 이 경우, 있던 호감마저 사라져 버리는 사람들이 바로 '삼중 분할'의 디자인을 가진 사람들이다. 이들은 끈적이는 관계를 그리 좋아하지 않는다.

그러나 우리가 사는 세상은 '이중 분할'의 사랑으로 물들어 있다. 그리고 바로 이런 이유 때문에 '삼중 분할'과 '사중 분할'은 관계면에서 별로 존중받지 못한다. 서로의 다름과 차이를 존중할 수 있을 때에야 비로소 건강한 사랑과 결혼 생활이 가능하지 않을까?

■ 이혼의 디자인

이혼의 디자인이란 말에는 어폐가 있다. 이혼을 '위한' 디자인이라는 것은 존재하지 않기 때문이다. 그러나 뭔가가 잘 맞지 않을 때 이혼 충동을 더 자주 느끼고, 실제로 이혼이나 결별을 더 많이 하는 디자인은 있다. '49번 관문', 그리고 '프로파일 3'이 여기에 해당한다.

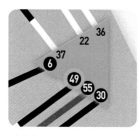

이미지. 49번 관문

감정 센터에 위치한 49번 관문은 '원칙principles'의 관문이다. '혁명revolution'의 관문이라 불리기도 한다. 49번 관문은 부족 또는 공동체를 유지하기 위해 필요한 자원이 무엇인지 인식하는 역량을 가지고 있으며, 이를 위한 '감정적 원칙'을 가지고 있다. 이들에게 '원칙'은 정말로 중요하다.

49번은 자신의 원칙과 맞지 않는 사람들을 거절하도록 디자인되었기 때문에, 이들이 누군가를 밀어낼 때 강한 거절 또는 혁명의 에너지가 표출된다. 특히 49번 관문이 '정의'된 감정 센터에 있을 경우, 감정 파동이 낮아지면 누군가를 거절하거나 밀쳐 내기가 쉬워진다. 관문의 속성이 이러하기에 이 관문에 '이혼divorce'관문이라는 별명이 붙어 있는 것이다. 그러나 이는 단지 결혼 생활을 끝낸다는 의미만이 아닌 모든 종류의 관계 유형에 해당되는 얘기다.

감정 센터의 출렁이는 속성 때문에, 49번 관문이 '정의'된 사람들은 충동적으로 이혼을 하거나 충동적으로 관계를 끝내 버리기가 쉽다. 하지만 감정 '정의'는 모든 결정을 내림에 있어 '명료함'이 나타날 때를 기다려야 한다. 즉흥적으로 살면 큰 어려움을 겪게 된다.

한편 '프로파일 3'은 '순교자martyr', 그리고 '무정부주의자anarchist'의 디자인을 갖는다. 또한, '관계를 맺고 끊는bonds made & broken' 디자인이기도 하다. 이들은 제대로 작동하지 않는 모든 것에 민감할 뿐 아니라, 잘못되고, 단단하지 못한 것들에 대해 회의적인 태도를 취하도록 디자인되어 있다. 다시 한번 강조하지만, 이런 속성들은 성격이나 심리적 특질이 아니다. 이 모두는 우리의 의지와 관계없이 작동하는 기계적 메커니즘일 뿐이다.

'프로파일 3'은 누군가를 만날 때, 둘의 관계가 바르게 작동하고 있는지, 관계가 단단한 기반 위에 서 있는지, 지속될 만한 관계인지를 금세 알아차린다. 만약 관계가 건강하지 못하다 느낀다면, 자신의 안전을 위해 관계를 정리하거나 끊고자 할 것이다. '프로파일 3' 또한 그런 의미에서 '이혼'의 프로파일이라 불릴 만하다. 이들은 제대로 작동하지 않는 관계에 몹시 회의적이다.

'분할split'의 차원에서 이를 생각해 볼 수도 있다. 일반적으로 분할이 많아질수록 이혼율이 높아지는 경향이 있다. '삼중 분할'이나 '사중 분할'은 '이중 분할'에 비해 상대와의 결속력이 높지 않고, 정의된 센터가 많아 타인을 잘 수용하지 못하는 경향이 있다. 정의된 센터가 많은 사람들은 다른 사람의 영향을 받아들이기가 정말 어렵다.

그러니까 만약 감정이 '정의'되어 있고, 49번 '원칙'의 관문이 있으며, '삼중 분할'에 '프로파일 3'인 사람이 존재한다면 이 같은 경향성이 훨씬 더 잘 나타날 것이다. 메커니즘은 거짓을 말하지 않는다.(감정 '미정'에 49번이 '정의'된 사람이 있다면, 평소 감정 직면을 잘하지 못함에도 불구하고 신경질이 나거나 혹은 감정에 완전히 압도되어 버릴 때 격렬한 혁명의 기운을 표출하며 결별을 선언할 수도 있다. 49번은 '희생시키거나', '희생당하는' 관문이기도 하다.)

'홀로 있음'의 관문도 여기에 해당될 수 있다. 33번이나 12번, 혹은 40번 관문이 정의된 사람이 있다면 이를 이해받거나 수용받지 못할 경우, 그 사람을 거절(40번)해 버릴 수도 있다. 또는 반사회적인 목소리(12번)로 상대에게 격한 감정을 표출하게 될 수도 있다. 이와 같이 메커니즘에 대한 무지는 수많은 고통을 낳는다.

인간은 만남과 헤어짐을 마음대로 결정할 수 있을진 몰라도, 그 안에서 일어나는 인간관계의 역학을 마음대로 조종할 수는 없다. 인간은 정교한 프로그램 안에서 메커니즘대로 움직이고 있기 때문에 바르게 맺어지지 않은 관계는 관계를 맺거나, 끊을 때 모두 큰 고통을 안길 수 있다. 그것이 남녀 관계든 비즈니스든 그 어떤 종류의 관계든 마찬가지다. 삶은 우리 뜻대로만 되지 않는다는 사실을 알아야 한다. 우리가 이 삶의 주인이라는 말은 공상에 불과한 얘기다.

▌ 동시에 여러 명을 만난다구요? 그건 비윤리적이라구요!

'사중 분할'의 디자인은 인구의 1%를 차지하는 '리플렉터'보다 그 수가 적다. 200명당 1명 정도밖에 되지 않기 때문에 좀처럼 만나기가 어렵고, 그래서 더욱 이해하기 어렵다. 비율이 이토록 적다면 '사중 분할'을 이해하려 하기보다는 외면하거나 멸시하기가 더 쉬울 것이다.

이들의 디자인은 정말 독특하다. '분할'을 연결해 주는 한 사람을 찾는다는 면에서는 '이중 분할'을 닮아 있지만, 한 사람이 모든 분할을 연결해 주는 상황을 반기지 않는다는 점에서는 '삼중 분할'과 비슷하다. 그러면서도, 사람 많은 공공장소를 좋아하지 않는 사람이기도 하다. '사중 분할'의 디자인은 최소 8개의 정의된 센터를 필요로 하기 때문에, 다른 누군가를 받아들일 공간이 턱없이 부족하다. 또한, 다양한 조합의 일대일의 관계를 선호하는 경향때문에 사람을 두루 넓게 만나려 한다.

이들의 이러한 속성은 남녀 관계에서도 차별화된다. 본성상 한 개인에게 종속되기를 원치 않는데다, 분할을 연결해 줄 다양한 방식의 조합을 필요로 하기 때문이다.

그래서 이들은 '일부다처제', '일처다부제'가 가능한 유일한 디자인이라 불리기도 한다. 이들은 동시에 여러 명의 연인 또는 섹스 파트너를 가지려 하는 사람들이자 이들과 한 번에 한 명씩 번갈아가며 만남을 갖는 사람들이기도 하다. 또는 결혼 후 아이를 여럿 낳아 자녀들과 다양한 방식으로 접촉을 가지는 사람이기도 하다.

혹자는 무슨 이런 디자인이 다 있느냐며 따지고 싶을지도 모르겠다. 이런 관계방식은 윤리적이지 않을뿐더러, 사회 가치에 위배

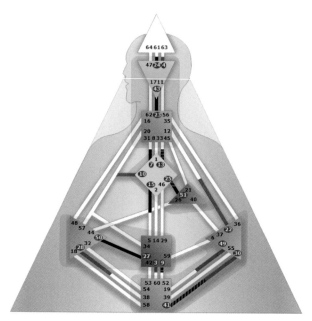

이미지. 사중 분할의 디자인

된다고 생각할 수도 있을 것이다. 한편, '사중 분할'의 디자인을 가진 사람이 종교를 가지고 있다면 자신이 가진 관계 패턴에 대해 죄책감을 가질 수도 있을 것이다. 하지만 '사중 분할'의 디자인이 존재하는 데는 다 그만한 이유가 있다.

진짜 문제가 되는 것은, 이 사회가 오직 '이중 분할'인 사람들의 패턴으로 '균질화'되어 있다는 데 있다. 잊지 말기를 바란다. '이중 분할'은 다른 모든 분할 유형을 합한(12%) 것보다 비율이 훨씬 높다(46%). 그래서 세상은 여전히 '로미오와 줄리엣'식의 사랑을 꿈꾸며, 그런 사랑을 찾도록 조건화된다. 다른 방식의 관계를 아예 인정해 버리지 않는 것이다.

'삼중 분할', 그리고 '사중 분할'의 디자인을 가진 사람들은 자신의 본성을 존중받지 못한 채로 오랫동안 숨죽여 살아야 했을 것이다. 그러나 각 사람에겐 자신만의 삶이 있고, 고유한 디자인이 있다. 우리에게는 이를 판단할 권리가 없다.

▌ 인간관계, 그리고 삶이 힘들다면

사람은 이토록 다르고, 이토록 독특하다. 그런데 균질화된 세상이 모든 사람을 하나의 틀에 집어넣고 똑같은 삶의 방식을 강요하기에 불행하고 힘든 사람이 많은 것이다. 고통이 줄기는 커녕, 오히려 늘어가고 있다.

휴먼 디자인은 각 사람이 어떻게, 얼마나 다른지를 시각적이고 메커니즘적인 방식으로 명확하게 보여주기 때문에 각 사람의 차이를 이해하고 수용하는 데 결정적인 도움을 준다. 특히 '공인 차트 분석가professional analyst'들이 제공하는 '파트너십 리딩partnership analysis'은 인간관계에 특별한 통찰을 더해준다.

두 사람이 함께 있게 되면, 홀로 있을 때는 존재하지 않던 여러 에너지 조합이 나타난다. 경우에 따라 한 사람의 디자인이 다른 사람에게 절대적인 영향을 미치기도 하며dominant, 상대를 굴복시키기도 하고compromised, 강한 끌림을 이끌어 내기도electro-magnetic 한다. 또한, 동반 관계companionship를 형성할 수도 있다.

건강한 관계, 건강한 삶의 비결은 자신의 디자인을 이해하고 수용하는 데 있으며, 자신에게 올바른 사람들과 올바른 관계를 맺는 데 있다. 휴먼 디자인은 이를 가능케 해줄 뿐 아니라, 삶에 대한 깊은 치유와 연민을 가져다 줄 수 있다.

아무도 저를
이해하지 못하는 것 같아요

▌ 당신은 일하기 위해 태어난 사람이 아닙니다

누구든 열심히 일해야만 살아남을 수 있다는 생각이 있다. 그러나 '프로젝터', '메니페스터', '리플렉터'는 일하기 위해 태어난 사람이 아니다. 이들의 목적은 전혀 다른 곳에 있다. 이들의 목적은 뭔가를 '시작하거나', 다른 이들을 '가이드하거나', 세상을 '반영시키는' 데 있다. 이들 세 타입은 에너지를 지속적으로, 일관되게 사용해야 하는 일에는 적합하지 않다.

그러나 이들 세 타입은 오히려 '제너레이터'보다 더 많이, 더 오래 일을 하는 경향이 있다. 천골 '미정' 존재로써, 주변의 천골 에너지를 받아들여 증폭시키는 본성 때문이다. 이들은 자신의 메커니즘을 알지 못하기 때문에 어떻게 생존할 수 있는지도 이해하지 못한다.

이들에게 "당신은 일하기 위해 태어난 사람이 아닙니다. 당신의 목

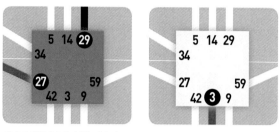

이미지. 천골 '정의'와 천골 '미정'

적은 다른 곳에 있습니다."라고 말해주면 대게 곤혹스럽다는 반응을 보인다. 자신만큼 열심히 사는 사람도 없는데 그게 무슨 소리냐는 뜻이다.

그러나 겉보기에 에너지가 많아 보인다는 사실이 이들이 정말 그렇게 살 수 있다는 의미는 아니다. 이들의 에너지는 일관된 방식으로 작동하지 않는다. 그래서 자주 '탈진'을 겪게 된다.

'천골'은 4개의 에너지 센터들 중 가장 강력하고 지속력있는 에너지를 발산한다. 그리고 다른 타입의 사람들은 이들로부터 에너지를 빌려 쓴다. 활력이 없게 느껴지던 사람도 이들과 함께 있으면 에너지가 생기는 느낌을 받으며, 움직일 수 있는 힘을 얻게 된다.

천골 '미정'인 사람들에게 이 에너지가 필요한 건 사실이다. '제너레이터'가 발산하는 천골 에너지가 이 땅의 생명을 지탱하고 유지시키는 기능을 가지고 있기 때문이다. 천골 센터는 '최상의 에너지 센터prime motor'로써, 세상은 이들에 의해 건축되고, 유지되며, 또 파괴된다.

천골 '미정'인 사람들은 정말 열심히 산다. 그러나 그 때문에 몸이 쇠하고 무력해지기도 한다. 삶이 주는 즐거움도 희석된다. 이들은 언제나 '제너레이터'와 자신을 비교하며 체력 부족과 인내력 없음을 한탄한다. 그래서 필요할 때 쉬어야 하는 디자인임에도 불구하고, 오히려 더 열심히 운동을 하고, 스태미너를 증강시키기 위해 자신에게 해로운 방식으로 부적절한 노력을 지속한다.

TV를 보면 '프로젝터' 연예인들이 '탈진'을 언급하는 경우를 종종 볼 수 있다. '프로젝터'는 촬영 중에 항상 탈진한다. 이들은 하루 종일 지속되는 녹화 일정을 견디지 못한다. 활력이 넘쳐 보이다가도 조금만 지나면 기력이 없어 보이고 심히 지쳐 보인다.

당신이 천골 '미정' 존재라면, 먼저 자신이 '제너레이터' 타입의 사람들과는 전혀 다른 일을 하며 살게 되어 있다는 사실을 받아들여야 한다. 당신은 하루 종일 열심히 일하며 살도록 디자인되어 있지 않다. 그것은 당신의 삶이 아니다. 당신은 오히려 어떤 사람이 당신에게 진정한 힘을 주고, 그렇지 않은지를 분별하도록 디자인되어 있다. 천골 '미정'은 천골 '정의'의 에너지를 받아들이고, 또 감지하기 때문에 사람과 장소의 '에너지 수준energy level'에 대단히 민감하다. 다시 말해, 좌절된 '제너레이터' 옆에 있으면 당신은 두 배 더 피곤하고, 두 배 더 좌절을 느끼게 될 것이다.

'프로젝터', '리플렉터', '메니페스터'는 일하기 위해 태어난 사람이 아니다. 이들은 '다른 종류의 일'을 하도록 디자인되었다. 이를 수용할 때에야 비로소 자신다운 삶도 시작될 수 있다.

▌ 자살 충동을 더 잘 느끼는 디자인이 있을까?

세상에 적응하려면 먼저 자신을 죽이는 법부터 배워야 한다는 말이 있다. 하지만 그건 삶이 아니다. 자신을 죽이며 산다는 건 자살과 다를 바 없기 때문이다. 그렇게 오랫동안 자신을 죽이며 살다 보면 살기가 싫어지는 것은 당연한 일이 되고, 스스로 목숨을 끊기도 쉬워진다.

이미지. 천골 센터의 29번 관문

29번 관문은 "네"라고 말하는 관문이다. 영화 〈예스맨yesman〉의 주인공처럼 무엇에든 "네"라 말하는 사람이기 때문에 그런 이름이 붙어 있다. 29번 관문은 경험에 헌신하는 관문으로써, "네"라고 대답할 때마다 뭔가에 뛰어들고 이를 깊이 경험하게 되어 있다. 그래서 경험에 바르게 들어가지 않을 때 큰 고통을 겪게 된다.

주역에서 29번 괘는 '심연the abysmal'을 뜻한다. '구덩이 안에 또 하나의 구덩이'가 있는 상으로, 깊고도 깊은 경험의 세계를 암시한다. 그 경험이 너무도 깊어 종종 절망이 느껴지며, 때로 삶을 포기하고 싶을 정도로 고통이 느껴지기도 한다. 그래서 29번 관문을 노예 관문, 또는 자살 관문이라 부르기도 한다. 그만큼 경험에 예속되고 붙들리는 힘이 정말 크다. 잘못된 경험을 제대로 다룰 수 없고 제때에 빠져나올 수 있는 역량이 없다면 자살 충동을 느끼는 것은 어쩌면 당연한 일일지도 모른다.

세상이 고도로 균질화된 비자아not-self 세상이라는 점을 생각해 볼 때, 29번 관문이 '정의'된 사람들은 늘 자신의 처지를 한탄하며 '어떻게 이 경험을 끝낼 수 있을까?'라고 생각한다. 그러나 29번의 속성 상(천골 센터는 인지 센터가 아니다.) '기계적으로mechanically' "네"라고 말하게끔 디자인되어 있기 때문에 다른 무언가에 쉽게 뛰어들 뿐 아니라, 잘 빠져나오지도 못한다. 잘못된 경험으로 인한 고통이 끝나지 않고 지속될 수 있다는 의미다. '전략'과 '내부권위'를 따라 살지 않는다면 끝도 없이 계속되는 경험들로 삶이 지옥처럼 느껴질 수도 있을 것이다.

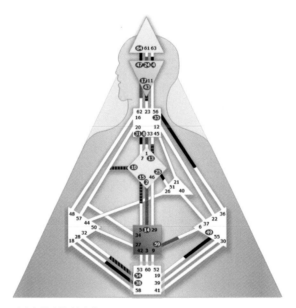

이미지. 뿌리 센터 '미정'

뿌리 '미정'은 또 다른 사례다. '비자아' 상태의 뿌리 '미정'은 조급할 뿐 아니라 주변 사람들까지 닦달하고 다그친다. 이들에게는 만사가 너무

느리고, 지루하게 느껴지기 때문에 끊임없이 흥분거리를 찾으려 하거나 바쁜 삶에 중독될 수 있다. 그러다 뿌리의 에너지가 모두 빠져 나가면 뭔가를 빼앗긴 사람처럼 기운이 쭉 빠져 버리기도 한다. 삶이 더이상 활기차게 느껴지지 않고, 갑자기 모든 것이 허무하게 느껴질 수도 있다. 우울감이 동반되는 경우도 적지 않다. 이럴 때 뿌리 '미정'은 삶이 빨리 끝나버렸으면 좋겠다고 생각한다.

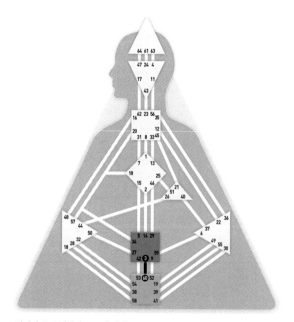

이미지. 3-60 '변이mutation' 채널

이번엔 3-60 채널의 차례다. 이 채널은 '뿌리 센터'와 '천골 센터'를 연결시키는 채널로, 뿌리의 압박과 천골의 강한 힘을 다루고 있어 여느 채널보다 '스트레스'와 '압박'이 크다.

3-60 채널은 '변이mutation' 채널로써, 인고의 시간을 거쳐 새로운 것을 발현시키는 속성을 가지고 있다. 이 채널은 '개인 회로individual circuit'에 속해 있어 일정 시점마다 '우울감'이 나타나곤 하는데, 채널 특성상 몇 개월 또는 몇 년씩 지속되는 경우가 있다. 겉으로만 본다면 '우울증'에 빠진 사람처럼 보일 수도 있다.

그러나 3-60 채널의 우울'감感'은 우울'증症'이 아니다. 병이 아니란 얘기다. 고치거나 개선할 대상은 더더욱 아니다. 하지만 자신의 한계를 수용(60번, '수용acceptance'의 관문)하지 않으면 만성적 우울증에 빠질 수도 있다. 3번 관문은 '질서ordering'의 관문이면서, '혼란confusion'을 뜻하기도 하기 때문에 자신의 메커니즘을 존중하지 않으면 큰 고통을 겪게 된다.

수 개월에서 몇 년씩 지속되는 이 우울감은 그 의미를 알고 있지 못한 사람들에게는 저주처럼 여겨질 수 있는데, 그래서 때때로 극단적인 결과가 나타나기도 한다.

이런 경향은 28.6(영광의 불꽃blaze of glory)이나, 32.6(고요함tranquility)이 정의된 사람들에게서도 나타날 수 있다. '▼' 기호는 '하강detriment'을 뜻하는데, 일반인들에겐 부정적인 뉘앙스로 해석되는 경우가 많다.

28.6 ▼ : 자기 파괴. 패배에 대한 깊은 직관적 두려움과 투쟁할 때의 심오한 무기력감

32.6 ▼ : 무의미함의 증거로써의 덧없음. 이에 수반되는 결과로 우

울, 망상, 극단적인 경우 자기파괴로 나타남. 변화가 덧없음으로 경험될 때의 두려움, 그리고 우울할 가능성

그러나 이 같은 디자인을 부정적인 것이라거나, '왜 내게 이런 디자인이 있는 거지?', '나보고 죽으란 건가?'라는 식으로 해석해서는 안된다. 휴먼 디자인의 어떤 정보도 부정적인 의미를 가지거나 나쁜 의미를 가지지 않기 때문이다.

모든 디자인에는 이유와 목적이 존재하며, 결과적으로 개인의 성장에 기여한다. 휴먼 디자인은 종합 학문이자 고도의 복잡성과 정교함에 기초해 있으므로, 이런 세부사항을 다루고자 할 때는 반드시 '공인 차트 분석가professional analyst'의 도움을 받아야 한다.

▌ '우울감'은 '우울증'이 아닙니다

'우울증'은 전 세계적으로 심각한 사회문제가 되어 가고 있다. WHO는 세계 청소년 질병 1위가 '우울증'이라 발표한 바 있으며, 2020년엔 우울증이 자살원인 1위가 될 것이라 예견한 바 있다. 전 세계적으로 3억 5천만명 가량이 '우울증'으로 고통받고 있을 뿐 아니라 지금 이 순간에도 가장 빠르게 퍼져 나가는 질병으로 여겨지고 있다. 어떤 통계는 세계 인구의 1/3 이상이 평생 한 번 이상 '우울증'으로 고통받고 있다고 보고하기도 했다.

한편, 많은 '요기yogi(요가 지도자)'들은 '우울증'이 현대 의학이나 어

떤 요가의 행법으로도 근본적인 치료가 어려운 질병이라 말하기도 한다. 왜 그런지 그 이유를 명확히 말할 순 없지만, 현재까지 확인된 어떤 방법으로도 우울증을 완치할 수 없다는 건 사회적 상식으로 받아들여지는 것 같다.

세상은 여전히 '우울증'의 원인을 찾고 있다. 뭔가 이성적으로 납득할 만한 원인을 찾아야 그에 따른 해결책도 내놓을 수 있기 때문이다. 그러나 '우울증'이 왜 나타나는지에 대해 명쾌한 설명이 제시된 적은 없었다. 오히려 시간이 지날수록 더 까다롭고, 더 다루기 어려운 주제가 되어 가고 있을 뿐이다. '우울증'은 이제 세계 3대 질병으로까지 여겨지고 있다. 휴먼 디자인은 과연 이 어려운 문제에도 해답을 줄 수 있을까?

이 문제에 대한 답을 얻으려면 먼저 '우울증'이 아닌 '우울감'으로 눈을 돌려야 한다. '우울증'은 발현된 증세일 뿐, 원인이나 메커니즘은 아니기 때문이다.

휴먼 디자인에서 '우울감'은 특별한 목적을 지닌다. '우울감'이 있어야만 하는 이유가 있다는 뜻이다. 다시 말해, '우울감'은 인간을 괴롭히기 위한 질병이나 처벌이 아니다. 전염병은 더더욱 아니다. '우울감'은 인류의 '진화'를 촉진하고 더 나은 삶을 가능케 하기 위해 신이 우리에게 허락한 선물이다.

인간은 지속적으로 진화해 가기 위해 새로운 것의 발현을 필요로 했다. 문명의 발전이 그랬고, 인간 종의 진화가 그러했다. 즉, '창조'는 세상의 '진화'를 위해 꼭 필요한 힘이다. 그렇다면, '창조'를 가져오는 원천은 무엇일까? 바로 '우울감'이다.

많은 사람들에게 이 말이 생소하게 느껴질 수 있을 것이다. 어쩌면 황당하게 들릴 수도 있을 것이다. '내가 우울했던 이유가 고작 창조적인 삶을 살기 위해서란 말인가?' 그러니 생각해 보라. 천재 작곡가들과 예술가들이 놀라운 작품을 발표한 뒤, 뒤따른 영감의 부재와 '우울감'으로 고통받았던 현실을 말이다. 영감이 사라지고 나면 세상은 잿빛이 되어 버리고, 깊은 절망과 '우울감'이 그를 지배하기 시작한다. 극도의 '우울감'을 견디지 못한 사람은 자신의 귀를 자르거나, 스스로 목숨을 끊기도 했다.

하지만 이 같은 고통은 '우울감'의 본성을 제대로 알지 못하기 때문에 나타나는 결과다. 본성상 '창조성'과 '우울감'은 마치 한 쌍의 잉

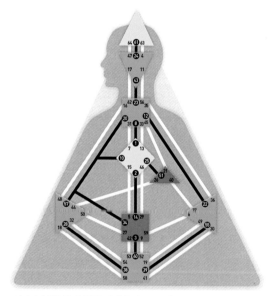

이미지, '개인 회로', '통합 채널'을 하나에 담은 차트

꼬처럼 짝을 이루게 되어 있다. 다시 말해, '창조성'이 표현된 후엔 어김없이 '우울감'의 시기가 찾아온다는 뜻이다. 그리고 '우울감' 뒤엔 또 다른 '창조'가 기다리고 있다. 그러나 많은 예술가들은 한 번의 커다란 '창조' 뒤에 찾아온 '우울감'을 견디지 못해 괴로워하고 슬퍼한다. '우울감'이 '창조의 바탕이라는 사실을 알지 못한 채 말이다.

지금 이 순간에도 얼마나 많은 사람들이 '우울감'으로 고통받고 있는지 모른다. 그러므로 '우울감'이 무엇이며, 어떻게 '우울감'을 다뤄야 할지 아는 것은 정말 중요한 일이다.

먼저 234쪽의 차트를 살펴 보기 바란다. 차트엔 '개인 회로individual circuit'와 '통합 채널integration channels'이 함께 표시되어 있다. 바로 이 곳이 '우울감'이 나타나는 곳이다. '우울감'은 인간 본성의 일부로써, 위에서 언급한 바와 같이 창조를 위한 전주곡과 같은 역할을 해 준다. 다음은 인간에게 부여된 22가지의 우울감을 나열한 것이다.

| 개인회로의 우울감

61번 관문 – 영감이 떠오르지 않는 것에 대한 우울감
24번 관문 – 해결책이 없어 고요함을 누리지 못하는 우울감
43번 관문 – 효율적이지 못한 상황에 대한 우울감
23번 관문 – 자신을 명료하게 설명하지 못할 때의 우울감
8번 관문 – 자신에게 관심을 보이는 사람이 없다는 우울감
1번 관문 – 차별화되지 못하는 것에 대한 우울감
2번 관문 – 상황이 빠르게 전개되지 못하는 것에 대한 우울감
14번 관문 – 일해야만 한다는 것에 대한 우울감
3번 관문 – 지속되는 것은 없다는 사실에 대한 우울감
60번 관문 – 벗어날 방법이 없다는 것에 대한 우울감
38번 관문 – 투쟁할 대상을 알지 못함에서 오는 우울감

28번 관문 – 목적 없는 삶에 대한 우울감
57번 관문 – 듣는 것을 통해 오는 우울감
20번 관문 – 지금 이 순간 세상이 가진 모습에 대한 우울감
39번 관문 – 자극할 대상을 알지 못함에서 오는 우울감
55번 관문 – 섭식장애로 이끌 여지가 있는 공허함
22번 관문 – 경청할 만한 가치있는 것이 없다는 우울감
12번 관문 – 말할 가치가 있는 대상의 부재에서 오는 우울감
34번 관문 – 자신의 에너지를 즉각 사용할 수 없음에 대한 우울감
10번 관문 – 사람들이 어떻게 처신해야 할지 모른다는 우울감
25번 관문 – 무의미하게 되는 것에 대한 우울감
51번 관문 – 흥분할 거리가 없다는 것에 대한 우울감

예를 들어 보자. 만약 당신 차트에 10번 관문이 정의되어 있다면, 자신의 디자인대로 처신하지 못하거나, 다른 사람들이 어떻게 행동해야 할지 몰라 헤매는 것처럼 보일 때 '우울감'을 느낀다. 만약 57번이 함께 정의되어 있다면, 다른 사람들의 목소리를 통해서도 '우울감'을 느끼게 될 것이다. 10번 관문과 57번 관문이 함께 정의된 사람은 어찌할 바 모르는 사람들이 절망적인 목소리로 주변 사람들에게 도움을 청할 때 깊은 '우울감'을 느낄 수 있을 것이다.

만약 55번이 정의되어 있다면 때때로 깊은 공허함을 느끼게 될 것이다. 55번 관문은 감정 센터에 위치한 '영혼spirit'의 관문으로써, 영적 성숙을 위해 가장 큰 폭의 감정 파동을 겪게 되어 있다. 즉, 가장 높이 올라가고, 가장 깊이 내려가는 파동을 가진 디자인이다. 그래서 55번 관문이 정의된 사람들은 어떨 때는 극도의 '행복감'을 느끼다가도 얼마 후엔 극도의 '우울감'을 느끼게 된다. 그래서 55번 관문이 정의된 사람들은 종종 자신을 조울증 환자라 생각하기도 한다.

22번 관문은 뭔가 가치있는 것을 듣지 못할 때 '우울감'을 느낀다. 또는 자신의 말을 아무도 귀담아 듣지 않는 것처럼 느낄 때도 '우울감'을 느낀다. 14번 관문이 정의된 사람은 자신의 자원과 에너지를 어디에 써야 할지 모를 때 '우울감'을 겪고, 61번 관문이 정의된 사람은 더 이상 영감이 나타나지 않는다 느낄 때 '우울감'을 겪는다. 이런 '우울감'들은 고유의 본성과 메커니즘에 따른 것이지 병이 아니다.

현대의 전문가들은 '우울감'이 나타날 때 혼자 있지 말고 사람들과 어울리고 유쾌한 대화를 나누라고 조언한다. 혼자 있으면 우울한 생각에 빠져 더 우울해지고, 더 힘들어질 수 있다고 보기 때문이다. 그러나 이 방법은 그리 효과적인 방법이 아니다.

'우울감'은 일상의 상태를 전환시켜 평소에는 다룰 수 없었던 무언가를 다룰 수 있게 해 주고, 받아들일 수 있게 해 주는 개인적 변이의 과정이다. 때문에 사람들과 함께 시간을 보내려 하면 오히려 제약이 생길 수 있다. '우울감'이 있을 땐, 사람들과 어울려 있기 보다 자신만의 시간을 가지면서, 삶을 돌아보고, 음미하는 편이 더 많은 도움이 된다. 만약 이렇게 할 수 있다면 '창조'의 때에 더 큰 수확을 거둘 수 있고, 새로운 것이 잉태되는 즐거움을 맛볼 수도 있을 것이다. '우울감'을 적으로 생각지 말라. '우울감'을 친구로 여기라.

의료적 측면에서라면 '우울감'과 '우울증'을 구분할 필요가 있을 것이다. 물론 심한 '우울증'이라면 상담과 처방이 필요할 것이다. 그러나 '우울감' 그 자체는 병이 아니다. '우울감'을 약으로 해결하려 하면 오히려 창조적 변이 과정이 방해를 받게 된다.

'창조'는 개인의 생존에 매우 중요한 역할을 한다. 당신이 만약 '1인 기업'이나 '자영업자'라면 이 같은 사실이 더 큰 의미를 지닐 것이다. '우울감'이 없다면, '창조'도 없다.

'우울감'과 '창조'는 '꺼짐off'과 '켜짐on'의 상태와 같다. 둘 다 똑같이 소중하고, 똑같이 가치있다.

▓ 전 너무 예민해서 탈이에요

소리에 민감한 디자인이 존재한다. 그래서 누군가는 노트북 자판 두드리는 소리를 잘 참지 못하며, 부스럭거리는 소리를 잘 견디지 못한다. 이들은 종종 예민하고 까탈스러운 사람으로 분류된다.

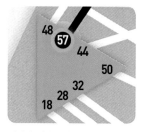

이미지. 비장 센터의 57번 관문

57번이 '정의'된 사람들은 소리에 고도로 민감하다. 57번 '직관적 통찰intuitive insight' 관문이 속한 '비장 센터'는 '생존을 위한 센터'이기 때문에, 주변의 소리들을 감지하고 이를 즉각적으로 판별하여 자신의 '직관'을 표현하게 되어 있다.(57번 관문은 '포유류'들이 주변환경을 식별하는 청각 본능을 주관하는 관문이자 '곤충'들이 진동을 통해 주변환경을 식별하는 관문이기도 하다. '인간'에겐 '오른쪽 귀 right ear'의 관문이기도 하다.)

결론부터 말하자면, 이들은 '민감한' 사람들이기는 하지만 '예민한' 사람은 아니다. 소리를 통해 세상을 식별하고, 웰빙의 여부를 판별하는 사람들이기에 소리에 민감한 것뿐이다. 이들은 사람들의 목소리 톤에도 매우 민감하다.

57번 관문은 다른 이들의 목소리 파동을 듣고 이를 즉각적으로 식별하는 기능을 가지고 있기 때문에, 감지된 파동을 통해 진실과 거짓을 식별할 수 있다. 진실과 거짓은 파동 속에 있는 것이지 말의 내용에 있지 않기 때문이다. 소리 파동의 떨림을 감지하는 것이 바로 57번의 역할이기 때문에 이들은 자신의 귀를 신뢰해야 하고, 이 감각에 의

존해 자신의 안전을 지켜야 한다.

57번 '정의'가 감정 '미정'이라면, 소리에 민감할 뿐 아니라 소리 때문에 신경질이 자주 날 것이다. 감정을 적절한 방식으로 표현하는 법을 모른다면 대인관계에서 적지 않은 어려움을 겪을 수도 있다. 보통은 예민하고, 신경질 많은 사람이라는 소리를 듣게 된다.

만약 57번 '정의'에게 충분한 돈이 있다면 아마도 고성능 스피커를 사고 싶어할 것이다. 이들은 고품질의 소리에 큰 만족을 느낀다. 차가 있다면 스피커를 업그레이드하고 싶어할 것이다.

▌섹스도 메커니즘입니다

'성적 기능장애'는 사회 도처에 만연된 질병 중 하나다. 많은 사람들이 성적 자유를 원하고, 또 자기답게 살기를 바라면서도 정작 성에 관한 대화가 시작되면 길을 잃는다. 한쪽 극단은 무분별한 성적 방임주의를 추구하고, 다른 극단은 여전히 근본주의적 태도를 고수하고 있다.

게다가 우리 사회는 유교적 관습의 부정적 측면을 포함, 수직적이고, 체면 중심적인 문화 속에 있어 이를 속 시원히 드러내지도 못하고 있다. 차라리 속으로 삭히거나, 남몰래 자신의 욕구를 채우면 그만이라는 생각이 만연되어 있는 것도 그 때문일 것이다. 성에 대한 대화조차 자유롭게 하지 못하는 사람들이 이토록 많은 현실에서 성에 대한 오해와 편견을 걷어내고, 성적 본성을 바르게 인식하는 일이 과연 쉬운 일일까? 왜 어떤 사람은 그토록 보수적인 삶을 살고, 어떤 사람은 다양한 성적 경험을 끊임없이 추구하려 드는 걸까?

휴먼 디자인이 말하는 인간의 '성sexuality'은 크게 3가지 맥락을 취한다. '부족회로의 섹스tribal sex', '집단회로의 섹스collective sex', '개인회로의 섹스individual sex'가 그것이다. 다시 말해, 성에 접근하는 3가지 서로 다른 메커니즘이 존재한다는 것이다. 아래 이미지를 살펴 보자.

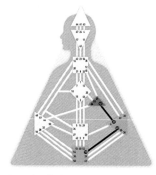
부족 회로의 섹스tribal sex
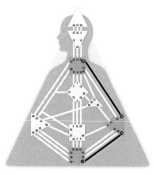
집단 회로의 섹스collective sex
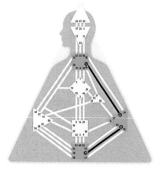
개인 회로의 섹스individual sex

이미지. 부족 회로의 섹스, 집단 회로의 섹스, 개인 회로의 섹스

|부족 회로의 섹스|

'19-49 채널' 및 '37-40 채널'은 부족 섹스의 흐름을 만든다. 이 두 채널은 자신이 부족이라 여기는, 쉽게 말해 전통적인 부부관계 또는 연인관계의 틀 안에서 섹스를 한다.

이들에게는 원칙(49번, 37번)이 존재하며, 자신의 원칙을 존중하는 사람과 부족을 맺는다. 이들에겐 '거래' 또는 '합의'가 중요한 의미를 지니는데, 누군가 그 원칙을 깨거나 존중하지 않는다면 성적 커뮤니케이션도 원활하기가 어렵다. 이들은 자신의 연인, 배우자를 '내 사람', '내 것'이라 말하기를 주저하지 않으며, '접촉touch'과 '냄새smell'를 통해 자기 부족을 확인한다. '부족tribe'에게는 로맨스가 그리 중요치 않다. 그보다는 오히려 상호간의 합의와 약속이 더 큰 의미를 지니며, 섹스조차 그 안에서 의미를 갖는다.

|개인 회로의 섹스|

'39-55 채널' 및 '12-22 채널'은 낭만적이고, 열병에 빠지는 사랑을 꿈꾼다. 이들에게 사랑이란 시를 낭송하고, 음악을 연주하며, 감미로운 목소리로 사랑을 속삭이는 것을 의미한다. 이들은 '소리sound'에 민감하기 때문에 상대의 목소리가 어떠냐에 따라 사랑에 빠지기도 하고, 사랑을 거절하기도 한다. 이들 채널이나, 관문이 정의된 사람들에겐 '접촉'이나, '시각적 자극' 보다 감미로운 분위기, 감미로운 목소리가 더 큰 의미를 지닌다. 둘 간의 대화가 만족스럽지 못하다면 열정의 불도 지펴지지 않을 것이다.

이들에게 사랑이란 짧은 순간 타오르고 꺼지는 성냥불 같은 것이라기보다는 서서히 불이 붙기 시작하는 장작불과도 같다. 서서히 열정이 생겨나며, 이 열정의 씨앗이 사랑의 열병을 앓게 만든다. 이들은 더 이상 참을 수 없는 지경에 이르러서야 섹스를 하는 사람들이다. 반면 섹스가 만족스럽지 못하면 사랑이 급격히 식어버리기도 한다.

'개인individuality'의 디자인을 가진 사람들에게 있어 섹스란, 합의나 계약으로 의무지을 수 있는 성질의 것이 아니다. 타오르는 열정을 막을 수 있는 것은 아무것도 없으며, 그런 사랑이 아니라면 누구와도 잠자리를 갖고 싶지 않을 것이다. 이들에게는 정략 결혼이라는 것이 가능하지 않다.

| 집단 회로의 섹스 |

'41-30 채널' 및 '36-35 채널'은 집단 회로의 성적 특질을 보여준다. 이들은 자신이나 부족을 위해서 섹스를 하기보다는 다른 누군가와 경험을 나누기 위해 섹스를 한다. 이들을 사로잡는 건 '타는 듯한 욕망'인데, 이 곳에 관문이나 채널이 정의된 사람들은 욕망 자체를 해소하기 위해 다른 이와 섹스를 한다. 서로를 알기까지 긴 시간이 필요하지도 않으며, 누군가와의 계약관계에 들어갈 필요도 없다.

41번에는 온갖 종류의 성적 '판타지'가 존재한다. 그리고 이 판타지는 30번에 이르러 하나의 구체적인 '욕망'이 되고, 36번에 이르러 참을 수 없는 성적 관통 에너지로 나타난다. 이들은 어떤 경험이든 관통하려 하며, 모든 종류의 성적 경험에 기꺼이 뛰어드는 사람들이다. 36번의 삶은 '위기'로 가득 차 있는데, 만약 비자아적 삶을 산다면 온갖 종류의 부정적 위기들로 정신을 차릴 수 없을 것이다.

'집단collective'에게 섹스란 그저 즐거운 놀이이자 하나의 경험 요소다. 이들에겐 섹스라는 경험 자체가 중요한 의미를 지니며, 섹스를 통해 다양한 경험을 쌓고 배움을 얻고자 한다. 그래서 뭔가 진지한 관계에 들어가기보다는, 끈끈함을 배제시킨 상태로 잠시 서로를 즐기며, 성적 경험을 쌓는 데 더 많은 관심을 기울인다. 이들이 욕망을 느낀다면, 누구든 새로운 사람과 성적 결합을 갖고자 할 것이다.

이미지. 59번 '성sexuality' 관문

이번엔 59번 '성sexuality' 관문을 살펴볼 차례다.

59번 관문은 '짝짓기'와 '출산'을 위해 인간의 성적 특질을 결정짓는 관문이다. 이 관문은 다른 이들의 아우라를 무너뜨리는 성질을 가지고 있는데, 그래서 누구든 59번 관문이 정의된 사람을 만나게 되면, '성적/관계적' 측면에서 쉽게 친해질 수밖에 없다는 느낌을 받게 된다.

또한 59번 관문은 유전 명령에 따라 인류의 유전자 풀을 확장하고, 종족을 보존하기 위해 짝짓기를 하며, 아이를 낳게 만드는 기능을 한다. 그래서 '전략'과 '내부권위'를 따라 관계를 맺지 않으면 큰 고통이 뒤따르는 곳이기도 하다.

59.1 선제 공격the preemptive strike

59.2 부끄러움shyness

59.3 열려있음openness

59.4 형제애/자매애brotherhood/sisterhood

59.5 팜므파탈/카사노바the femme fatale/casanova

59.3은 성적으로 가장 개방된 곳이다. '열려 있음'이란 기본적으로 '아무나 와라'의 태도를 뜻하는데, 어떤 사람이든 관계없다는 식의 에너지가 이곳을 통해 방출된다. 이들은 낯선 사람들, 그리고 타지 사람들과도 쉽게 잠자리를 가질 수 있으며, 그 결과 전혀 다른 유전자 조합의 아이를 출산한다.

그러나 59.2나 59.4는 쉽게 잠자리를 갖지 못한다. 59.2는 성적으로 수줍어 하고 부끄러워 하는 에너지를 방출하며, 그래서 그 벽을 뚫고 들어올 수 있는 특별한 사람을 기다린다. 59.2는 종종 불임의 장소가 되기도 한다.

한편, 59.4는 상대가 아무리 맘에 들어도 결코 하루 만에 잠자리를 가질 수 없다. 59.4는 누군가와 사랑을 나누기 전에 먼저 친구가 되어야 하기 때문이다. 그래서 이들은 종종 "왜 나는 '하룻밤 정사one night stand'를 나눌 수 없죠?"라며 의아해한다.

▨ 무의식이 당신을 압도할 때

사람들은 종종 자신이, 무엇을, 왜 했는지 궁금해한다. 그러나 이유를 알지 못할 때가 있다. 소위 '무의식'이라 불리는 영역이 존재하기 때문이다.

차트 상의 빨간색 영역은 '무의식'을 나타낸다. 다시 말해, 의식적

무의식

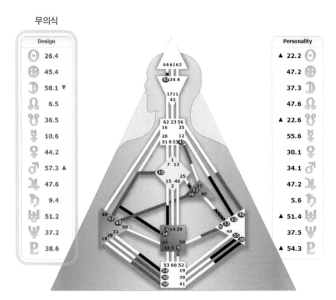

이미지. 차트의 '무의식' 영역

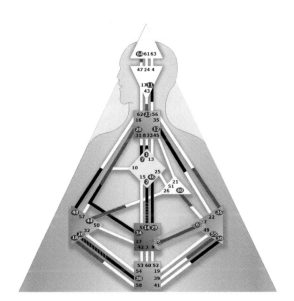

이미지. '무의식'으로 정의된 59-6 채널

으로 접근하거나 이해하는 것이 가능하지 않다. '무의식' 영역은 생각이나 노력으로 파악될 수 없는 곳이다.

예를 들어보자. 어떤 사람에게 59-6 채널이 '무의식'으로 정의되어 있다. 그리고 59번 관문의 라인은 3(59.3)이라고 가정해보자. 이 사람은 자신이 다른 사람들의 아우라를 무너뜨리는 사람이라는 사실을 알지 못한다. 그리고 자신의 디자인이 '아무나 와라!(59.3)'의 속성을 가지고 있다는 사실도 인식하지 못한다. 채널이 '무의식'이어서 자신이 감정적인 존재라는 사실도 인식하지 못하며, 왜 모르는 사람들과 이토록 빨리 말을 틀 수 있는지, 왜 때때로 사람을 강하게 밀쳐내는지도(6번, '마찰friction'의 관문) 이해하지 못한다.

59-6은 '부족 회로tribal circuit'에 속한 '부족 채널'이다. 그리고 '짝짓기mating' 채널이기도 하다. 그러므로 이들이 누군가와 잠자리를 갖는다는 건 그와 '부족'이 되어야 함을 의미한다.

만약 누군가가 이 사람의 성적 에너지에 이끌려 하룻밤 잠자리를 가졌다면 어떨까? 그리고 임신이 되었다면?

상대방은 단지 59.3의 개방성과 왠지 모를 친근감에 이끌려 '한번 즐기자.'라는 생각으로 시간을 보냈을 수 있다. 그러나 59-6 채널을 가진 여성은 이제 아이를 가졌다. 이 여성은 자신이 부족적인 디자인이라는 사실을 '알지 못하지만', 이와 관계없이 상대에게 부족적 결합을 요구할 것이다. 만약 '전략'과 '내부권위'를 통해 이뤄진 관계가 아니라면 원치 않는 결혼생활로 이어질 수도 있을 것이다.

'부족'은 상호책임에 기반한 관계를 구축해 자손을 낳고, 양육하고,

돌보려 한다. 59-6은 부족 채널이므로 이들과의 친밀함은 잠자리와 수태뿐 아니라 결혼과 부족적 삶으로 귀결되곤 한다.(59-6 채널은 임신 과정을 주도하는 채널이다. 성관계 후, 59-6의 아우라를 통과하거나, 59-6 트랜짓*을 만나면 임신이 될 수 있다.) 만일 부족 관계를 임의적으로 끝내려 한다면 모종의 대가를 지불해야 할 수도 있을 것이다. 부족 관계는 '호혜성의 원칙'에 기반하며, 상대에게 강한 책임의식과 상호책임을 요구하기 때문이다. 그러나 이 모든 과정은 부지불식간에, '무의식적으로' 일어난다. '전략'과 '내부권위'를 따라 살지 않는다면 이 '무의식'을 결코 제대로 다룰 수 없을 것이다.

▨ 협심증, 부정맥, 심정지의 또 다른 이유

심장 질환은 현대의 보편적 질병 중 하나다. 하지만 고통의 원인을 명확히 알지 못하는 경우가 많고, 이 때문에 평생 심각한 고통 속에 살아야 하는 사람들도 많다.

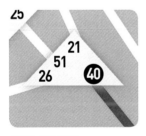

이미지. 심장 '미정'

휴먼 디자인에서 '심장'은 '심장 센터'와 연결되어 있다. 심장 센터는 '심장heart', '위장stomach', '쓸개gall bladder', '흉선thymus gland'과 연관성을 가지는데, 나머지 다른 8개 센터와 달리 장기별로 특정 관문과

---

*'트랜짓transit'은 기상 예보와 같다. 소프트웨어를 통해 그 날의 차트Just Now Chart를 열면, 지금 이 순간의 날씨를 확인하거나 패턴을 추적할 수 있다. 이를 '트랜짓'이라 부른다.

직접적인 상관성을 가진다. 즉, '심장'은 21번 관문과 연관성이 있고, '위장'은 40번, '쓸개'는 51번, 그리고 '흉선'은 26번 관문과 연관성을 가진다. 때문에 건강하지 못한 심장 '미정'의 삶은 관련된 장기들의 문제로 나타날 수 있다.

심장 '미정'은 인류의 65%를 차지한다. 인류의 대다수가 자신의 가치를 모르며, 자신을 증명하려 애쓰고, 일관성 없는 의지력으로 고통받는다. 또한 물질계를 다룰 고정된 감각이 없어, 평생 돈 문제, 계약과 협상 이슈 등으로 고통받기 쉽다.

심장 '미정'은 약속을 하고 지킬 수 있는 사람이 아니다. 자존감이 높았다가도 낮아지며, 의지력이 솟아났다가도 사라지는 사람이기 때문이다. 모든 '미정' 센터가 그러하듯 이들에게는 고정된 감각이 없다. 이들은 '의지력', '자존감', 그리고 '물질감각'에 있어 시시때때로 변하는 디자인을 가지고 있다.

주된 이유는 함께 있는 사람들의 심장 '정의' 아우라다. 심장 센터가 '정의'된 사람은 고정된 의지력과 고정된 자존감, 그리고 고정된 물질감각을 방출하는데, 이 에너지를 심장 '미정'이 흡수하고, 증폭시킨다.

심장 '미정'은 아무것도 증명할 필요가 없는 디자인이지만, '정의'의 아우라를 흡수하고 증폭시켜 심장 '정의'보다 더 경쟁적이고, 더 의지력이 있어 보인다. 그래서 자신도 심장 '정의'처럼 무언가를 일관성 있게 실행하고, 증명할 수 있다 여긴다.

이런 '비자아' 노력은 결과적으로 심장에 큰 부담을 줄 수 있다. 심장 '미정'은 약속 날짜가 다가올수록 하지 못한 일들에 조바심을 느끼

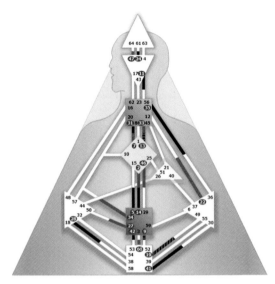

이미지. 심장 '오픈'

고, 심장이 조여오는 듯한 느낌을 받으며, 한편으론 자신이 뭔가 큰 일을 하고 있다는 생각에 빠져 어떻게든 결과를 만들어 내려 애쓰게 된다.

이런 '비자아' 노력은 심장 '미정'에게 '협심증'을 유발할 수 있다. 뿐만 아니라 '부정맥'이나 '심정지'로 고통받는 사람들도 심심찮게 만날수 있다. 이러한 고통은 심장 '미정'이 심장 '정의'처럼 뭔가를 약속하고, 자신의 가치를 증명하고자 할 때 나타나는 경우가 많다.(심장 '미정'에게만 이런 일이 생기는 것은 아니다. 심장 '정의'도 '비자아'로 살면 이런 일을 겪을 수 있다.)

무엇보다 심장이 '오픈open'인 사람들은 정의된 심장 센터로부터 나오는 모든 종류의 감각을 여과없이 증폭시키기 때문에 의지력, 자존감,

협상력, 물질세계의 차원에서 심장 '미정'보다 대체로 더 많은 고통을 겪는다.

심장 '미정'이 이 같은 고통들로부터 벗어나기 위해서는 이 점을 반드시 알아 두어야 한다. 심장 '미정'은 아무것도 증명할 필요가 없다. 심장 '미정'은 증명하기 위해 태어난 존재가 아니다. 뭔가를 약속하고 증명해야 하는 사람은 심장 '정의'이지 심장 '미정'이 아니다. 심장 '미정'의 역할은 '누가 약속을 잘 지키는가'를 지켜보는 데 있다.

심장 '미정'은 심장 '정의'를 본다. 그리고 '정의'로부터 배운다. 심장 '미정'은 심장 '정의'로부터 협상법을 배우거나 자신의 권리를 지키는 방법을 습득할 수도 있다. 자신의 것을 주장하는 대신, 주변으로부터 배우고, 분별하고, 지혜를 쌓는 것이 심장 '미정'의 진짜 역할이라는 얘기다. 결과적으로 비즈니스와 물질세계에 대한 큰 지혜를 얻을 수 있다. 자신으로 바르게 산다면 불필요한 의지력을 사용하지 않고도 자신만의 방식으로 돈을 벌고, 자신만의 방식으로 삶을 헤쳐 나갈 수 있다.

휴먼 디자인은 허황된 꿈을 얘기하거나 자신을 거스르며 살도록 유혹하지 않는다. 자신으로 살면 건강한 심장 '정의'를 만나게 될 것이며, 그와 좋은 파트너가 되어 많은 유익을 얻을 수 있을 것이다. 당신이 심장 '미정'이라면 항상 자신에게 이렇게 말해 주라. "증명할 것은 아무것도 없다. 나는 지금 이대로 충분히 가치있는 존재다."

결정장애는 왜 생길까?

잠시 이런 상황을 떠올려 보자. 어느 날 당신이 의류 매장을 방문한다. 그리고 매장을 한 바퀴 돌며 이것저것 살핀다. 마침내 옷을 고를 시점이 온다. 그런데 결정을 내리기가 너무 힘들다. 이것도 사고 싶고, 저것도 사고 싶다. 그런데 옷을 잘못 사서 실패할까 두렵다. 몇 분간 자리를 맴돌며 고민에 고민을 거듭하다 이렇게 말한다. "저기요, 다음에 올게요."

소위 결정 장애라 불리는 증상을 가진 일련의 사람들이 존재한다. '왜 이렇게 결정이 힘들까?', '내게 단호함이 없어서일까?', '뭔가 정서적인 문제가 있는 것은 아닐까?' 이건 우유부단함 때문일 수도, 실패에 대한 두려움 때문일 수도 있을 것이다. 그러나 그에 대한 정확한 이유와 해법을 알지 못한다면 평생 사람들의 비난을 두려워하며 살거나, 자신을 학대하며 살게 될 수 있다.

어떤 상황이든 너무 많은 근심과 두려움은 유익보다는 고통을 준다. 그런데 어떤 사람들은 이런 두려움을 잘 다루지 못하는 것처럼 보인다. 단지 마인드 컨트롤의 문제일까? 아니면 단호함이 부족해서 그런 것일까? 잠시 다음의 이미지를 살펴 보자.

이미지. 비장 센터의 32번 관문, 감정 센터의 55번 관문

32번 관문은 '비장 센터'에 속해 있다. 비장 센터는 인식의 센터이자 '생존'과 '웰빙'을 다루는 센터로, 두려움을 통해 생존에 필요한 인식을 얻게 되어 있다.

32번 관문은 '연속성continuity'의 관문이기도 하다. 여기에는 '실패에 대한 두려움'이 내재되어 있는데, 실패하지 않기 위해 삶의 모든 면에서 많은 주의를 기울이도록 디자인되어 있다. 있는 돈을 아껴 쓰게 만들기도 하고, 섣부른 투자를 하지 않도록 만들기도 한다. 또한 '실패'와 '성공'의 잠재력을 인식하는 힘을 가지고 있어, 어떻게 해야 실패하지 않을 수 있는지, 어떻게 현 상태를 유지를 할 수 있는지 인식하고 분별하게 되어 있다. 32번 관문의 이러한 속성은 돈이나 에너지를 투자해야 할 때 한 걸음 뒤로 물러나게 만들 수 있는데, 종종 물질적인 영역에서의 보수성으로 나타난다.

만약 당신에게 32번이 정의되어 있다면 '실패에 대한 두려움'이 많은 면에서 신중을 기하게 만들 것이다. 실패하지 않으리라 여겨지는 것들에만 에너지를 쓰도록 디자인되었기 때문이다. 따라서 물질적 차원에서 큰 실패를 덜할 것이며, 상대적으로 안정감있게 자원을 관리해 갈 것이다. 32번은 '재무 관리자financial manager'라고도 불리는 관문으로써, 있는 자원을 잘 관리하고 생존 유지력을 높이는 데 뛰어난 감각을 가지고 있다

그러나 뭔가에 압도되거나 걱정이 많아질 땐 이 두려움이 증폭되어 우유부단한 모습을 보이거나, 아무 결정도 내리지 못하는 상황에 고착될 수도 있다.

모든 두려움 관문들은 건강한 상태에서는 '인식의 연료'가 되어 주지만, 그렇지 못할 땐 오히려 자신을 덮칠 수도 있다. 두려움이 너무 커지면 인식이 아닌 혼란을 겪게 된다.

한편 55번 관문은 '공허함에 대한 두려움'을 가진 감정 센터의 관문이다. '영혼spirit'의 관문으로써, 감정 센터에서 가장 큰 폭의 감정 기복을 가진 곳이다. 감정 센터의 두려움은 '긴장'의 형태를 띠기 때문에, 55번이 정의된 사람은 종종 우울하면서 긴장되어 보인다.

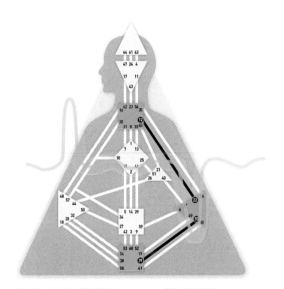

이미지. 55번이 속한 '개인파individual wave'의 감정 파동

위 이미지에서 볼 수 있듯, 55번 관문이 속한 감정 파동은 상당부분 '뚱한moody' 느낌을 준다. 그러다 어느 순간 갑자기 확 올라가 버리거나, 확 내려가 버린다. 먹고 싶다가도, 먹기 싫어지고, 가만히

있고 싶다가도, 갑자기 외출하고 싶어질 수 있다. 55번 관문은 기분이 '내키거나', '내키지 않는' 관문이다. 그래서 55번의 감정 변화는 정말 '우유부단'하게 보인다.

55번 관문은 잔이 반쯤 차 있거나, 반쯤 비어 있는 관문으로 매우 낙관적인 상태와 매우 비관적인 상태 사이를 계속 오간다. 만일 감정이 변하는 이유를 찾으려 들고, 이를 규명하려 애쓴다면 정말 큰 고통에 빠질 것이다. 메커니즘을 있는 그대로 수용하고 받아들이지 않는다면 '조울증' 환자처럼 살게 될 수도 있다.

누구든 감정이 '정의'된 사람이라면 감정 변화를 일으키는 어떤 외부 요인도 없음을 이해하고 이를 수용하는 법을 배워야 한다. 감정 '정의'는 감정적인 사람이다. 기분이 좋든, 그렇지 않든 이를 존중하고 사랑하는 법을 배워야 한다.

▌ 착한 사람 증후군

최근 '착한 사람 증후군'이 사회 문제로 대두되기 시작했다. '착한 사람 증후군'에 걸린 사람은 자신을 챙길 줄 모른다. '아니오'라고 말해야 할 때 '예'라고 말하며, 자신보다 다른 사람에게 더 많은 돈과 시간을 쓰고, 또 자기 검열이 강하다. 이들은 주변 사람들로부터 착한 사람이라는 칭찬을 받기 위해 기꺼이 손해도 감수한다. 소심함이 지나쳐 필요한 말조차 제대로 하지 못할뿐더러, 자기 욕구를 잘 표현하지도 못한다. '착한 사람 신드롬' 때문에 원형 탈모증이 생겼다느니, 대인

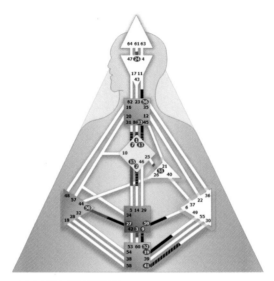

이미지. 심장 '미정', 감정 '오픈'

기피증이 생겼다느니 하는 말도 심심찮게 들린다. 하지만 이런 현상이 대체 왜 나타나는지, 해결책이 무엇인지 말해주는 사람이 없었다. 위의 이미지를 살펴 보자.

앞서 언급했던 바와 같이, 심장 '미정'인 사람들은 '자존감'과 '의지력', 그리고 '물질세계'를 다루는 감각이 일정하지 않다. 이들은 언제나 의지력 문제로 고통받을 뿐 아니라, 낮은 자존감으로 어려움을 겪는다. 무엇을, 어떻게 요구해야 하는지도 모르고, 거래나 협상 이슈를 어떻게 다뤄야 할지도 모른다. 이렇게 자기 가치를 모르는 사람들이 전체 인구의 65%, 무려 2/3를 차지하고 있다.

감정 '미정'은 본디 감정적인 사람이 아니다. 그러나 감정 '미정'은 감정적 상황을 어떻게 다뤄야 할지 모른다. 자신의 감정을 일관되게 표현할 수 있는 사람이 아닐뿐더러, 적정선을 알지도 못한다. 사소한 일에도 신경질이 많거나, 한번 화가 나면 자기 화에 스스로 압도되어 버린다. 그래서 이들은 자신의 감정을 잘 표현하지 않을 뿐 아니라, 감정적 상황을 계속 피해 다닌다. 길을 가다 마주치기 싫은 사람을 만나면 먼저 도망쳐 버리는 사람들이 바로 이들이다.

'착한 사람 증후군'은 감정 '미정'과 심장 '미정'의 전유물이다. 심장과 감정 중 어느 하나라도 '미정'이면, 주변 사람들의 요구를 잘 다루지 못하거나 하고 싶은 말을 잘 하지 못한다. '자기 표현'과 '거래', '협상'이 기본이 되는 세상에서 이를 제대로 다룰 수 없다는 것은 굉장한 고통이 될 수 있다. 이들은 결국 사람들의 신뢰를 잃을 뿐 아니라 많은 경우 돈 문제를 겪게 된다. 또는 누구에게도 말하지 못할 비밀을 간직하며 평생 들키지 않기만을 바란다.

심장과 감정 '모두 미정'인 사람들이 더 큰 고통을 겪으리라는 사실은 어렵지 않게 짐작할 수 있다. 이들은 아무것도 요구하지 않으면서 감정을 잘 드러내지도 않기 때문에 너무 너무 착하게 보인다. 하지만 '비자아' 상태에 빠져 있기 때문에 관련된 장기들 다시 말해, 심장, 위장, 쓸개, 흉선, 췌장, 신경계, 신장, 폐, 전립선 등 많은 곳에 문제가 나타날 수 있다. 이런 사람들이 전체의 30%나 된다.

반면 심장과 감정 '모두 정의된' 사람들은 이러한 문제를 거의 겪지 않는다. 이들은 자기 감정을 가지고 있을 뿐 아니라, 필요할 땐 언제든 그 감정을 표현할 수 있다. 자존감이 일정하며, 의지력이 일정하고, 물질 감각이 일정하기 때문에 요구도 잘하고, 약속도 잘 지킨다. 미안해하거나 민망해하는 일도 상대적으로 적다. 미안한 일이 생겨도 사과를 하고 상황을 해결하면 그뿐, 이 때문에 자존감에 상처를 입거나 크게 흔들리는 일은 거의 없다.(심장 '정의'는 외부 상황 때문에 자존감에 상처를 입는 일이 별로 없다. 그러나 누군가 심장 '정의'를 의도적으로 무시할 때는 다르다. 심장 '정의'에게는 '나'라는 감각, 그리고 '자존심'이 정말 중요하기 때문에 누군가 자존심에 상처를 입히는 말을 하면 하고자 하는 의지를 잃어버릴 수도 있다.)

심장과 감정 '모두 미정'인 '착한 사람 증후군'에 빠진 어떤 사람이 심장과 감정 '모두 정의'된 사람을 보면 어떤 느낌을 받게 될까? '착한 사람 증후군'에 빠진 사람에게 심장과 감정 '모두 정의'된 사람은 착하지 않게 보일 뿐 아니라, 종종 이기적이고 강압적인 사람으로 비춰진다. 한편으론 다른 사람들의 감정을 배려하지 않는 사람처럼 보이기도 할 것이다. 이와 더불어 이 세상에 자기만큼 착한 사람이 없고 자기만큼 사람들에게 친절한 사람이 없다고 생각한다. 그리고 다른 사람들도 자신처럼 사람들에게 잘해야 하고 착해야 한다고 생각한다. 메커니즘이 다르다는 사실을 알지 못하기 때문에 이런 일은 언제 어디서나 항상 일어날 수 있다.

'착한 사람 증후군'은 고칠 수 없는 병이 아니다. 단지 자신의 디자인이 다른 사람들의 그것과 다르다는 사실을 알고 이를 분별하는 법을 배워야 할 뿐이다. '미정'은 '정의'처럼 일관되게 에너지를 쓸 수 있는 디자인이 아니다. '미정'의 역할은 그런데 있지 않다.

심장 '미정'은 심장 '정의'를 지켜 본다. 그들의 의지력이, 그들의 요구가, 그들의 자존감이 건강한지 아닌지를 지켜 보게 되어 있다. 그리고 거기서 지혜를 얻는다. 심장 '미정'은 건강한 심장 '정의'를 분별해 그들로부터 많은 것을 배운다. 한편 건강하지 않은 심장 '정의'와는 깊은 관계를 맺지 않는다.

감정 '미정'은 그 어떤 감정과도 자신을 동일시하지 않는다. 자신이 감정적인 존재가 아니라는 사실을 알고 있을 뿐 아니라, 감정 '정의'의 감정을 분별하고 누가 자신의 감정을 성숙하게 표현할 준비가 된 사람인지를 식별한다. 그리고 필요할 땐 직면한다. 심장 센터와 감정 센터가 작동하는 메커니즘을 깊이 이해할 수 있다면 더 좋을 것이다. 언제든 정확한 지식은 사람들로 하여금 오해와 무지의 고통에서 벗어나게 해 주니 말이다.

▒ 심리적 안정을 취하지 못하는 아이들

잠시 학창시절을 떠올려 보자. 쉬는 시간에 유난히 까불던 친구들을 떠올릴 수 있을 것이다. 복도를 정신없이 뛰어다니거나, 흥분에 취해 통제력을 잃어버리고, 바쁘지도 않은데 계속 뛰어다는 친구들이 있다. 가끔 충돌사고가 나기도 한다. 나중에 차분해지면 자신이 한 일을 후회하기도 하지만, 그럼에도 불구하고 이런 패턴은 쉬이 바뀌지 않는다.

뿌리 '미정'인 아이들은 언제나 이런 종류의 고통에 노출되어 있다. 본디 그런 사람이 아님에도 불구하고, 사람이 많은 곳에선 자신

이미지. 뿌리 '미정'과 '오픈'

을 주체하지 못하는 경우가 많고 이로 인해 대인 관계와 학창 생활에 큰 어려움을 겪기도 한다. 흥분을 주체하지 못해 교무실로 끌려가는 아이들이 있다면 이들 중 대부분이 뿌리 '미정'일 것이다.

뿌리 센터는 아드레날린이 분출되는 곳이며, 뿌리 '미정'인 아이들은 뿌리 '정의' 친구들로부터 이 흥분을 받아들이고 증폭시킨다. 그래서 원치 않는 흥분상태에 도달하거나, 흥분에 중독되어 이리저리 뛰어다니며 조급함을 드러내기도 한다.

성인들도 별반 다르지 않다. '깃발 여행'이란 말을 들어본 적이 있을 것이다. 뿌리 '미정'인 사람들은 어떻게든 빨리 목적지에 도착하려 애쓴다. 그리고 다음 장소로 빨리 이동하려 한다. 이들의 목표는 쉼을 누리는 것이라기보다는 하루의 일정을 빨리 끝마치는 데 있다고 해도 무방할 것이다. 이게 다 증폭된 뿌리 '미정'의 조급함 때문이다.

한편, 뿌리 '정의' 가족들은 뿌리 '미정'인 사람을 도무지 이해할 수가 없다. 차분히 여행을 즐기고 싶어도 자꾸 사람들을 재촉하며 "다음, 다음, 그 다음!"이라 외치기 때문이다. 뿌리 '미정'에게 있어 삶이란 빨리 해치워버려야 하는 숙제 더미와도 같다. 이들에게 삶은 느긋하고 평화로운 여행이 아니다. 혼자 있을 땐 그토록 안정적일 수가 없지만, 뿌리 '정의' 환경에 들어가기만 하면 통제력을 상실해 버린다.

뿌리 '정의' 부모는 종종 뿌리 '미정' 아이들 때문에 미치겠다며 아우성을 친다. 그러나 이건 예절교육이나 심리상담 차원으로 해결할 이슈가 아니다. 우리가 생각하는 거의 모든 문제의 이면에는 메커니즘이 존재하며, 이 메커니즘이 문제해결의 궁극적인 실마리를 제공해 주는 경우가 많다.

뿌리 '미정'은 뿌리를 드나드는 아드레날린 에너지를 자각하는 연습을 통해서만 이를 활용하거나 피하는 법 모두를 배울 수 있고, 그때서야 비로소 '흥분'과 '조급함'에 압도되지 않고 자신의 목적을 성취할 수 있게 된다. 건강한 뿌리 '미정'은 빨라야 할 때와 압박을 흘려 보내야 할 때를 안다. 조급함은 모두를 미치게 만들 뿐이다.

▌ 표현장애는 어디에서 오는가?

'단일 정의single definition'인 사람들은 정보와 에너지의 회전이 매우 빠르다. 이들은 받아들인 정보를 자신의 통합된 회로 안에서 빠르게 처리하는 힘을 가지고 있다.

그러나 '분할'이 존재하면 시간이 지체된다. '분할'은 한 사람의 디자인을 둘, 셋 이상의 영역으로 나누기 때문에 전체 영역의 소통을

위해 다른 이들과의 접촉 또는 시간을 요
한다. 따라서 그 전에 나오는 말과 행동
은 미숙하고 정돈되어 있지 않은 경우가
많고, 오히려 의사소통 장애를 일으키기
도 한다.

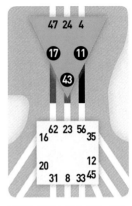

이미지. 아즈나 센터 17번, 43번,
11번 관문 '정의'

오른쪽의 이미지를 잠시 살펴보도록
하자. 이와 같은 디자인을 가진 사람은
평소 자신의 생각을 잘 말하지 못한다.
그것이 논리적인 의견(17번)이든, 획기적인
통찰(43번)이든, 누군가에게 희망을 주는 아이디어(11번)든 관계없이
자신의 생각을 말로 표현하는 데 어려움이 따른다. 다시 말해, 자신
의 노력만으로는 생각을 표현하는 일이 결코 쉽지 않다. 이들은 다
른 사람과의 만남을 통해 62번, 23번, 그리고 56번 관문의 연결을 얻
어야 하는 사람들이다.

'삼중 분할triple split'에 '목 센터 미정'인 사람이 있다고 가정해 보자.
이들은 평소 말하고 행동하고자 하는 엄청난 압박을 받는다. 그래
서 말이 많고, 행동도 조급하다. 당연하게도 나중에 후회하는 일이
많이 생긴다. '삼중 분할'인 사람이 충분한 시간을 갖지 못한 채 즉
석으로 무언가를 말해야 하는 상황에 처하게 되면 곤혹스러움을
느끼는 경우가 적지 않을 것이다.

한편 '단일 정의'에 '감정 미정', '뿌리 미정'인 사람은 디자인적 측
면에서 빛과 같은 속도를 낼 수 있는 사람들이다. 빨라도 너무 빠

른 사람들이 바로 이들이다. 뭔가를 듣자 마자 바로 정보를 처리하고 이를 별 어려움 없이 자신의 언어로 표현할 수 있다. 때문에 '단일 정의'는 분할이 많고, 감정이 정의된 사람들을 보며 답답해하는 경우가 많다.

우리의 시간은 다르게 흐른다. '삼중', '사중' 분할인 사람들은 결코 '단일 정의'와 같은 속도로 세상을 살 수 없다. 우리는 서로의 다름과 각자의 속도를 존중해야 한다.

정신적 광기로부터의 자유

철학은 질문으로부터 시작되었다. 그러나 어떤 사상가도 질문이 어디서 오는지는 알지 못했다. 이는 마치 무의식을 언급했던 프로이트가 무의식의 실제 메커니즘을 알지는 못했던 것과 비슷하다.

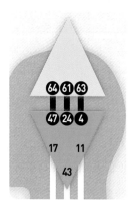

이미지. '머리'와 '아즈나' 센터 사이 3개 채널

왼쪽 차트에 나타난 3개의 채널은 모두 '머리 센터'와 '아즈나 센터' 사이에 존재하는 채널들이다. 이곳의 채널들은 잠자는 시간을 제외한 나머지 경우에 항상 쉼없이 작동하므로, 이들 중 하나 이상의 채널이 정의된 사람들은 하루 종일 계속되는 질문과 생각 속에 살아야 한다.

그런데 여기에 우리가 풀어야 할 삶

의 신비가 숨겨져 있다. 왜 질문은 항상 우리를 생각으로 내모는 것일까? 왜 질문을 받은 사람은 무엇인가를 계속 생각하지 않으면 안 되는 것일까?

'머리 센터'는 그 기능에 있어 압박을 주도록 디자인되어 있다. 마치 압력밥솥의 뚜껑과도 같이 위에서 아래로 눌러 압력을 높이는 일을 한다. 휴먼 디자인 차트에는 두 개의 압박 센터가 존재하는데, '머리 센터'는 인간을 '생각하게' 만들고, '뿌리 센터'는 인간을 '생존하게' 만든다.

다시 말해, '머리 센터'가 정의되면 '질문의 압박'이 지속되며, '뿌리 센터'가 정의되면 '진화의 압박'이 지속된다. 이런 면에서 인간은 두 개의 압박 사이에 끼어 있는 샌드위치 같은 존재라 말할 수 있다. 그러므로 삶이란, '생각하라는 압박'과 '생존하라는 압박' 사이에 존재하는 에너지다. 만일 이 두 종류의 압박이 존재하지 않았다면 인류는 지금처럼 고도의 문명을 이룩하지도, 이토록 많은 업적을 이루지도 못했을 것이다. 압박이 존재하기 때문에 삶도 있는 것이다.

그러므로 인간을 이해한다는 것은 두 가지 압박을 이해한다는 것과 다를 바 없다. 이 두 종류의 압박은 에너지 흐름을 시작하게 만들며, 궁극적으로 목을 통해 '표현'되고 '행동'으로 나타난다.

'머리 센터'가 '정의'된 사람들은 지속되는 압박 속에 매일을 살아야 한다. 질문을 가진 채로 항상 생각해야만 하는 처지에 놓여있는 것이다. 그러나 어떤 노력으로도 생각의 흐름을 멈출 수는 없기에,

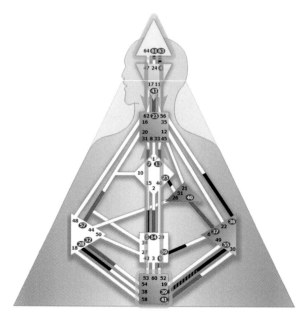

이미지. '머리'와 '뿌리'에서 시작해 목에서 끝나는 에너지 흐름

압박으로부터 벗어나려는 인위적인 노력 때문에 오히려 더 큰 고통을 겪게 된다.

　61-24 '인식awareness' 채널이 정의된 사람은 삶의 신비를 이해하고자 하는 압박(61번)과 삶의 신비를 이해할 수 있을 때까지 멈추지 않는 생각의 흐름(24번)으로 큰 고통을 겪는다. 이 채널이 정의된 사람들은 '압박'에 짓눌리고, '우울감'에 사로잡힌다. '대체 인간이 존재하는 이유는 무엇이며, 이 모든 것의 존재 목적은 무엇이라 말인가?', '종교와 과학은 어떤 관계가 있고, 왜 어떤 인간은 이토록 비참한 삶을 살아가는 걸까?', '절대 진리는 과연 어디에 있는가?'

　'머리 센터'와 '아즈나 센터' 사이에 존재하는 3개의 채널은 모두

'정신적 광기madness'와 관계된다. 그러므로 답을 찾지 못한다면 마음은 미쳐 버리고 말 것이다. 이는 마치 영화 〈에비에이터aviator〉의 주인공이 표출했던 광기와 비슷하다. "The way of the future. The way of the future. The way of the future. The way of the future. The way of the future…" 이 같은 정신적 고통에서 벗어나는 유일한 방법은 채널의 본성을 이해하고 이를 수용하는 것뿐이다.

이 채널은 '앎knowing'회로에 속해있고 '켜짐on'과 '꺼짐off'이라는 상태를 반복하도록 되어 있다. 다시 말해, '알 때'가 있고, '모를 때'가 있다. 그리고 이 앎은 '논리적 이해'나 '경험적 통찰'을 의미하는 것이 아니기에 사유(합리주의)나 회고(경험주의)를 통해 결과를 얻을 수도 없다. 앎이 있으면 그냥 거기에 있는 것이며, 없을 땐 아무리 생각을 거듭해도 앎이 드러나지 않는다. '유레카eureka' 경험은 아무 때나 주어지는 것이 아니다.

'앎'이란 자신의 때에 저절로 드러나는 것일 뿐, 인간이 노력한다 해서 얻을 수 있는 당연한 결과물이 아니다. 질문이 어떻게 떠오르는지, 생각이 어떻게 지속되는지 생각해 보라. 질문과 생각의 주체가 정말 당신이라 생각하는가? 61-24 채널이 정의된 사람은 자신의 노력으로 앎을 얻을 수 없다는 사실을 받아들일 때만 비로소 이 같은 정신적 광기로부터 벗어날 수 있다.

▒ **두려움에도 목적이 있습니다**

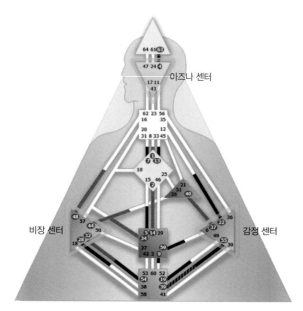

이미지. 비장 / 아즈나 / 감정 센터

인간에게 있어 '두려움'이란 '싸우기 아니면 도망치기fight or flight' 반응을 일으키는 생존 기제다. 그러나 두려움은 본능에 국한된 얘기가 아니다. 휴먼 디자인이 말하는 두려움은 생존에 관계될 뿐 아니라 모든 인식의 토대가 된다.

인식에는 위와 같이 3가지 종류가 존재하는데, 인간의 생존을 책임지는 '비장 인식', 문명을 일구어 온 '아즈나 인식', 그리고 인류 전체를 영적 인식으로 이끌어 가는 '감정 인식'이 그것이다. 사람들은 보통 '생각'이라는 한 가지 종류의 인지 과정만을 생각하지만 실제로는 두 가지 인지 과정이 더 존재한다.

'생존', '생각', 그리고 '감정'을 다루는 이 세 가지 인식 센터는 모두 두려움을 기반으로 작동한다. 두려움은 본성상 인식의 '연료'다. 두려움이 생존을 가능케 하고, 두려움이 생각하게 만들며, 두려움이 영적/감정적 진화를 가져온다.

그러나 두려움의 형태는 센터별로 조금씩 다르게 나타난다. '비장 센터'는 생존에 대한 '두려움fear'을, '아즈나 센터'는 정신적 '근심anxiety'을, 그리고 '감정 센터'는 '긴장nervousness'을 통해 작동한다. 이를테면 감정이 '정의'된 사람들은 항상 크고 작은 긴장을 느끼며 이 긴장을 주위로 전달한다. 이 같은 두려움에는 총 20가지 종류가 있다.

│ 비장 센터_두려움	**│ 아즈나 센터_근심**	**│ 감정 센터_긴장감**
50번 관문 – 책임에 대한 두려움	24번 관문 – 무지에 대한 두려움	6번 관문 – 친밀함에 대한 두려움
18번 관문 – 권위에 대한 두려움	43번 관문 – 거절에 대한 두려움	49번 관문 – 자연에 대한 두려움
48번 관문 – 부적절함에 대한 두려움	47번 관문 – 과거가 무의미할까 두려움	37번 관문 – 전통 유실에 대한 두려움
28번 관문 – 죽음에 대한 두려움	11번 관문 – 어둠에 대한 두려움	55번 관문 – 공허함에 대한 두려움
57번 관문 – 미래에 대한 두려움	4번 관문 – 혼돈에 대한 두려움	22번 관문 – 성장 없음에 대한 두려움
32번 관문 – 실패에 대한 두려움	17번 관문 – 도전받음에 대한 두려움	30번 관문 – 운명에 대한 두려움
44번 관문 – 과거에 대한 두려움		36번 관문 – 부적절함에 대한 두려움

만약 어떤 사람이 '정의'된 비장에 57번을 가지고 있다면 이 사람은 '미래에 대한 두려움'을 테마로 가진다. 그리고 이 두려움이 연료가 되어 '비장 인식'이 작동한다. 그러므로 이 사람에게 있는 '미래에 대한 두려움'은 문제이거나 골치 아픈 이슈가 아니다. 57번에 존재하는 이 두려움이야말로 오히려 다양한 환경에서 생존해 나갈 수 있는 직관 인식의 토대가 된다. 두려움이 나타날 때마다 이를 다룰 수 있는 직관도 더불어 나타나며, 직관을 따르면 '미래에 대한

두려움'이 항상 해소된다.

그러나 직관을 무시하고 따르지 않으면 이 두려움이 반대로 작용한다. '미래에 대한 두려움'이 그 사람을 압도해 버린다는 뜻이다. 그 결과 다가올 미래가 두려워 움츠러들게 되고 굳이 필요치 않은 행동까지 취하게 된다. 증폭된 두려움은 종종 필요치 않은 보험과 연금보장제도에 돈을 쓰게 만든다.

이들이 자신의 직관을 따르지 않을 때 '비장'의 두려움은 오히려 그 사람을 압도해 버릴 수 있다. 그래서 현재를 즐기고 현재를 사는 대신 걱정과 근심으로 나날이 고통받게 되는 것이다. 아무리 대비를 해도 정신적 고통은 줄지 않는다. 모든 두려움은 그 순기능에 있어 더 나은 인식을 가져다 주고 삶을 더 풍요롭게 만들어 주지만, 이를 제대로 다루지 못하면 두려움에 압도될 뿐 아니라 인식이 제대로 기능하지 못하게 된다. 결국 길을 잃어버리고 말 것이다.

모든 길은 로마로 통한다. 그러나 휴먼 디자인의 길은 언제나 '전략'과 '내부권위'로 통한다. '두려움fear,' '근심anxiety,' '긴장감nervoursness'은 인간을 옥죌 수도 있고, 더 큰 인식으로의 길을 열어줄 수도 있다.

▮ 불가능은 없다구요? 한계를 받아들여야 합니다

한계를 뛰어넘으려다 돌아오지 못할 길로 가버리는 사람들이 있다. 이들은 시간을 허비하고, 인생을 허비하고, 생명을 허비한다. 아예 세상을 떠나버리는 사람들도 있다. 애초부터 인간이 설정된 존재라는 사실을 받아들이지 못하기 때문이다.

　인간은 특정 조건하에서만 생명활동을 지속할 수 있는 유기체다. 일정 온도 내에서만 생존이 가능하며 들을 수 있는 주파수 범위(가청 주파수)나 볼 수 있는 주파수 범위(가시광선)에도 한계가 있다. 스스로의 힘으로 하늘을 날지도 못하고 눈동자의 색깔도 바꾸지 못한다. 그럼에도 불구하고 자기계발 이론들은 자꾸 한계를 뛰어넘으라고 재촉한다. 이로 인해 정신적, 신체적 고통을 겪는 사람들이 얼마나 많은지는 생각해 보지 않는다. 값싼 상술, 때 지난 이론들로 여전히 많은 사람들을 비자아로 내모는 전문가들이 적지 않다. 그러나 60번 관문은 인간 존재의 '한계limitation'를 보여준다.

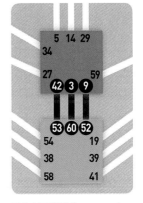

이미지. '포맷 채널format channel'

　오른쪽의 이미지를 보라. '천골 센터'와 '뿌리 센터' 사이엔 소위 '포맷 채널 format channel'이라 불리는 3개의 채널이 존재한다. 이 '포맷 채널'들은 인간 메커니즘의 작동 방식을 강력하게 지배한다.(어느 사람의 차트든 '포맷 채널'이 정의되면 한 사람의 차트 전체를 지배한다.) 이 중 60번 관문은 3-60 '변이mutation' 채널에 속해 있고 '수용acceptance'이라는 뜻을 가진다.

　60번 관문은 한계를 보여준다. '부신paranephros'과 연결된 뿌리 센터는 아드레날린을 분출하는데, 60번 관문은 강력한 에너지가 뿜어져 나오는 것을 느끼면서도 이를 넘어설 수 없는 상황에 처해 있

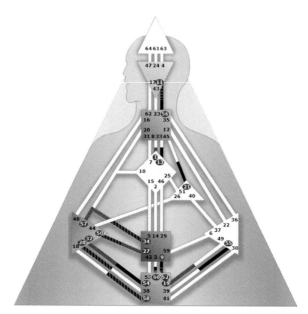

이미지. 뿌리 '정의'에 60번 관문만 '정의'

다. 마치 뚜껑으로 출구를 막은 소화전 같은 느낌이다. 때로 분수처럼 에너지가 쏟아져 나오는 것을 느끼지만 정작 자신의 힘으로는 다음 단계로 나갈 수 없다. 이 사람이 할 수 있는 일이라곤, 자신의 '한계'를 수용하고 때를 기다리는 것뿐이다.

그러나 60번 관문만 정의된 사람은 자꾸 자신의 힘으로 모든 것을 해결하려 든다. 이들은 한계를 수용하고 한계에 머물러 있는 대신, 이를 뛰어넘으려 한다. 그래서 3번 관문이 정의된 사람과의 만남을 기다리지 않고 자신의 힘으로 3번 관문의 역할을 대신하려 든다.

3번 관문은 '질서ordering'의 관문으로 혼란을 제거하고 새로운 질서를 구축하는 일을 담당한다. 흔히들 '시작이 어렵다'라는 말을 하곤 하는데 바로 이 관문이 시작이 어려운 관문이고 때를 기다려야 하는 관문이다.

60번 관문만 정의된 사람은 맞은편에 있는 3번 관문의 힘에 이끌린다. 그래서 자신도 모르게 그와 같은 사람이 되고 싶어 한다. 언제나 이 같은 유혹이 존재하며, 이를 해결할 다른 방법을 알지 못하기 때문에 마음은 결국 비자아 스토리에 빠지고 만다. 자신이 직접 문제를 해결해야 한다고 느끼게 되는 것이다. 이들은 스티브 잡스Steve Jobs 같은 사람을 보며(스티브 잡스에게는 3번 관문만 정의되어 있다.) 자신도 그와 같은 사람이 되어야 한다며 자신을 채찍질한다. 그러나 이로 인해 깊은 우울감에 빠지게 될 수도 있다.

3-60 '변이mutation', 42-53 '성숙maturation', 9-52 '집중concentration'과 같은 '포맷 채널'엔 만성적 우울감의 요소가 항상 내재되어 있다. '움직이게 만드는' 강력한 천골의 에너지와 '스트레스를 주는' 뿌리의 에너지가 연결되는 곳이기 때문이다. 그래서 지금과 같이 관문이 하나만 정의된 사람들은 이 자체로 깊은 우울감을 겪게 된다.

위와 같은 종류의 우울감은 치료를 받고, 약물을 복용해도 잘 낫지 않을 수 있다. 왜냐하면 메커니즘대로 살고 있지 않기 때문이다. 60번 관문을 가진 사람은 한계를 받아들이고 한계 속에 사는 법을 배우기 전까지는 이 우울감을 결코 제대로 다룰 수 없다. 이들은 '전략'과 '내부권위'를 따라 3번 관문을 가진 사람들과 바르게 만나야 한다.

3번 관문이 정의되어 있기만 하면 아무나 괜찮다는 뜻이 아니다. 차트를 열어 보고 '이 사람이 나에게 맞는 사람이야.'라고 생각해서는 안된다. 누가 나에게 적합한 사람인지는 오직 '전략'과 '내부권위'만이 답을 줄 수 있기 때문이다.

인간은 자신의 힘으로 행복을 찾을 수 있는 존재가 아니다. 돈이 많아도 적합한 관계를 찾지 못해 불행한 사람들도 있고, 남부럽지 않은 직업을 가지고 있어도 자신을 사랑하지 못하는 사람들도 많다.

어쩌다 자기계발이 의지를 강조하고, 실행을 강조하고, 전략에 목을 매게 되었는지를 말할 순 없지만, 많은 문제가 각자의 다름과 한계를 존중하지 못해서 생기는 일임은 분명하다. 자신됨을 수용하지 않고 내키는 대로 살면 나이가 들어갈수록 더 비참함을 느끼게 된다.

한계를 뛰어넘을 수 있는 사람은 없다. 그 누가 그런 말을 하든, 그 말을 믿지 말라.

"우리가 존중해야 하는 것은 단순한 삶이 아니라
올바른 삶이다."

_소크라테스

4부

휴먼 디자인
차트 리딩

삶의 목적이 '계획planning'인
2/4 프로파일
감정 현시 제너레이터 사례

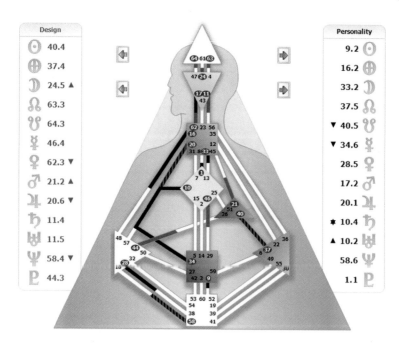

타입 : *현시 제너레이터*

전략 : *반응하기*

정의 : *이중 분할*

내부권위 : *감정*

프로파일 : *2/4*

비자아 테마 : *좌절*

인생 목적 : *우측각 right angle, 계획 planning (9/16 40/37)*

이 사람의 타입은 '현시 제너레이터manifesting generator'다. 시작하고 주도하는 대신 '반응하는' 삶을 살아야 한다. 자신의 본성대로 살지 않으면 언제나 '분노'와 '좌절'을 맛본다. 감정 정의로써, 질문을 받은 뒤 감정 명료함이 나타날 때까지 기다려야 한다. 만일 감정 파동의 출렁임에 따라 명료함 없이 충동적으로 행동한다면 시간이 지나 명료함이 올 때 감정적 후회와 고통을 겪게 될 것이다.

머리와 뿌리 센터가 열려 있다. 홀로 있을 땐 압박 없이 편안하지만 사람들과 함께 있을 땐 머리의 압박과 뿌리의 압박 모두에 짓눌려 버릴 수 있다. 그 결과 조급하게(뿌리 '미정') 답을 찾으려는(머리 '미정') 충동적인 의사결정(감정 '정의')을 하고 뒤늦게 이를 후회하는 패턴이 반복된다. 어떤 질문이 자신에게 가치있고 그렇지 않은지를 분별하지 못한다면 평생 자신과는 관계없는 질문들에 답을 찾느라 에너지를 빼앗길 수 있다. 그러나 언제나 자신이 원하는 만큼 빠르게 답을 찾지는 못하므로(뿌리 '미정') 이로 인한 좌절과 분노를 느끼게 될 것이다.

차트 좌측엔 '통합 채널군integration channels'이라 불리는 34-20 '카리스마charisma' 채널과 34-10 '탐험exploration' 채널, 그리고 10-20 '깨어있음awakening'의 채널이 정의되어 있다. 이들 통합 채널은 자기 생존을 우선시하도록 디자인되었으므로 이 사람은 고도로 자기중심적인 삶을 살게 되어 있다.

그러나 차트 우측엔 37-40 '공동체community' 채널이 의식(검은색), 무의식(빨간색)으로 두 번 정의되어 있다. 강력한 공동체 디자인을 가지고 있어, 자신이 속할 공동체를 찾으려 끊임없이 애쓸 것이다.

결과적으로 통합 채널의 '자기중심적 본성' 및 공동체 채널의 '부족적 본성'은 자신과 주변 사람들 모두를 혼란스럽게 만들 여지가 있다. 자신만을 돌보려는 힘과 공동체에 속해 있으려는 두 힘이 내적 충돌을 일으키기 때문이다.

37-40은 공동체를 만드는 채널이자 결혼 계약을 만드는 채널이므로 만약 감정 명료함없이 맺어진 관계라면 통합 채널의 이기적 본성이 나타날 때 결혼 생활에 큰 위기를 겪을 수 있을 것이다. 이를 바로잡으려고 생각이나 전략으로 접근한다면 오히려 좌절을 맛볼 것이다.(둘 간의 균형은 언제나 '전략strategy'과 '내부권위inner authority'를 따를 때만 가능하다. 언제나 반응하는 삶을 살고 감정 명료함을 따라야만 하다.)

심장 정의이자 21번 '사냥꾼the hunter/huntress' 관문이 정의된 사람으로서, 원하는 만큼 일하고 원하는 만큼 쉬기를 원하며 주변 상황을 통제하기 원한다. 또한 G센터에 1번 관문이 정의되어 있으므로, 남들과 달라 보이기를 원하며, 자신만의 방식으로 일할 수 있기를 바랄 것이다. 그렇지 못할 때는 오히려 방향을 잃었다는 느낌을 받을 수도 있다.

이 사람은 많은 면에서 자신만의 길을 가도록 디자인되어 있다. 평범한 삶을 허용할 수 있는 디자인이 아니며(28번 정의), 남들이 뭐라 하건 확신을 따라 자신만의 길을 가야(34-10 '탐험exploration' 채널)한다. 일단 자신만의 논리적 견해가 확립되면(17-62 채널) 누구도 이들의 생각을 바꿀 수 없다. 더 완벽한 과학적 사실이나 통계가 제시되기 전까지는 그럴 일이 없을 것이다. 논쟁적인 디자인으로써, 이를테면 치약짜는 방법 하나로 배우자와 말다툼을 할 수도 있다. 그만큼 자신의 생각이나 의견을 잘 굽히지 않는 사람이다. 한편으론 '프로파일 2'를 가진 사람으로서, 논리 이면에 존재하는 증명할 수 없고 이해할 수 없는 세계에 여전히 열려 있다.

이 사람의 인생목표는 두 말할 것 없이 '통치자ruler'가 되고, '왕king'이 되는 것(45번 '모으는자gatherer' 미정)이다. 45번 관문이 분할을 연결해 주는 유일한 관문이므로, 이곳에 큰 압력이 존재하며, 그래서 이 사람의 삶은 부동산을 소유하고, 통치자의 삶을 살며, 가르치고 계급구조를 확립하려는 노력으로 가득 차 있다. 고압적인 목소리를 가지고 있을 것이고, 지배자의 위치에 있다 느낄 때 삶이 성취되었다 느낄 것이다. 그러나 이것은 엄연히 비자아 목표이자 비자아 노력일 뿐이다. 이 같은 비자아 노력이 지속되면, 자기 목소리를 잃을 수 있을 뿐 아니라 부자연스러운 45번의 에너지로 인해 대인관계에 많은 어려움을 겪게 될 것이다. 동시에 자신에게 강력한 리더십이 없어 문제가 있다 생각하며 자신을 비난하려 들 것이다. 한편, 45 번이 정의된 사람을 동경하며 그런 사람을 이상적인 배우자로 여길 뿐 아니라, 그와 같은 사람에게 집착(비장 '미정')하기도 쉽다. 질문과 요청을 기다리고(전략), 감정 명료함(내부권위)을 따르는 삶을 살지 않는 한, 이 같은 고통에서 벗어날 길은 없다.

이 사람의 인생 목적은 '계획planning'이다. '계획'은 부족과 집단의 유익을 위해 필요한 조직과 시스템을 만든다. 9번 '초점focus' 관문이 핵심 테마로 무엇에 초점을 맞추고, 어떻게 에너지를 써야 하는지에 대해 민감하다. 가족, 공동체, 그리고 집단의 보존을 위해 필요한 일을 세부적으로 진행한다. 기술과 열정이 많은 사람(16번 '기술 skills' 관문)이다. '전략'과 '내부권위'를 따를 때 올바른 공동체(37-40 '공동체community' 채널)로 초대를 받게 되고, 약속, 원칙, 거래, 호혜성에 기반한 관계를 구축하게 될 것이다.

'프로파일 2'에 34-20 카리스마 채널이 정의된 사람으로 항상 자신의 일에 바쁘며 쉼없이 일하는 삶을 살게 되어 있다. 한편 매우 자기 중심적(34-10 채널)이고 통제적인 디자인(21번)을 가진 사람으로서 자신에게 이래라 저래라 요구하는 상황을 좋아하지 않는다. 이들은 영향받기 보다는 영향을 미치는 사람이며, 사람들로 하여금 자신의 중심을 지키며 살도록 강화시켜 줄 수 있는 사람이다.

프로파일 2는 어린 시절 받았던 투사와 이를 충족시키지 못했다는 불편함, 그리고 누군가 자신을 지켜보고 있다는 느낌으로 인해 사람들과의 관계를 꺼려하기 쉽다. 한편 '프로파일 4'는 타고난 친화력으로 사람들과 친밀한 관계를 형성하고 이미 구축된 네트워크 내에서 기회를 찾게 되어 있다. 그러나 바르게 살지 않으면 주위에 필요없는 친구들이 넘쳐나게 되어 삶의 질이 저하되고 자주 피곤함을 느끼게 될 것이다. 프로파일 2의 은둔자 성향과 더불어 집 밖에 나가지 않는 사람으로 조건화되기도 한다. 그러나 한편으론 자신에게 올지 모르는 특별한 '요청calling'을 기다리고 있고, 뭔가 뜻깊은 삶이 펼쳐지리라는 희망으로 가득 차 있다. 그러나 이들을 불러낼 수 있는 사람은 많지 않을 것이다. 만약 올바른 요청에 응답한다면 고유한 재능과 기술, 그리고 성취할 수 있는 역량을 통해 주변 사람들에게 큰 영향을 미치는 삶을 살 수 있다.

하지만 이들은 전략적으로 살 수 있는 디자인이 아니다. 전략적으로 인식하고, 전략적으로 보는 사람이 아니기 때문에 생존하려고 애쓰기보다는 놓아주고, 기다리는 법을 배워야 한다. '제너레이터' 타입이므로 의사결정시마다 '폐쇄형' 질문이 필요하며 한 번에 하나씩 감정 명료함을 따라야 한다. 명료함을 기다리면서 이런저런 대화도 나누고 음미하는 시간을 갖는다면 후에 더 깊은 깊이를 얻을 수 있을 것이다.

이들은 심리적 취약함과 혼란을 겪지 않도록 홀로 있는 시간을 자주 가져야 하며(33번, 40번 관문) 하루를 돌아보고, 경험의 의미를 반추하는 시간을 가져야 한다. 일기를 쓰는 것도 좋다. 그러나 64번 '혼란confusion'의 관문으로부터 오는 무의식적 질문들에 답하려 시간을 낭비해서는 안된다. 이는 종종 편두통과 정신적 광기를 유발하며 궁극적으로 비자아 결정을 하게 만드는 압박이 되기 때문이다. 삶을 신뢰하고, 또 기다리면 이들의 고민과 질문은 다른 누군가를 통해(47번 정의된 사람) 적절한 때에 해결될 것이다.

디자인에는 좋거나 나쁨이 없다. 그러나 '전략strategy'과 '내부권위inner authority'를 따라 살지 않는다면, 그에 따른 책임을 져야 할 것이다.

비자아 결정은 언제나 우리 삶을 좀먹고, 파괴시킨다. 이 사람이 자신의 본성대로 살지 않는다면 삶의 목적을 알지 못해 우울할 것이며, 세상이 바뀌지 않는다는 사실 때문에 우울함을 겪고, 34-20의 강력한 에너지로 자신과 주변 사람들의 삶을 황폐하게 만들 것이다. 이들에겐 43-23 '구조화' 채널을 가진 사람의 가이드 또는 프로젝터의 가이드가 절실히 요구된다. 물론 이 또한 '전략'과 '내부권위'를 통해 만난 사람이라야 한다.

삶의 목적이 '가면masks'인
6/2 프로파일
에고 메니페스터 사례

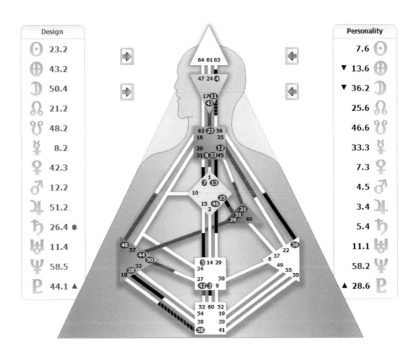

타입 : 메니페스터

전략 : 알린다.

정의 : 단일 정의

내부권위 : 비장

프로파일 : 6/2

비자아 테마 : 분노

인생 목적 : 좌측각left angle, 가면masks(7/13 23/43)

이들의 인생 목적은 '가면masks'이다. 실로 놀라운 이름이 아닐 수 없다. 문자 그대로 다른 이름이나 이니셜, 또는 가면을 사용함으로써, 즉 자신의 본 모습을 적절히 감춤으로써 삶의 목적을 성취할 수 있다.(그러나 가면 뒤의 본 모습도 중요한 의미를 지닌다.) 동시에 집단이 나아갈 방향을 제시하고 자신의 앎을 사람들에게 명쾌하게 설명할 수 있어야 하는 디자인이기도 하다.

'좌측각left angle'의 디자인으로써, 자신 홀로 삶을 풀어낼 수 있는 디자인이 아니다. 반드시 자신에게 맞는 누군가(우측각right angle의 디자인을 가진 사람)와 연결되어야 한다. 이 사람은 자신의 '개인적 운명personal destiny'에 몰두하는 사람이 아니며, 공적 영역에서 자신의 앎을 효과적으로 소통할 수 있어야 한다.

타입은 메니페스터manifestor다. 날 때부터 '닫혀 있고closed', '쫓아내는repelling' 아우라를 가지고 있다. 하지만 자신이 타인에게 미치는 영향을 알지 못해 대인관계에 많은 어려움을 겪을 수 있다. '무의식'

영역이 많기 때문에 이 같은 어려움이 더욱 가중된다.

심장 센터가 '무의식'으로 정의되어 있어 자신이 고정된 의지력과 자존감을 가진 사람이라는 사실을 알지 못하며, 자신도 모르게 나타나는 에고적 본성이 때로 얼마나 파괴적일 수 있는지도 이해하지 못한다.(심장 센터에는 과장되게 말하고, 충격을 주며, 통제하고 물어뜯는 관문이 정의되어 있다.) '내부권위inner authority'인 비장 센터가 '무의식'으로 정의되어 있어 자신에게 직관이 있다는 사실 또한 거의 알아차리지 못한다. 이것이 끝이 아니다. 아즈나 센터 또한 '무의식'으로 정의되어 있다. 그래서 자신의 생각이 언제, 어떻게 표현되는지도 알지 못한다. 불쑥불쑥 튀어나오는 말들로 종종 곤란한 상황에 처하기도 할 것이다. 자신이 생각하는 자신의 모습과 다른 사람들이 생각하는 이 사람의 본성이 너무도 달라 내적 불일치도 클 것이다.

의식적 수준에서만 본다면 자신을 '메니페스터'가 아닌 '프로젝터'라 여길 것이다. 그러므로 영향을 미치는 삶을 살기보다 오히려 다른 사람들의 삶을 가이드하고 이끌어 주려 애쓰는 삶을 살게 될 수도 있다. 하지만 '메니페스터'라는 본성은 바뀌지 않기 때문에 자신을 불편해하는 사람들 사이에서 원인 모를 '분노'를 느끼게 된다. 종종 짜증과 신경질도 동반될 것이다.

이들의 '닫혀 있고', '쫓아내는' 아우라는 주변 사람들에게 언제나 편치 않은 느낌을 준다. 그래서 알리지 않고 무언가를 행동으로 옮길 때 주변 사람들의 걱정과 두려움, 그리고 분노의 역풍에 시달리게 될 수도 있다.

독립적인 실행자로써 굳이 누군가에게 알릴 필요를 느끼지 않는 디자인임에도, 아우라가 미치는 강한 영향 때문에 언제나 주위 사람들에게 자신의 의도를 알려야 한다. 이들이 귀찮음을 감수하고라도 자신의 의도를 알리면 주위 사람들로부터 예상치 못한 존경을 얻게 될 것이다.

목 센터와 아즈나 센터 사이엔 43-23 '구조화structuring'의 채널, '개인성individuality'의 디자인이 존재한다. '천재 아니면 바보'의 디자인이라 불리기도 한다. 한 번 말을 시작하면 사람들을 기가 질리게 만들 수도 있고, 종종 아무도 알아듣지 못하는 말을 불쑥 내뱉기도 한다. 이들이 하는 말이 논리나 경험 그 어느 쪽과도 관계가 없기 때문이다. 이들은 단지 자신의 앎을 말한다. 그리고 괴짜다. 그래서 귀담아 듣는 사람이 없을 때가 많다. 정신적 우울감이 나타나는 곳이기 때문에 질문과 요청을 통해 대화를 시작하지 않으면 삶이 매우 슬프게 여겨질 것이다. 분노와 더불어 쓴맛도 함께 나타난다.

이 사람은 또한 많은 위기에 노출되어 있다. 36번 '위기crisis'의 관문이 정의되어 있어 온갖 종류의 경험에 충동적으로 뛰어들지만 종종 감당키 어려운 위기를 겪는다. 감정이 '미정'이므로 이 같은 위기로 발생되는 감정적 어려움을 잘 다루지 못한다. 죄책감, 그리고 수치심에 취약하다. 사생활과 자신만의 공간이 중요한 사람이지만(프로파일 2, 33번 관문, 12번 관문), 준비되지 않은 채 자신의 속내를 나누다가(33.3) 또 다른 위기에 처할 수도 있다. 자신의 비밀을 말하고자 하는 디자인(33번)과 사람들과의 관계에서 주의를 기울이고자 하는 디자인(12번)으로 인해 내적 딜레마가 나타난다.(이 사람에게 있는 12.2는 부정적 영향에서 철저하게 벗어나고자 한다. 그리고 미숙함을 의미하는 화성에 연결되어 있기 때문에 사람들과 함께 있을 때 자기 표현을 못하는 모자란 사람처럼 보일 수도 있다. 그러다 갑작스레 자신의 비밀을 나누게 되고, 3번 라인의 시행착오로 인해 관계의 실패를 겪을 수도 있다.) 기분, 느낌, 그리고 때를 존중하지 않는다면 이 같은 고통에서 벗어나기 어려울 것이다.

이 디자인 또한 '머리'와 '뿌리'의 압력에 노출되어 있다. 그리고 감정 '미정'에 '단일 정의'의 디자인을 가지고 있으므로, 에너지-정보의 순환이 극도로 빠르고, 행동 또한 그럴 수 있다. 아마도 가까운 지인들은 이들의 실행속도를 감당키 어려울 것이다. 이들은 '분할'이거나 감정 '정의'인 사람들이 자신보다 느릴 수밖에 없다는 사실을 이해하지 못할 것이며, 쫓아내는 아우라와 더불어 표현되는 조급함, 그리고 신경질을 감당치 못해 사람들로부터 부자연스럽게 멀어질 수도 있다. 30이 넘은 이후엔 의식(프로파일 6)과 무의식(프로파일 2)이 모두 뒤로 물러나 있기에 이 사람을 불러내기 어려워진다.

'메니페스터'는 본디 영웅적 삶을 살도록 디자인되어 있다. 세상의 유일한 독립 실행자로써 누구보다 빨리 실행하고, 빠른 결과를 만들어 내며, 이를 통해 사람들에게 큰 영향을 미친다. 처음엔 결코 쉽지 않겠지만 몸의 지성에 자신을 내맡기는 실험을 통해 점차 자신으로 존재한다는 말의 의미를 알게 될 것이다. 순간적인 비장의 본능을 따른다면 필요할 때 직면하고(감정 '미정'), 빨라야 할 때와 놓아주어야 할 때를 알게 될 것이며(뿌리 '미정'), 쓸데없는 질문에 삶을 낭비하지도 않을 것(머리 '오픈')이다. 또한 특유의 용맹함과 사랑으로 주변 사람들이 새로운 일에 뛰어들도록, 그리고 새로운 목표를 향해 야심차게 도전하도록 만들 수도 있다.

이들은 자신이 아무 일에나 뛰어드는 사람이 아님을 알아야 한다.(46번 '셀프의 결단the determination of the Self' 관문) 그리고 시작하는 사람도 아니다.(53번 '시작beginning' 관문 '미정') 비장 인식이 없다면 책임지고 싶어하지도 않을 것이다.(50번 '가치value' 관문) 이들이 바르게 산다면 삶의 리듬(5번 '고정된 리듬fixed rhythm' 관문)에 대한 지혜가 있을 것이며 하루 종일 격무에 시달리지도 않을 것이다. 또한, 성장(42번 '성장 growth' 관문)과 변이(3번 '질서ordering' 관문)가 자신에게 달린 일이 아님을 알고 '전략'과 '내부권위'를 따라 바르게 완결하며 혼돈을 초월해 새로운 질서를 구축하게 될 것이다.

프로파일 6에겐 3단계의 삶이 존재한다. 인생 초반 30년간의 시행착오, 30~50세 사이의 쉼과 물러남, 그리고 50세 이후 세상에 다시 참여하는 시기가 그것이다. 이 디자인을 가진 사람은 결국 누군가의 역할 모델이 되어야 하는 사람이다. 그렇게 살기 위해서는 인생 초반에 겪은 고통을 치유하며, 바른 삶을 연습해야 한다. 앞으로의 시대는 말만 하고 행동하지 않는 사람들, 다시 말해 위선자를 따르지 않는 시대이므로 바르게 살고, 바르게 준비되어 있어야 50세 이후에 펼쳐질 삶을 기대할 수 있다.

"나로 살아보질 못했어.
평생 엄마 아니면 아내로 살았을 뿐."

_영화 '와일드WILD'

5부

앞으로
가야 할 길

휴먼 디자인은
심리학이 아닙니다

휴먼 디자인은 인간의 메커니즘을 다룬다. 인성이 아니란 얘기다. 심리적 특질은 더더욱 아니다*. 휴먼 디자인은 인간의 몸이 실제로 작동하는 메커니즘, 다시 말해 '형체 원리form principle'를 다룬다. 이는 유전자적 수준에서 기계적으로 작동되는 메커니즘이다.

예를 들어 섹스의 메커니즘은, 한 개인의 인성이나 사회의 도덕율, 또는 문화적 편향과 아무런 관계가 없다. 세상에는 '성性'에 대한 온갖 스토리가 존재하고 판단이 난무하지만, 각 개인들의 성적 특질은 엄연히 다르다. 어떤 사람은 지고지순한 사랑을 하겠지만, 다른 누군가는 종종 파트너가 바뀌는 사람일 수 있다. 성적 특질이 '집단 회로collective circuit'에 정의된 사람들은 '부족 회로tribal circuit'에 정

---

*휴먼 디자인 주역의 384개 라인 중 3개는 심리적 특질과 상관성이 있다. 또한 전문가 과정인 '레이브 심리학Rave Psychology®'에서도 심리적 측면이 일부 소개되기는 한다.

의된 사람과는 본질적으로 다른 양상을 보인다. 이들은 소위 말하는 '헐리웃 섹스'를 하는 사람들이다. 그리고 여기엔 그 자체로 아무런 문제가 없다. 단지 메커니즘이 그렇게 작동할 뿐이기 때문이다.

혹자는 우려를 표하며, 사회적 가치나 종교적 신념들을 언급하고 싶어할 수도 있을 것이다. 그러나 당신이 성에 대해 어떤 관념을 가지고 살아왔든 메커니즘은 바뀌지 않는다. 이 정보들이 유전자적 차원에서 각인되고, 프로그램된 정보들이기 때문이다.

휴먼 디자인의 64개 '관문들gates' 각각은 유전학에서 말하는 64개의 '코돈codons'과 대응된다. 이를테면, '41번 관문gate'은 메티오닌methionine이라는 아미노산을 지정하는 AUG 코돈과 대응된다.(코돈은 몸을 구성하는 데 필요한 단백질을 만드는 아미노산을 지정한다. 그리고 주역의 '괘', 휴먼 디자인의 '관문', 유전암호인 '코돈'의 조합 수는 4×4×4로 그 수리적 구조가 일치한다.)

'메티오닌'은 단백질 합성과정에 있어 언제나 '시작'을 알리는 역할을 한다. 문장을 시작할 때 쓰는 알파벳 대문자 같은 느낌이다. 뿌리 센터에 있는 41번 '수축contraction' 관문도 같은 역할을 한다. 41번 관문은 뿌리 센터의 압박과 에너지를 받아 항상 무언가를 '시작'하고자 한다.(뿌리 센터 '미정'에 41번 관문이 '정의'된 사람이라면, 과잉흥분 상태에서 충동적으로 새로운 것을 시작하기도 할 것이다.)

인간이 전에 경험해 보지 않은 새로운 경험을 추구하는 데는 이성이 아닌 메커니즘적인 이유가 존재한다.(그리고 이 메커니즘은 인간의 유전학적 본성과도 궤를 같이한다.) 인간은 끊임없이 새로운 경험을 추구하도록 내몰려 있다. 41번은 항상 새로운 것에 대한 '기대expectation'와 '환상fantasy'을 갖는다. 설령 위태로운 상황이 당신을 기다리고 있다고 해도 말이다.

그러므로 여기에서 윤리적 의미를 찾으려 하거나 사회적 잣대를 들이댈 필요는 없다. 메커니즘은 메커니즘일 뿐 다른 이유는 없기 때문이다. 설계도는 설계자에게 자신을 왜 이렇게 디자인했느냐고 따지지 않는다. 우리에겐 그럴 권리가 없다. 우리는 단지 인간이 어떻게 디자인되어 있는지를 이해하고 이를 바르게 사용할 책임을 지고 있을 뿐이다.

휴먼 디자인을 제대로 이해하고 싶다면 먼저 당신의 가치판단 기준을 겸허히 내려놓길 바란다. 동시에 휴먼 디자인을 바르게 이해하고 바르게 활용할 마음가짐도 갖춰야 할 것이다.

휴먼 디자인은 성격이나 성품이나 인격이나 윤리에 대한 것이 아니다. 휴먼 디자인은 단지 진화 중인 인간의 작동 메커니즘을 보여주고, 각 사람이 어떻게 자신으로 살 수 있는지 그 길을 제시하고자 한다.

믿지 말고,
실험하라

휴먼 디자인의 기본 정신은 '믿지 말고 실험해 보라.'다. 경이로울 정도
의 정교함과 정확한 지식을 제공하지만 어떤 경우에도 믿음을 요구하
지 않는다. 휴먼 디자인은 단지 인간 메커니즘에 대한 지식을 제공해
주고, '전략'과 '내부권위'를 따라 직접 실험해 볼 것을 권한다. 그뿐이
다. 휴먼 디자인을 배우는 사람들에게는 이 점이 정말 매력적인 요소
라 생각된다.

하지만 어떤 사람은 휴먼 디자인을 그냥 믿고 싶어한다. 직접 따
지고 일일이 확인해 보기보다는 믿거나 믿지 않으려 한다. 이를 프
로파일 '1'과 '2'의 특징을 통해 비교해 보면 이해하기 쉬울 것이다.

'프로파일 1'은 언제나 단단한 기반을 찾는다. 본성상 기반없음에
대한 '불안감insecurity'과 '열등감inferiority'을 가지고 태어나기 때문에 이를
극복하기 위해 단단한 기반을 찾게 되어 있다. 어떤 경우에도 그냥 받

아들이는 법이 없다. 확인하고, 또 확인하고, 이미 알고 있는 경우라 하더라도 정말 그러한지 반복적으로 검토해 보려 하는 사람들이 바로 '프로파일 1'을 가진 사람들이다.

그 중에서도 프로파일 1/3, 1/4처럼 '1'이 앞에 있는 경우엔 '의식적'으로 단단함을 추구한다. 기본적으로 책을 빨리 읽는 사람들이 아니며 같은 내용을 반복적으로 음미하는 사람들이다. 만약 '프로파일 1'이 있는 사람이 영문법을 공부한다면 Be 동사가 어떤 원리로 다르게 표현되는지를 알고자 할 것이다. 즉, 'I am', 'You are', 'She is'의 표현양식이 왜 다른지를 원리적으로 알고 싶어할 것이라는 의미다. 만약 정확한 원리를 알지 못한다면 영어에 대한 근본적인 불안감은 사라지지 않을 것이다. 점수가 잘 나와도 문제다. 원리를 모르므로 사람들 앞에 서야 할 경우 불안감이 더 커질 수밖에 없다.('프로파일 1'을 가진 다른 사람은 이 사람에게 있는 불안감을 인식할 수도 있다.) 무엇이든 그냥 넘어가는 법이 없다. 돌다리도 두드려보고 건너야 하는 사람들이 바로 이들이다.

'프로파일 2'는 다르다. 날 때부터 많은 재능을 가지고 있고, 자신이 좋아하는 일을 하며 홀로 있는 시간을 즐긴다. 이들은 자연스러운 사람들로, 뭔가를 깊게 이해하려 애쓰지 않는다. '프로파일 2'는 깊이를 찾기 위해 존재하는 사람들이 아니다. 자신의 재능을 발견하고 그 재능을 발현시킴으로써 삶의 목적을 성취하는 사람들이다. 이들은 무엇인가를 연구하는 데 관심이 있기보다는 자신이 좋아하는 일을 하는 데 바쁘다. 때문에 '프로파일 1'이 뭔가를 깊이 알기 위해 고군분투

하는 모습을 보며 '왜 저렇게 힘들게 살지?'라고 생각하기도 한다.(한편, '프로파일 1'은 '프로파일 2'가 뭔가를 자연스럽게, 능숙하게 해내는 모습을 보며 질투심을 느끼고 자신은 그런 존재가 아니라는 사실에 열등감을 느낄 수 있다.)

'프로파일 2'를 움직이는 동기는 '희망hope'인데, 이들은 언제나 '유신론자-무신론자'의 이원적 패턴을 가진다. 이들은 구체적인 기반이나 원리를 알기보다는 그냥 믿으려 한다.(아니면 믿지 않으려 한다.) 이들은 어느 때엔 유신론자의 모습을 보여주다가도, 또 어떤 때는 무신론자처럼 보일 수도 있다.

이미지. 휴먼 디자인 역학의 계층적 구조

'프로파일 2'의 희망은 무엇인가 특별한 요청을 받게 되리라는 희망이다. 그런 면에서 상당히 종교적인 느낌의 뉘앙스를 풍기기도 한다. 이들은 누군가 특별한 사람이 나를 불러내어 써 주리라는 희망을 가지고 살아간다.

'프로파일 1'과 '프로파일 2'는 휴먼 디자인 지식을 배움에 있어 서로 다른 동기들에 의해 움직인다. '프로파일 1'은 어떤 경우에도 휴먼 디자인을 액면 그대로 믿지 않을 것이며 단단한 기반을 찾을 때까지 탐구를 지속할 것이다. 반면 '프로파일 2'는 휴먼 디자인을 믿거나, 믿지 않고 싶어 한다. 동시에 휴먼 디자인이 자신의 종교적 신념을 건드리지 않았으면 하는 바람을 가지고 있을 것이다.

이외에도 '이해 회로understanding circuit'가 강한 사람은 휴먼 디자인의 이론적 근거를 계속 알고자 할 것이며, '추상 회로abstract circuit'가 강한 사람은 과거 경험에 비추어 휴먼 디자인을 판단하고 싶어할 것이다. 어느 쪽이든 상관없다. 휴먼 디자인은 어떤 경우에도 당신의 믿음을 필요로 하지 않는다. 바르게 배우고, 바르게 실험을 지속할 책임이 뒤따를 뿐이다.

교사, 부모,
상담가를 위한 조언

이제 현실적인 논의를 해야 할 때가 되었다. 우리는 과연 우리의 자녀들, 학생들, 그리고 고객들을 어떻게 대해야 하는 걸까? 당신은 부모일 수도 있고, 교사일 수도 있고, 코치나 상담가일 수도 있다. 당신이 만나는 사람들은 남은 삶을 좀 더 행복하고, 좀 더 만족스럽게 살기 원한다. 어떠한 부모도 자식이 불행한 삶을 살게 하고 싶지는 않을 것이다. 또한 어떠한 전문가도 내담자를 고통에 빠뜨리거나 병에 걸리게 하고 싶지 않을 것이다. 당신이 누군가를 가르치는 사람이라면 정말 도움이 되는 진짜 지식을 전해주고 싶지 않겠는가?

휴먼 디자인은 인간의 본성 그 자체를 가장 깊은 수준에서, 가장 정교하게 다루는 학문이다. 지식의 방대함과 깊이에 대해서는 군이 말할 필요가 없다. 휴먼 디자인의 모든 정보를 제대로 배우고자 한다면 족히 20년은 걸릴 것이다. 지면의 한계 때문에 미처 언급하지 못한 놀라운 정보들이 헤아릴 수 없을 만큼 많다.

당신이 G센터 '미정'인 아이를 키운다고 가정해 보자. G센터 '미정'인 내담자, 또는 학생을 떠올려도 좋을 것이다. 아쉽게도 당신은 G센터 '미정'인 사람에게 "왜 아직도 갈 길을 정하지 못했습니까?"라고 물을 수 없다. "왜 조직을 어디로 이끌어 가야 하는지 모르십니까?"라고도 물을 수 없다. 만약 G센터 '미정'인 가장에게 "가족을 어디로 이끌고 있습니까?"라고 묻는다면 그는 아무 대답도 하지 못할 것이다. 아니면 자신이 동일시하고 있는 방향을 가리키거나, 결코 일관되게 지속되지 않는 엉뚱한 방향을 제시하려 들 것이다. G센터 '미정'은 비전 찾기 캠프에 참여한다고 해서 자신이 누구인지 발견할 수 있는 사람이 아니다. G센터 '미정'은 방향을 찾지 않는다. 방향은 오직 G센터 '정의'와의 만남을 통해 주어질 뿐이며, 이 또한 자신의 방향은 아닌 것이다.

만약 당신이 상담가나 코치라면 G센터 '미정'인 사람들과 대화를 나누되 마지막에 이렇게 질문하지는 말라. "자, 그럼 남은 삶을 어떤 존재로 사실 건가요?" 이런 질문을 받게 되면 '비자아not-self' G센터 '미정'은 자신이 누구인지를 규정짓기 위해 다른 사람의 정체성을 흉내내고 이를 자신의 가면 중 일부로 삼을 것이다.

이런 상황은 G센터 '미정'에게 엄청난 고통을 유발한다. 그래서 다시 미궁에 빠진다. 그러나 고정된 방향성이 없으므로 어떤 방향도 지속할 수가 없다. 고통은 가중된다. 주변 사람들은 또 다시 G센터 '미정'을 압박한다.

균질화 압력은 참으로 거대한 힘이다. 이렇게 지속적으로 압박을 받다보면 결국엔 자신의 본성을 부정하게 되고 비자아 노력을 지속하며 살게 된다. 실제로 많은 G센터 '미정' 성인들이 붙잡을 수 없는 방향성을 붙들고 오늘도 씨름하며 살고 있다. 그러면서 다른 G센터 '미정' 아이에게도 "성공하려면 자신만의 방향을 찾아야 한다."고 가르친다.

세상은 온갖 종류의 균질화로 가득 차 있다. 모두가 방향을 알고 있어야 하며, 자신의 힘으로 직접 모든 문제를 해결해야 한다고 말한다. 당신이 실제로 어떤 사람인지는 전혀 고려하지 않는다. 그냥 남들하는 만큼 당신도 해야 한다고 압박할 뿐이다. 하지만 당신이 '메니페스터'나 '프로젝터', 혹은 '리플렉터'라면 아침 9시부터 오후 7시까지 일할 수 없을 것이다. 당신은 심지어 요가학원조차 매일 정해진 시간에 가기 어려울 것이다. 당신이 심장 '정의'인 사람이라면 의지력을 작동시켜 어떻게든 시간을 지키려 애쓸지도 모르겠지만, 천골 '미정'의 에너지는 전혀 일관되게 흐르지 않는다. 그나마 있는 에너지도 천골 '정의'로부터 빌려온 에너지일 뿐이다.

에너지 센터가 4개 '모두 미정'인 '프로젝터'나 '리플렉터'는 종종 자신이 '슈퍼 에너지super energy'를 가진 사람이라고 착각한다. 그러나 이는 사실이 아니다. 자신을 슈퍼맨, 슈퍼우먼이라고 착각하고 에너지를 함부로 쓰는 '프로젝터'와 '리플렉터'는 매일 심각한 탈진을 겪는다. 이들에게 왜 이렇게 기력이 없느냐며 운동을 권하고 등산을 권하면 상태가 나아지기는커녕 더 피곤해지고, 더 지칠 뿐이다. 하지만 이들 '비에너지non-energy' 타입의 사람들은 열 명 중 한 명도 채 되지 않기 때문에 이 사실을 누구에게도 이해받기 어렵다. 꾀병 부린다는 말을 듣지 않는 것만으로도 다행일 것이다.

천골 '미정'인 이들에게 일관된 활동을 요구하지 말라. 에너지 센터가 4개 '모두 미정'인 사람들은 때로 빗자루 하나 드는 것조차 어려울 만큼 극심한 탈진 증세를 보인다. 이 모두가 에너지가 어떻게 작동하는지 알지 못하기 때문에 일어나는 일이다. 우리는 인간이 무엇이며, 어떻게 디자인되어 있는지에 대해 전혀 아는 바가 없다.

많은 것을 멈춰야 한다. 함부로 충고하기를 멈추고, 함부로 판단하기를 멈춰야 한다. 그 사람이 어떤 디자인을 가졌는지 모르는데 어떻게 함부로 충고할 수 있겠는가? 휴먼 디자인 지식에 따르면 친구들끼리 같은 식당에 가서 같은 메뉴를 주문하고, 같은 방식으로 식사를 하는 것도 균질화의 일부이며, 똑같은 책상에서 똑같은 방식으로 공부하는 것도 극심한 균질화의 일부다. 하지만 우리는 그렇게 살도록 디자인되어 있지 않다. 각 사람의 식사법, 수면법, 공부법, 관계방식, 삶의 목적, 의사결정 방식은 다른 사람의 그것과 전혀 다르다.

먼저 휴먼 디자인을 공부하기 바란다. 그리고 이제까지의 양육방식과 교육방식을 바꾸라. 무엇보다 가정과 학교에 휴먼 디자인이 먼저 보급되어야 할 것이다.

문명의
미래

이번 알파고AlphaGo의 승리로 그동안의 우려가 현실이 되어 가는 듯 보인다. 다시 말해, 앞으로 20~30년 뒤 인간은 더 이상 필요치 않을 것이란 얘기다. 만약 직업의 50%가 정말로 사라져 버린다면 세계 대공황 때보다 더 어려운 현실과 마주해야 할지도 모르는 일이다. 아직 논의의 여지가 있는 부분이기는 하지만 실제로 역학에서는 2025~2030년경 인간의 시대가 끝날 것이라고 말하고 있기도 하고, 어떤 미래학자는 2040년 이후를 예측할 수 없다고 말하고 있기도 하다. 전문가들의 말에 따르면 2020년 경부터 정부와 대기업의 해체가 시작된다고 한다. 대체 이런 일들이 왜 하필 지금 일어나는 것일까?

휴먼 디자인에 따르면 문명은 412년 단위로 회전한다. 이에 따르면 우리가 속해 있는 현 흐름은 1615년에 시작되어 2027년에 끝난다. 이를 '계획의 시대Cross of Planning'라 부른다.

이 시대를 지배하는 관문들은 37번 '우정friendship', 40번 '홀로 있음 aloneness'(37번 관문과 40번 관문은 서로 만나 '공동체community' 채널을 이룬다.), 9번 '초점focus', 16번 '기술skills'이다. 이 시기엔 공동체와 도시화가 강조 되었으며, 따뜻함과 조화로움이 주된 관심사였다. 다같이 잘 살기 위 한 복지정책이 주를 이뤘고, 수명연장에 따른 보험제도와 사회안전망 이 강조된 시기이기도 했다. 이를 통해 온갖 종류의 학교, 기관들, 정 부 조직들이 설립되었으며, 거대한 사원들, 성당들, 교회들이 건축되 었다. 또한, 논리에 대한 초점과 기술이 강조된 시기이기도 했다. 이 흐름이 시작된 17세기는 근대과학이 출현한 시기였고, 그 후로 현재까 지 확립된 수 많은 첨단 과학들이 인류의 삶을 송두리째 바꾸어 놓았 다. 모든 교육제도는 논리적 사고에 초점이 맞춰졌으며, 논리와 관련된 직업들이 사회의 엘리트 직업으로 자리잡게 되었다. 의사, 변호사, 교 사, 교수 등이 사회에서 가장 존경받는 직업이 될 수 있었던 건 다름 아닌 '계획의 시대'가 낳은 직접적인 결과 덕분이었다.

그런데 지금은 어떤가? 수 년 전부터 변호사, 의사와 같은 사회 최 상류층의 직업 안정성이 위협받기 시작했다. 변호사들 중에는 한 달 에 200만원도 벌지 못하는 사람들이 수두룩할 뿐 아니라, 이제는 법 대를 나와도 취직을 하지 못할 정도로 상황이 점점 더 열악해져 가고 있다.

사람들은 이 원인을 수요-공급의 이치로 풀어보거나 다른 사회 적 현상과 결부시켜 보려 한다. 하지만 실제 원인은 전혀 다른 곳 에 있다.

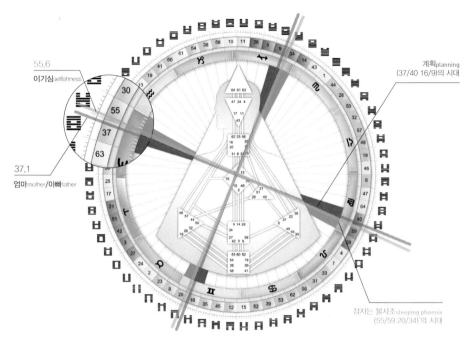

이미지. 문명의 전환

휴먼 디자인이 말하는 문명의 주기 412년을 기준으로 볼 때, 2027년 까지 남은 시간은 불과 10여년밖에 되지 않는다. 비율로 본다면 1/41, 이 정도면 기존 흐름이 사실상 끝났다고 봐도 무방할 것이다. 그런데 다가오는 흐름이 심상치 않다. 현재의 흐름은 37번 관문을 기준으로 작동하고 있지만 앞으로 10여 년 정도 시간이 흐르면 이 흐름은 55번 '영혼spirit'의 관문, 그 중에서도 6번 라인으로 이동한다. 55.6의 테마는 '물질적 이기심에 기반한 영적 성장'이다. 최근 약 70년간의 테마가 37.1, 다시 말해 '엄마mother, 아빠father'와 같이 따뜻하게 서로를 감싸고 돌보는 힘에 기초했다면, 앞으로의 흐름은 더 이상 서로를 돌보지 않는 개인적 이기심의 시대가 될 것이다.

이건 그냥 짧게 지나가는 유행이 아니기 때문에 눈여겨 보아야 한다. 현재 생존해 있는 모든 인류는 2027년 이후 죽는 날까지 이 55번의 흐름에 있게 될 것이다. 이것이 전부가 아니다. 55번과 함께 들어오는 흐름은 59번 '성sexuality'의 관문이고, 59.6은 성 역할의 근본적인 변화를 가져온다.(이와 더불어 생식력의 변화도 가져온다. 다시 말해 가임률 저하는 단지 사회적 차원의 문제가 아니다. 인류를 둘러싼 더 거대한 계획의 일부인 것이다.)

현 시기에는 55번 관문과 연결된 49번 관문에 가해지는 압력으로 (이 두 관문은 '히스티딘histidine'이란 아미노산을 통해 서로 연관성을 가진다.) 감정 주파수에 교란이 생겨 자폐증 환자도 증가하고 있다. 여기서 끝이 아니다. 더불어 들어오는 34번과 20번 관문의 흐름도 우리에겐 쉽지 않은 변화가 될 것이다. 34-20은 '카리스마charisma' 채널을 구성하며 하루종일 바쁘게 일하고, 쉼없이 움직이는 삶을 의미하기 때문이다. 다시 말해 앞으로의 인류는 자신을 돌보는 데 바쁘게 될 것이며, 더 이상 공동체를 중시하거나 서로를 돌보는 데 이전과 같은 관심을 갖지 않게 될 것이다. 이는 국가와 공동체의 해체가 일어나며 가족과 결혼제도가 약화되거나 붕괴되고 진정한 의미의 개인주의가 시작됨을 의미하는 것이다. 때문에 준비되지 않은 사람들에게 앞으로의 삶은 더더욱 고통스런 시간이 될 수밖에 없다. 자신을 스스로 돌보지 못하는 사람들은 생존하기 정말 어려운 시대가 될 것이다.

이상의 변화는 '1번'에서 '6번' 라인에의 변화로 생각해 볼 수 있다.

(전 지구적 차원의 변화는 6에서 1까지 역순으로 진행된다. 그러므로 37.1이 끝나면 55.6이 온다.) 6번 라인은 '자기 책임', '자기 리더십', '자기 사랑'을 의미한다. 때문에 주변 사람들에게 의존하고 자신을 책임지지 않는 사람들은 설 자리가 없을 것이다. 6번 라인은 '진정성'과 '신뢰'를 뜻하기도 하기 때문에 진정성 없는 사람, 진정성 없는 비즈니스 또한 더 이상 예전과 같은 지위를 누리기는 힘들 것이다.

다가오는 시대에는 자신으로 살고, 진정성 있게 사는 것 외에는 달리 방법이 없다. 사람들은 진정성 없는 사람을 더 이상 신뢰하지 않을 것이며, 단단하지 못한 많은 것들이 마치 꿈의 세계가 무너지듯 무너지게 될 것이다.

휴먼 디자인이 단지 개인의 디자인만 다루는 것이 아니라는 점을 기억하기 바란다. 휴먼 디자인은 인간의 존재 목적과 문명의 흐름을 모두 포괄하는 지식체계다. 그리고 바로 이런 이유 때문에 휴먼 디자인이 지금 우리에게 주어진 것이다. 이제 자신으로 사는 것 외엔 어떠한 답도 없을 것이다.

자신의 삶을
100% 책임지기로 결단하라

많은 이들이 다른 사람의 눈치를 보느라 자신의 삶을 살지 못한다. 가족들이 나를 어떻게 볼까, 회사 동료들이 나를 어떻게 생각할까를 신경쓰느라 삶을 낭비하고, 시간을 낭비한다. 하고 싶은 말도 맘 편히 하지 못한다. 다들 체면차리기 바쁘고, 비위 맞추기에 여념이 없다. 대체 자신으로 사는 삶은 언제쯤에야 가능해질까?

아빈저 연구소가 펴낸 〈상자 밖에 있는 사람leadership & self-deception〉은 삶에 관한 명쾌한 비유를 들려 준다. 각 사람은 내면의 느낌을 무시하거나 자신의 책임을 회피할 때 상자 안으로 들어간다. 상자 안에서는 현실이 제대로 보이지 않는다. 상자 안에 있는 사람은 언제나 주변을 바라보며 불평하고, 비난하기 바쁘다. 그 결과, 세상은 더 불만족스러운 곳으로 변해가고 예전의 색채를 잃어버린다. 세상이 문제인 것일까, 자신의 태도가 문제일 것일까?

'자기기만self-deception'이라는 이슈는 언제나 '자기책임'을 다하지 않는데서 비롯된다. 자신이 해야 할 몫을 다하지 않을 때 상자 속에 갇히고, 삶으로부터 고립된다. 삶이 당신을 고립시키는 게 아니다. 내면의 느낌을 존중하지 않으면 자신을 잃어버리게 된다.

자신으로 산다는 건, 자신을 속이지 않는다는 의미다. 자신 아닌 모습을 허용치 않아야 자신다운 삶을 살 수 있고, 그렇게 살아야 삶의 진정한 의미를 알게 된다. 자신으로 산다는 것, 즉 '타입type'에 따른 '전략strategy'을 실천하고 '내부권위inner authority'를 따라 사는 삶은 타협 없는 태도를 갖출 때에라야 가능한 일이다. 단순한 호기심만 가지고는 가능하지 않을 것이다.

당신은 소중하고 가치있는 존재다. 엉뚱한 길로 들어서지 않도록 자신의 삶을 살기로 결단하고 실험을 시작하라. 이 지식을 접하는 사람들이 늘어갈수록 더 많은 사람들과 함께 자신으로 사는 실험을 즐길 수 있을 것이다.

맺으며

자신으로 산다는 건 하나의 거대한 도전이다. 점점 더 많은 사람들이 자신의 삶을 되찾길 바라고 있지만, 실제로 그렇게 하기까지 따르는 대가가 우리 사회에선 아직 크다. 부모는 자식을 소유물처럼 취급하고, 회사는 직원들에게 상명하복을 바란다. 게다가 눈치보고, 체면차리는 문화는 하고 싶은 말조차 삼키게 만든다. 좋은 게 좋은 거라는 인식이 너무도 팽배해 잘못된 점이 있어도 바로잡지 못한다. 나이로 서열을 가리는 시대착오적인 문화도 쉽게 사그라들지 않고 있다. 이같은 시스템 속에선 누구나 자신으로 살지 않아도 될 많은 이유를 들 수 있을 것이다.

그러나 평생 남의 말대로만 살다 죽고 싶은 사람도 없다. 눈감을 때 남의 말을 좀 더 잘 듣지 못한 것을 후회하는 사람이 어디 있겠는가? 인간은 아무리 힘든 상황 속에서도 자신으로 살고 싶은 소망을 가지게 마련이다. 죽음의 수용소에서 한 날, 한 시에 모두 죽게 된다 한들, 살고 싶다는 갈망을 포기하는 사람은 없듯이 말이다. 인간이라면 누구나, 마지막 순간이 오기까지는 이 삶이 나아지기를 바라고, 행복해지기를 바란다. 이것이 인간의 본성이다.

나는 지난 23년간의 삶을 타협없이 살아왔다. 중간중간 포기하고 싶고 떠나버리고 싶을 때가 있긴 했지만 결정을 내려야 하는 마지막 순간엔 한 번도 나를 포기한 적이 없었다. 그래서 원치 않는 어려움을 수없이 감내해야 했다.

자신으로 살기 위해 때로 대가지불이 요구된다는 사실이 무엇을 의미하는지 나는 잘 알고 있다. 나의 아호인 '백파百坡'는 이 같은 삶의 경로를 잘 나타내 주는 표식이다. 나는 실제로 수많은 언덕을 넘어야 했다. 그리고 그 과정은 결코 끝나지 않을 시련처럼 보일 때가 많았다.

자신으로 존재한다는 건 결코 쉬운 일도 아니고, 재미삼아 시도해 볼 일도 아니다. 이토록 답답하고 원칙이 존중되지 않는 나라에서 그렇게 산다는 건 생각보다 훨씬 힘든 일일 수 있다.

그러나 이 과정에서 내가 얻은 게 있다면 두 말할 나위 없이 나자신이라고 말할 수 있다. 나는 나를 얻었고, 나를 지켜냈다. 이 복잡하고 혼란스러운 세상에서 나를 지켜냈다는 사실은 그 어떤 과업과 성취보다 기념하고 축하할 일임이 분명하다.

단언컨대, 자신을 지켜낸다는 것은 우리가 이 삶을 사는 가운데 얻을 수 있는 가장 큰 수확이고 기쁨이다. 나의 독특함을 유지하고, 나의 본성대로 살며, 이 삶에 변명하지 않는다는 건 아무나 할 수 있는 일이 아니기 때문이다. 그러니 오히려 더 값지고, 더 경이로운 일이 될 수 있지 않겠는가!

한국은 행복지수나 성생활 만족도 모두 OECD 국가들 중 가장 낮은 편에 속한다. 경제적으로 윤택해졌지만 실제 삶은 오히려 피폐해졌다. 결혼 후 10년이 지나면 더 이상 누구도 행복을 이야기하지 않는다. 표현의 자유도, 성적 자유도 존재하지 않는 사회가 바로 우리 사회다.

이 일은 결코 단순한 문제가 아니다. 인간의 가장 기본적인 욕구들을 죄악시하고 비난하는 것은 결코 인간다운 삶을 위한 효과적인 해결책이 될 수 없기 때문이다.

자신으로 존재한다는 말의 의미는 처음엔 그리 깊게 다가오지 않는다. '전략'과 '내부권위'를 따라 산다는 말은 문자적으로는 쉬워 보일지 몰라도 실천적인 측면에서는 결코 그렇지 않다. 그래서 휴먼 디자인 창시자 Ra Uru Hu조차 휴먼 디자인은 성인들을 위한 지식이 아니라고 여러 차례 역설한 바 있다.

성인들은 잃을 것이 너무도 많다. 다시 말해, '전략strategy'과 '내부권위inner authority'를 따라 사는 삶은 잃을 것이 많은 성인들에겐 결코 반가운 얘기가 아니다. 성인들은 대체로 진정한 변화를 원치 않을 뿐더러, 변화를 위한 과정과 절차를 두려워한다. 7년의 실험을 견뎌 낼 사람은 실제로 거의 존재하지 않는다.

본질적인 차원에서 본다면 휴먼 디자인은 자라나는 다음 세대를 위한 지식이라 말할 수 있다. 이들에게는 휴먼 디자인을 아는 부모와 교사를 통해 처음부터 바르게 양육될 기회가 존재한다. 균질화 압력에 노출되기 전부터 올바른 식사법(PHS)과 올바른 뇌 양생법의 도움을 받을 수 있는데다, 처음부터 왜곡 없는 실험의 기회를 가질 수 있기 때문이다. 다시 말해, 우리의 자녀들은 우리처럼 '비자아 고통'을 안고 살아갈 필요가 없다.

휴먼 디자인은 '마음mind은 진실을 알지 못한다.'는 기본적인 생물학적 진실에 바탕을 두고 있다. 마음은 정보를 수집하고, 이를 관리하고, 측정하고, 소통하는 감각기관일 뿐 무엇이 진정한 기쁨과 만족을 주는지 알 수 있는 도구가 아니기 때문이다. 결과는 언제나 마음의 판단과 예측을 벗어난다.

성인들의 입장에서 볼 때, 휴먼 디자인은 오해와 고통을 줄이는 치유의 수단이 될 수 있다. 수십 년 된 오해를 풀 수 있다면 삶도 한결 가벼워질 것이다. 여기엔 남은 삶을 무지의 고통 속에 살지 않아도 된다는 혜택도 포함된다. 물론 바른 태도와 전폭적인 헌신이 뒤따른다면 불가능할 것처럼 보였던 자신의 본 모습을 되찾을 수도 있을 것이다. 모든 것은 어디까지나 당신의 태도에 달려 있다.

삶에는 두 가지 다양성이 존재한다. 하나는 '디자인의 다양성'이고, 다른 하나는 '의식수준의 다양성'이다. 휴먼 디자인은 이 중 수평축을 다루는 지식으로써, 나와 타인이 얼마나 다른지를 말해 준다. 비교는 필요치 않다. 다른 것은 틀린 것이 아니기 때문이다. 휴먼 디자인은 이러한 다름을 보여주는 데 있어 극도의 정밀성과 유용성을 제공해 준다. 그러나 도구가 정교할수록 이를 사용하는 사람의 태도는 더욱 더 중요해진다.

휴먼 디자인은 양날 선 검과도 같다. 때문에 누가 쥐고 흔드느냐에 따라 그 맥락과 의미가 완전히 달라질 수 있다. 휴먼 디자인은 고맥락, 초복잡성의 지식체계이기 때문에 오해 없는 바른 이해를 위해서는 때로 높은 지력이 요구되기도 한다. 높은 지력, 그리고 바른 태도는 공인 전문가가 되려는 사람들에게는 필수적인 요소다.

시간이 얼마 남지 않았다. 사회 시스템이 붕괴되기까지는 그리 오랜 시간이 필요치 않을 것이다. 우리의 역할은 휴먼 디자인을 단단하고 건강하게 뿌리내리는 데 있으며, 제대로 훈련된 공인 전문가들을 통해 휴먼 디자인의 본질을 왜곡 없이 명료하게 전달하는 데 있다. 그리고 이를 통해 다음 세대를 준비시켜야 한다. 지금의 20~30대에게는 기대하거나 예측할 미래가 존재하지 않기 때문이다.

무엇보다 휴먼 디자인은 부모와 교사들에게 먼저 알려져야 한다. 그리고 부부와 연인들에게도. 이들이 휴먼 디자인을 알게 되면 다툼과 증오는 연민과 수용으로 바뀔 것이다. 그리고 각자 자신의 삶을 살 수 있도록 허용하고 놓아줄 기회도 얻을 수 있다.

이제는 인류의 상당수가 2~3번 결혼하는 시대로 접어들고 있다. 그만큼 많은 면에서 근본적인 변화들이 나타나고 있는 것이다. 휴먼 디자인은 언제, 어떤 상황에서든 자신으로 존재하는 법을 알게 해 주는 최초의 지식이다. 자신으로 사는 법을 알면, 다가오는 변화를 능히 감당할 수 있게 될 것이며, 남은 삶을 좀 더 평화롭고, 좀 더 행복하게 살 수 있을 것이다.

당신의 삶에 건투를 빈다.

"Rise and Rise Again,
Until Lambs Become Lions."

부록

채널 및 관문 설명

64개 관문 설명

관문	관문명
1번 관문	자기 표현Self Expression
2 번 관문	고차원적인 앎Higher Knowing
3 번 관문	질서Ordering
4 번 관문	공식화Formulization
5 번 관문	고정된 리듬Fixed Rhythms
6 번 관문	마찰Friction
7 번 관문	셀프의 역할The Role of the Self
8 번 관문	기여Contribution
9 번 관문	초점Focus
10 번 관문	셀프의 행동The behavior of the self
11 번 관문	아이디어Ideas
12 번 관문	주의Caution
13 번 관문	경청자The Listener
14 번 관문	파워 스킬Power Skills
15 번 관문	극단Extremes
16 번 관문	기술Skills
17 번 관문	의견Opinions
18 번 관문	바로잡음Correction

19 번 관문	결핍Wanting
20 번 관문	현재The Now
21 번 관문	사냥꾼The Hunter / Huntress
22 번 관문	열려 있음Openness
23 번 관문	동화Assimilation
24 번 관문	합리화Rationalizing
25 번 관문	셀프의 영혼The Spirit of the Self
26 번 관문	에고이스트Egoist
27 번 관문	돌봄Caring
28 번 관문	게임 선수The Game Player
29 번 관문	'네'라고 말함Saying Yes
30 번 관문	느낌 인식Recognition of feeling
31 번 관문	이끎Leading
32 번 관문	연속성Continuity
33 번 관문	사생활Privacy
34 번 관문	힘Power
35 번 관문	변화Change
36 번 관문	위기Crisis
37 번 관문	우정Friendship
38 번 관문	싸움꾼The Fighter
39 번 관문	선동가The Provocateur
40 번 관문	홀로 있음Aloneness
41 번 관문	수축Contraction
42 번 관문	성장Growth
43 번 관문	통찰Insight
44 번 관문	경계Alertness
45 번 관문	모으는 자The Gatherer
46 번 관문	셀프의 결단The Determination of the self

47 번 관문	실현Realizing
48 번 관문	깊이Depth
49 번 관문	원칙Principles
50 번 관문	가치Values
51 번 관문	충격Shock
52 번 관문	무위Inaction
53 번 관문	시작Beginnings
54 번 관문	야망Ambition
55 번 관문	영혼Spirit
56 번 관문	자극Stimulation
57 번 관문	직관적 통찰Intuitive insight
58 번 관문	살아있음Aliveness
59 번 관문	성Sexuality
60 번 관문	수용Acceptance
61 번 관문	삶의 신비Mystery
62 번 관문	세부사항Detail
63 번 관문	의심Doubt
64 번 관문	혼란Confusion

36채널 설명

채널	채널명	디자인
34 - 57채널	파워Power	전형성의 디자인
34 - 20채널	카리스마Charisma	생각이 반드시 행동이 되어야 하는 디자인
57 - 10채널	완벽한 형태Perfected Form	생존의 디자인
10 - 20채널	깨어있음Awakening	고차원적 원칙에 헌신하는 디자인
3 - 60 채널	변이Mutation	시작하고, 출렁이는 에너지의 디자인
14 - 2 채널	맥박Beat	열쇠를 지키는 자의 디자인
1 - 8 채널	영감Inspiration	창조적 역할 모델의 디자인
61 - 24 채널	인식Awareness	사상가의 디자인
43 - 23 채널	구조화Structuring	개인성의 디자인
38 - 28 채널	투쟁Struggle	완고함의 디자인
57 - 20 채널	뇌파Brainwave	인식의 디자인
39 - 55 채널	감정 과장Emoting	변덕스러움의 디자인
22 - 12 채널	열려있음Openness	사회적 존재의 디자인
34 - 10 채널	탐험Exploration	자신의 확신을 따르는 디자인
51 - 25 채널	시작Initiation	최초가 되려는 디자인
52 - 9 채널	집중Concentration	결정의 디자인
5 - 15 채널	리듬Rhythm	흐름 속에 있는 디자인
7 - 31 채널	우두머리Alpha	좋거나 나쁜 리더십의 디자인
58 - 18 채널	판단Judgement	불만족의 디자인
48 - 16 채널	파장Wavelength	재능의 디자인
63 - 4 채널	논리Logic	의심을 동반한 정신적 편안함의 디자인
17 - 62 채널	수용Acceptance	조직적인 존재의 디자인
53 - 42 채널	성숙Maturation	균형잡힌 발전의 디자인
29 - 46 채널	발견Discovery	다른 사람들이 실패하는 곳에서 성공하는 디자인
13 - 33 채널	탕자Prodigal	목격자의 디자인
41 - 30 채널	인식Recognition	집중된 에너지의 디자인

36 – 35 채널	덧없음Transitoriness	팔방미인의 디자인
64 – 47 채널	추상Abstraction	정신적 활동과 명료함의 디자인
11 – 56 채널	호기심Curiosity	탐색가의 디자인
59 – 6 채널	짝짓기Mating	번식에 집중된 디자인
27 – 50 채널	보존Preservation	청지기의 디자인
54 – 32 채널	변형Transformation	내몰리는 디자인
44 – 26 채널	항복Surrender	송신기의 디자인
19 – 49 채널	종합Synthesis	민감함의 디자인
37 – 40 채널	공동체Community	전체를 찾는 부분의 디자인
21 – 45 채널	돈줄Money Line	물질주의자의 디자인

공인 교육 과정 및
차트 리딩 서비스 안내

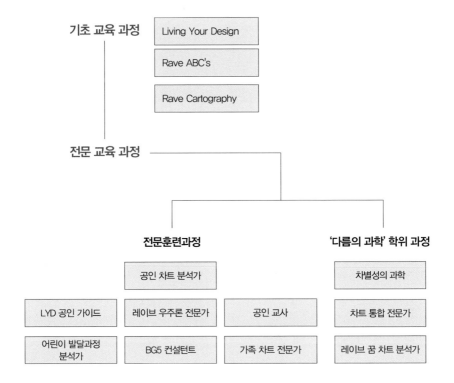

기초 교육 과정

- Living Your Design
- Rave ABC's
- Rave Cartography

전문 교육 과정

전문훈련과정

- 공인 차트 분석가
- LYD 공인 가이드
- 레이브 우주론 전문가
- 공인 교사
- 어린이 발달과정 분석가
- BG5 컨설턴트
- 가족 차트 전문가

'다름의 과학' 학위 과정

- 차별성의 과학
- 차트 통합 전문가
- 레이브 꿈 차트 분석가

공인 교육 과정 안내

|Living Your Design|

Living Your Design은 휴먼 디자인의 첫 공인 워크숍 과정으로 고통이 어디서 오며, 어떻게 자신으로 살 수 있는지 알려줍니다. 이 과정은 '쇼크 프로그램'이라 불릴 정도로 인간에 대한 기존의 인식을 근본적으로 뒤바꿔 줍니다. (2일, 12시간 수업)

- '비자아 고통'이란 무엇인가?
- 본모습 *True-self* VS 비자아 *Not-self*
- 센터별 '비자아' 스토리
- '분할'과 '정의'
- 의사결정 메커니즘
- 4가지 타입과 인생전략
- 타입별 수면전략

|Rave ABC's|

LYD 수료 후 진행되는 첫 번째 기본 교육 과정으로(기본 교육 1단계), 휴먼 디자인의 기초 지식을 배울 수 있습니다. (3일, 18시간 수업)

- '의식*conscious*'과 '무의식*unconscious*(2)'
- '회로군*circuitry*'과 '회로*circuit*(3)'

- '라인*lines(6)*'

|Rave Cartography|

Rave ABC's 수료자를 위한 기본 교육 2단계 과정입니다. 이 단계를 마치면 공인 전문가 과정에 참여할 수 있는 자격이 부여됩니다. (6일, 36시간 수업)

- *9개 센터 심층*
- *12 프로파일 원리*
- *36개 채널*

교육과정 문의 : office@ravekorea.kr

차트 리딩 서비스 안내

|인생 목적 리딩|

각 사람이 태어날 때부터 갖게 되는 고유한 인생 목적과 프로파일, 센터의 작용 메커니즘과 분할, 의사결정 방법에 대해 알게 됩니다. 본 리딩은 '공인 차트 분석가 professional analyst'를 통해서만 가능합니다. (1:1, 80~90분간 진행, 홈페이지 공인 전문가 명단 참조)

- 인생 목적

- 비자아 고통

- 삶의 무대와 환경

- 정의와 분할

- 의사결정 메커니즘

- 질의 응답

|인생 주기 리딩|

매 주기마다 인간은 각기 다른 변화에 노출됩니다. 어떤 주기는 당신을 더 강력한 비자아로 만들 수 있고, 어떤 주기는 당신의 삶에 새로운 목적을 부여해 주기도 합니다.

- 솔라 리턴 Solar Return : 매해 돌아오는 '비자아' 조건화를 다룹니다. 이 리딩은 한 해의 기상예보와도 같습니다.

- *새턴 리턴Saturn Return: 초반 30년이 지나면 삶의 두 번째 무대가 펼쳐집니다.*
- *중년기 리딩Uranus Opposition: 38~44세 사이 전반기의 삶이 끝나고 후반기의 삶이 펼쳐집니다. '중년의 위기'를 포함, 인생의 근본적 변화를 다룹니다.*
- *키런 리턴Kyron Return: 삶의 마지막 국면이 펼쳐지는 50세 이후를 다룹니다. 특히 프로파일 6인 분들에게 매우 가치있는 리딩입니다.*

|파트너십 리딩|

두 명의 차트를 합하면 파트너십이라 부르는 에너지 역학이 생겨납니다. 파트너십 리딩은 부부, 연인, 비즈니스 파트너 사이에서 나타나는 관계 패턴을 분석합니다.

- *관계 밀도 분석: 9&0, 8&1, 7&2, 6&3, 5&4*
- *관계 특성 분석: 전자기적 연결, 타협적 연결, 동반 관계, 지배 관계*

|식사법(PHS) 리딩|

식사법 Primary Health System® 리딩은 각 사람 고유의 잠재력을 극대화할 수 있는 이상적인 식사법을 알려줍니다. 특히 영유아기 아기들에게 적용하면 처음부터 뇌의 잠재력을 극대화시킬 수 있고, 몸이 요구하는 적합한 방식대로 영양소를 공급할 수 있습니다. 원시인 식사법에서부터,

해가 떠 있는 동안만 식사하기, 긴장된 환경에서 빠르게 식사하기, 아무런 방해 없이 조용히 식사하기 등 각 사람의 고유 메커니즘에 따른 식사법이 소개됩니다.(차트 분석 의뢰시, 외국 PHS 전문가의 리딩을 통역 서비스합니다.)

인간 메커니즘

발행일   2016년 5월 9일

지은이   Paul Park
펴낸이   손형국
펴낸곳   (주)북랩
편집인   선일영
표지디자인   Paul Park
본문디자인   경놈

출판등록   2004. 12. 1(제2012-000051호)
주소   서울시 금천구 가산디지털 1로 168, 우림라이온스밸리 B동 B113, 114호
홈페이지   www.book.co.kr
전화번호   (02)2026-5777   팩스   (02)2026-5747

ISBN   979-11-5987-026-2 03300(종이책)   979-11-5987-027-9 05300(전자책)

이 도서의 국립중앙도서관 출판예정도서목록(CIP)은 서지정보유통지원시스템 홈페이지(http://seoji.nl.go.kr)와
국가자료공동목록시스템(http://www.nl.go.kr/kolisnet)에서 이용하실 수 있습니다.
(CIP제어번호 : CIP2016009984)

성공한 사람들은 예외없이 기개가 남다르다고 합니다.
어려움에도 꺾이지 않았던 당신의 의기를 책에 담아보지 않으시렵니까?
책으로 펴내고 싶은 원고를 메일(book@book.co.kr)로 보내주세요.
성공출판의 파트너 북랩이 함께하겠습니다.